日本仏教 思想のあゆみ

竹村牧男

講談社学術文庫

目次

日本仏教　思想のあゆみ

はじめに……8
第一章　日本仏教概観
1　仏教の伝来と南都六宗……14
2　平安仏教から鎌倉仏教へ……16
第二章　聖徳太子の思想
1　太子の生涯と思想の底流……21
2　「三経義疏」にこめられたもの……28
第三章　南都六宗の思想
1　南都六宗とは……35
2　三論宗の思想……38
3　法相宗の思想……46
4　華厳宗の思想……60
5　律宗の思想……82
6　大乗仏教における戒律と南都六宗のまとめ……92

第四章　平安仏教の思想
1　最澄の思想……100
2　空海の思想……126
3　平安後期の仏教思想……153
第五章　鎌倉新仏教の思想
1　日本浄土教の思想(1)――法然……183
2　日本浄土教の思想(2)――親鸞……215
3　日本浄土教の思想(3)――一遍……241
4　日本禅宗の思想……261
5　日蓮の思想……305
むすび……333
講談社学術文庫版あとがき……343

〈凡　例〉

＊典籍の引用には下記の文献を用いました。本文中では（『書名』・巻数・頁数）の順に示しています。

○『聖徳太子』日本の思想Ⅱ・中村元選集別巻6（春秋社）
○『法華義疏』岩波文庫（岩波書店）
○『大正新脩大蔵経』（大正新脩大蔵経刊行会）
○『大日本仏教全書』（仏書刊行会）
○『伝教大師全集』（比叡山図書刊行所）
○『秘蔵宝鑰講義』（名著出版）
○『浄土宗聖典』（浄土宗出版）
○『拾遺古徳伝絵』法然上人絵伝集成3（浄土宗出版）
○『浄土真宗聖典』（本願寺出版社）
○『一遍上人全集』（春秋社）
○『無門全集』（禅文化研究所）
○『大徳寺禅語録集成』（法蔵館）
○『日本の禅語録19　白隠』（講談社）
○『公案――実践的禅入門』ちくま学芸文庫（筑摩書房）
○『聖徳太子集』日本思想大系2巻（岩波書店）
○『法華経』岩波文庫（岩波書店）
○『恵心僧都全集』（思文閣）
○『西田幾多郎哲学論集』岩波文庫（岩波書店）
○『弘法大師全集』（密教文化研究所）
○『興教大師著作全集』（真言宗豊山派宗務所）
○『昭和新修法然上人全集』（平楽寺書店）
○『続浄土宗全書』（山喜房仏書林）
○『浄土真宗聖典　七祖篇』（本願寺出版社）
○『中世禅家の思想』日本思想大系16巻（岩波書店）
○『大日本仏教全書』（名著普及会）
○『原文対照現代語訳　道元禅師全集』（春秋社）
○『日蓮聖人全集』（春秋社）

＊読みやすさを考慮し、旧かなを新かなに改めたり、送りがなや句読点を補うなどした箇所があります。

日本仏教　思想のあゆみ

はじめに

私たちの国は、千数百年もの歴史を有しています。この間、多くの優れた芸術・文化が生み出されてきましたが、それらに触れ、その表すところを深く理解することは、人間存在の意義に関する多くの大切なことを自覚させてくれ、人生を豊かにしてくれることでしょう。たとえば、仏像の前に立ってその仏さま自身の衆生《しゅじょう》への祈りに感応するとき、人生は世間的な欲望の充足のためにのみあるのではないことを、いわば身体で感じることと思われます。あるいはまた、禅寺の枯山水《かれせんすい》の庭園を前に坐ってそれを眺めるとき、仏道において究明された自己と宇宙との関係、およびその根底にある心の世界になんらか参入していることでしょう。

このように、仏教は日本のさまざまな芸術・芸道・文化、すなわち絵画・工芸・服飾・建築・庭園等、あるいは文学・声明・能・書道・華道・茶道・料理等々の基盤になっており、それも古代にさかのぼればさかのぼるほど、その結びつきは強いものがあると思います。そうした文化をより深く受用するためには、その背景にある思想についても了解しておくことが、きっとよい助けになると思います。私たちは、無意識のうちに、日本文化を呼吸して生きているわけですが、その背景の思想について掘り下げていけば、その人生の味わいはどこまでも深まると思うのです。

私は最近、縁あって、環境問題に関心を持っています。私たちが欲望の充足ばかりを追求してきた結果、地球環境全体が危機に瀕《ひん》した状況に陥り、あと百年も持つかどうかとさえ言われています。現代人のおごりは、真剣に反省されなければならないと思っています。この環境問題には、さまざまな立場から対処されなければならないでしょうが、もっとも根本には、自己と自然の本来的な関係の明確な認識が必要でしょう。

実は能の謡曲には、しばしば「草木国土悉皆成仏《そうもくこくどしっかいじょうぶつ》」の句やその思想が説かれています。ある謡曲には、この句は『中陰経《ちゅういんきょう》』に出るのだと指摘されています。実際は『中陰経』には見られず、この句は日本で作られたもののようです。たしかに、日本的な感性をよく表している句だと感じます。

しかしこの句の背景には、主に天台宗《てんだいしゅう》において盛んに議論された仏性《ぶっしょう》に関する思想があります。もともと、非情（精神を持っていない物体）にも仏性はあるのかないのかが、その議論の中心でした。やがて天台宗においては、草木自身が、発心《ほっしん》・修行《しゅぎょう》・成仏《じょうぶつ》するのかしないのかが議論され、これを肯定する者も少なくありませんでした。天台宗のある者は、草木自身が発心・修行・成仏することを積極的に主張しました。これに対し、別の者は、むしろそのことには否定的であったといいます。ともあれ、「草木国土悉皆成仏」という考え方の背景には、複雑な天台教学《きょうがく》の思想があるのであり、その思想内容を理解していくとき、能の鑑賞もより深いものになることでしょう。

そのように、仏教、とりわけ日本仏教の思想を理解していくことは、私たちの身のまわりに存在している芸術・文化の受用をより深めることになり、人生を彩り深いものにしてくれると思うのです。ちなみに、そこにある自己と自然との関係の論理的な解明をもう一度学び直し、自己という存在を掘り下げて自覚していくことは、その人のライフ・スタイルにもなんらか影響をもたらし、ひいては環境問題に微小なりとも好ましい影響を及ぼしていくことになるのではないかと思っています。

それにしても、草木さえ発心・修行するということは、そうとう深い見方無しに言えることではないでしょう。このことは、弘法大師《こうぼうだいし》空海《くうかい》（七七四〜八三五）の真言密教《しんごんみっきょう》においても、主張するようです。なぜ日本においてはじめてこうしたことが説かれるようになったのかと言えば、それは単に日本の風土がその見方を呼んだだけでなく、もとより、天台教学や真言教学において思想的に高度な哲学的究明がなされていたからでしょう。

考えてみますと、日本仏教は、歴史的に仏教の展開の最終段階に位置しているわけです。紀元前四、五世紀にインドに発した仏教において、その後、紀元前後の頃、大乗仏教が興り、さらに中観《ちゅうがん》や唯識《ゆいしき》など高度な哲学が展開されていきました。それらが中国に入り、三論宗《さんろんしゅう》（中観）・法相宗《ほっそうしゅう》（唯識）等において、きわめて細密な議論が展開されていきます。さらに中国の天才によって、天台宗（『法華経《ほけきょう》』による）・華厳宗《けごんしゅう》（『華厳経』による）などが生み出され、あるいは浄土教や禅も発展していきます。それらが日本に移植され、あるいは摂取されて、盛んに研究されるとともに、日本人自身の仏教もまた創造されたのでした。もちろんそのなかでは、朝鮮半島において展開された仏教学の受容も見逃すことはできません。なお、七、八世紀頃には、インドに密教も出現しました。日本は、その地理的な条件によって、インド・中国等において高度に発達した思想をそのまま受け取ることができ、しかもそれらにあってなお残された問題を究明していくことができたわけですから、日本仏教がきわめて高度なものになることは、自然のことであったわけです。

ですから、インド仏教や中国仏教等を学ぶこと以上に、日本仏教を学ぶことの意義は深いものがあるとさえ言えると思うのです。

このことが、日本仏教の大きな特徴となっていると同時に、歴史的に後発であるだけに、少なからず末法《まっぽう》思想の影響を受けているという特色もあります。その歴史観の当否はともかく、この思想に出会うなかで、自己と他者の救いを真剣に考えるようになったことは私たちの大きな財産でしょう。簡単に言えば、「いずれの行もおよびがたき身」である自己がいかに救われるのかが、とりわけ鎌倉新仏教と言われる各宗の祖師方の思想の焦点でした。

そこに、行というものに対する考え方の純化があり、救いに与《あず》かる道（方法）の尖鋭化《せんえいか》の様相さえ見られます。そのことも与かって、日本仏教には宗派性が顕著に見られます。宗教というものに真剣に取り組めば取り組むほど、そうしたあり方に到達するのはやむを得ないことであり、私たちは自己自身の主体性のもとに、そのいずれにおいて自己実現を果たしていけるのか、深く問うことが大事です。と同時に、現代のように多元化した社会においては、異なる立場とそこに立つ人々の人格を、敬意を持って尊重していくことも大切でしょう。いわゆる「共生」の追求です。そのためには、他者の立場を理解していくことが鍵になります。その意味でも、日本仏教の思想を広く学んでいくことは、たいへん重要なことだと思うのです。

　以上、簡単に、日本仏教の特質と、これを学ぶ意味について、述べてみました。もちろん、ここでは触れることのできなかった他の日本仏教固有の特質も、まだまだあります。たとえば、本地垂迹《ほんじすいじゃく》思想等に基づき、神仏一体の形態がごくふつうに見られたこと、江戸時代の寺請《てらうけ》制度に基づき、主として檀家によって維持されるような教団の形態になっていること等です。そうした、ある意味でたいへんに興味深い問題、検討すべき問題も多々ありますが、本稿では主として祖師方の思想に焦点を合わせて学んでいくつもりです。具体的には、聖徳太子《しょうとくたいし》・南都六宗《なんとろく(りく)しゅう》・最澄《さいちょう》・空海《くうかい》・法然《ほうねん》・源信《げんしん》・親鸞《しんらん》・一遍《いっぺん》・栄西《えい(よう)さい》・道元《どうげん》・日蓮《にちれん》等の思想を辿《たど》っていきます。

　もう一度、その意義についてまとめてみますと、まず、①仏教の最高度に発展した思想を学ぶなかで、日本人のものの見方・考え方の基本や特質を理解するとともに、自己という存在の深い了解を得る。次に、②私たちがいつも呼吸している日本文化の背景を知ることによって、文学・芸術・歴史等へのより深いアプローチが可能となり、豊かな人生を実現する。さらに、③幅広い知識を得ることによって、環境問題や共生の問題等、現代社会に横たわっているさまざまな問題について、他からの借り物でない、自らの伝統に根ざした立場から考察していく基盤を形成することができる、ということがあります。

日本仏教の歩みを辿ることには、その他にも、いろいろと深い意義があることと思いますが、私自身、ひとまずこのようなことに関心を持っております。

なお、本書は、浄土宗発行の『宗報《しゅうほう》』において、平成十九年一月号から平成二十二年十二月号まで、四年間・四十八回にわたって連載されたものです。この間、拙稿の連載にご尽力賜りました浄土宗関係各位に心より感謝申し上げます。今回、これをまとめて一冊の本とさせていただくことになりました。本に整えるにあたっては、浄土宗文化局の大橋俊史氏に多大のご高配を賜りました。同氏に厚く御礼申し上げます。

読者の方々には、日本仏教の主要な思想史のほぼ全体を見るに便利な一書かと思います。特に教理の要点を詳しく平易に解説したつもりですので、多くの方々に読んでいただければ幸甚に存じます。

竹村　牧男

第一章　日本仏教概観

1　仏教の伝来と南都六宗

よく言われることですが、日本への仏教の公伝は、五三八年とされています。これは『上宮聖徳法王帝説《じょうぐうしょうとくほうおうていせつ》』『元興寺伽藍縁起《がんごうじがらんえんぎ》并《ならびに》流記《るき》資材帳《しざいちょう》』の説で、百済《くだら》の聖明王《せいめいおう》（五二三〜五五三在位）が仏像や経論などを仏法流通《ぶっぽうるずう》のために送ってくれたと伝えています。おそらく、それ以前からも、なんらか仏教に関するものは日本に入ってきていたでしょう。

その後、『日本書紀《にほんしょき》』によると、欽明《きんめい》天皇十三年（五五二）、聖明王が献上してきた仏像を礼拝《らいはい》すべきかどうか、諸臣にはかったといいます。ここに、崇仏派《すうぶつは》の蘇我稲目《そがのいなめ》（？〜五七〇）と排仏派の物部尾輿《もののべのおこし》（生没年不詳）や中臣鎌子《なかとみのかまこ》（六一四〜六六九）らとの対立が表面化してくるのでした。特に蘇我氏と物部氏との激しい権力闘争を経て、やがて推古《すいこ》天皇が即位すると、聖徳太子（五七四〜六二二）を摂政《せっしょう》とし、万機《ばんき》をゆだねたといいます。

聖徳太子をめぐる歴史的事実は必ずしもよく分かっていませんが、当時の東アジア諸国の例にならって、仏教を尊重しつつ文明国家の建設に努力したことであろうと思われます。古来、『維摩経《ゆいまきょう》』『勝鬘経《しょうまんぎょう》』『法華経《ほけきょう》』それぞれに対する註釈書《ちゅうしゃくしょ》である「三経義疏《さんぎょうぎしょ》」を著《あらわ》したと伝えられています。仮にそれらが中国で制作されたものだとしても、少なくともこれらの註釈書がこの頃、日本に存在したことは事実でしょう。とにかく、後には聖徳太子は「法皇」「法王」等とも呼ばれたのであり、仏教界では「和国の教主《きょうしゅ》」として深く崇敬《すうけい》されていくのでした。

大化の改新（六四五）を経て、天武《てんむ》天皇の時代になると、だいぶ寺院も増えてきます。天武天皇十三年（六八五）には、諸国の家ごとに仏舎を作ったといい（「家」がどの程度の人数の単位かは不明）、持統《じとう》天皇八年（六九四）には『金光明経《こんこうみょうきょう》』一百部を諸国に送り、正月八日から十四日まで読誦《どくじゅ》させたということです。やがて奈良時代の聖武《しょうむ》天皇の時代、七四一年には、東大寺を総国分寺とする国分寺制度の詔勅《しょうちょく》が発せられました。

この奈良時代には、六つの宗があったといいます。いわゆる南都六宗《なんとろく（りく）しゅう》のことで、三論《さんろん》宗《しゅう》・成実宗《じょうじつしゅう》・法相宗《ほっそうしゅう》・倶舎宗《くしゃしゅう》・華厳宗《けごんしゅう》・律宗《りっしゅう》です。ただし成実宗は三論宗のなかで、倶舎宗は法相宗のなかで研究されました。三論宗はインドの龍樹《りゅうじゅ》（一五〇～二五〇頃）に発する中観派の流れを汲む宗で、とりわけ中国の嘉祥大師《かじょうだいし》吉蔵《きちぞう》の思想を究明していくものです。今日の日本では、三論宗を名乗る宗派はないようです。法相宗は、インドの瑜伽行派《ゆがぎょうは》の弥勒《みろく》（三～五世紀頃か）・無著《むじゃく》（三九五～四七〇頃）・世親《せしん》（四〇〇～四八〇頃）が大成した唯識《ゆいしき》思想を研究する宗派で、玄奘三蔵《げんじょうさんぞう》（六〇二～六六四）がそれを中国に伝え、日本にも伝わったものです。興福寺《こうふくじ》や薬師寺が今もその中心となっています。華厳宗は、唐の時代の智儼《ちごん》（六〇二～六六八）・法蔵《ほうぞう》（六四三～七一二）が大成した華厳教学を研鑽する宗派で、東大寺が中心です。東大寺の大仏は、『華厳経』の教主・盧舎那仏《るしゃなぶつ》をかたどったものです。律宗は、唐の鑑真《がんじん》（六八七～七六三）が日本に来て伝えてくれたもので、主に南山道宣《なんざんどうせん》（五九六～六六七）の『四分律《しぶんりつ》』に関する思想を学びます。鑑真は東大寺に設置された戒壇《かいだん》において、日本で初めて正式な授戒《じゅかい》の儀式を行い、ここに正式の僧侶が誕生しました。元来、戒律はどの宗派の者も学ばなければならないものであり、鑑真が拠《よ》った唐招提寺《とうしょうだいじ》は、すべての宗の僧に開かれた寺院でした。

2　平安仏教から鎌倉仏教へ

平安時代には、その後の日本に大きな影響を与えた、二つの新しい仏教が成立します。すなわち伝教大師最澄《でんぎょうだいしさいちょう》（七六七～八二二）の天台宗と弘法大師空海《こうぼうだいしくうかい》（七七四～八三五）の真言宗です。言うまでもなく、最澄は比叡山延暦寺《ひえいざんえんりゃくじ》に拠り、空海は東寺《とうじ》や高野山金剛峯寺《こうやさんこんごうぶじ》に拠りました。最澄の天台宗は、中国の智顗《ちぎ》（五三八～五九七）が創造した天台教学だけでなく、禅・密教・律をも擁《よう》した総合的なもので、特に最澄の没後、盛んに密教が導入されました。平安末期には、天台浄土教の流れに恵心僧都源信《えしんそうずげんしん》（九四二～一〇一七）が出て念仏思想を深め、そこから鎌倉新仏教と言われる新たな浄土教が展開されていきます。なお、『法華経』の本門《ほんもん》思想に基づき、いわゆる天台本覚《ほんがく》思想も後世大いに主張されていきます。一方、空海の真言宗は、インドで七世紀頃から唱えられた密教という独特の仏教で、即身成仏《そくしんじようぶつ》を謳《うた》うものでした。空海はこれを長安《ちようあん》で恵果阿闍梨《けいかあじやり》（七四六～八〇五）から受け継ぎ、日本に伝えたわけです。平安末期には覚鑁《かくばん》（一〇九五～一一四三）が新たに和歌山県の根来《ねごろ》に拠って（保延《ほうえん》六年＝一一四〇）、やや新しい教説を唱えています。この流れのなかに、専誉《せんよ》（一五三〇～一六〇四）による豊山《ぶざん》派、玄宥《げんゆう》（一五二九～一六〇五）による智山《ちさん》派が成ります。

平安時代もだいぶ進んだ永承《えいしよう》七年（一〇五二）には、末法の時代が到来すると考えられていました。その後、戦乱や飢饉等も多発し、混乱の様相を示してきます。やがて武家の支配する時代となり、文治《ぶんじ》元年（一一八五）、鎌倉幕府が発足します。この頃から、民衆の救いをひとえに求める動きが現れてきます。その一番手が法然《ほうねん》（一一三三～一二一二）でしょう。法然は比叡山で修行していましたが、唐の善導《ぜんどう》（六一三～六八一）の思想に基づき、「南無阿弥陀仏《なむあみだぶつ》」と唱える口称《くしよう》の念仏で誰でも極楽往生《ごくらくおうじよう》がかなう事理《じり》をつきとめ、ついに叡山を下りて専修念仏《せんじゆねんぶつ》の教えを広めたのでした。その教えは、九条兼実《くじようかねざね》のような知識人から民衆にまで野火のように広まったといいます。

法然には多彩な弟子たちがいましたが、今日、法然を宗祖とする浄土宗は、聖光房弁長《しようこうぼうべんちよう》（一一六二～一二三八）を二祖とする鎮西義《ちんぜいぎ》の流れであり、京都の知恩院を総本山としています。その高弟の一人、証空《しょうくう》（一一七七～一二四七）を汲む流れは西山義《せいざんぎ》と言われ、独自の宗派を形成しています。なお、証空の流れを汲んだ一遍《いっぺん》（一二三九～一二八九）により独特の浄土教が唱えられ、時宗《じしゅう》が形成されます。一遍は、生涯、一所不住《いっしょふじゅう》の旅に生きて阿弥陀仏の救いを広めました。

法然の弟子の一人である親鸞《しんらん》（一一七三～一二六二）は、法然の教えこそ〝浄土の真宗〟であるとして訴えていきました。ただしその教えには、さらに信を重視する方向への展開があったことも事実でしょう。親鸞にも多くの高弟がいましたが、特に親鸞の廟《びょう》を寺院にした本願寺教団が、やがて蓮如《れんにょ》（一四一五～一四九九）の伝道活動によって大幅に教線を伸ばしていきます。徳川家康はこの本願寺の勢力を恐れ、新たに別の本願寺を興して教団を二分させます。ここに、いわゆる西本願寺《にしほんがんじ》・東本願寺《ひがしほんがんじ》が成立したのです。

鎌倉時代、中国（宋《そう》）では官界《かんかい》等に禅が流行しますが、その影響を受けて日本でも禅宗が成立します。栄西《えい(よう)さい》（一一四一～一二一五）は二回目の入宋《にっそう》によって、臨済宗黄龍派《りんざいしゅうおうりょうは》の禅を日本に伝えました。京都に建仁寺《けんにんじ》の建立《こんりゅう》を許されますが、円教《えんきょう》・密教《みっきょう》・禅の研鑽を行う場として許され、禅のみの布教は困難な状況にありました。一方、宋から蘭渓道隆《らんけいどうりゅう》、無学祖元《むがくそげん》らが日本に来て、禅を伝えます。彼らのために、鎌倉に建長寺《けんちょうじ》、円覚寺《えんがくじ》が建立されます。さらに大応国師《だいおうこくし》（南浦紹明《なんぽじょうみょう》。一二三五～一三〇八）が宋に渡って、臨済宗楊岐派《ようぎは》の禅を日本に伝えます。その法は、大燈国師《だいとうこくし》（宗峰妙超《しゅうほうみょうちょう》。一二八二～一三三七）・関山慧玄《かんざんえげん》（一二七七

〜一三六〇）と伝わります。実は今日の臨済宗は、ほとんどが江戸時代の白隠《はくいん》（一六八五〜一七六八）の流れを汲みますが、白隠はこの応・燈・関の流れを汲むものです。臨済宗の禅の特徴は、公案《こうあん》（修行者に課せられる問題）を用いて修行していくことです。

また、道元《どうげん》（一二〇〇〜一二五三）も入宋して曹洞宗《そうとうしゅう》の禅を日本に伝え、只管打坐《しかんたざ》を主唱しました。道元は帰国当初、日本に広く禅を広めたいと思っていたようですが、やがて叡山等の圧迫から福井山中に移ることになり、永平寺《えいへいじ》を完成させて厳しく弟子たちを育成しました。道元の禅は民衆に広まる要素は少ないものでしたが、のちに瑩山紹瑾《けいざんじょうきん》（一二六八〜一三二五）が出て、その弟子らが密教も用いつつ布教伝道して、今日、単独では最大の仏教教団となっています。

なお、日本の禅宗にはもう一つ、黄檗宗《おうばくしゅう》があります。これは、明《みん》の隠元《いんげん》（一五九二〜一六七三）が江戸時代に日本に伝えたもので、禅と念仏とを双修《そうしゅう》するような特徴もありましたが、今日では臨済宗とさほど変わらないようです。京都・宇治の万福寺《まんぷくじ》が総本山です。

鎌倉新仏教と言われるもう一つの仏教が日蓮宗（法華宗）です。日蓮（一二二二〜一二八二）は天台宗に基づいた新たな民衆のための仏教の創造を求め、「南無妙法蓮華経《なむみょうほうれんげきょう》」と題目を唱えるなかに救いを見る仏教を訴えました。蒙古の襲来等の国難にそなえて、『法華経』を用いることを盛んに幕府に進言しますがかなわず、晩年は身延山《みのぶさん》に拠って弟子らとともに穏やかに生活しています。日蓮門下では教学の研究も盛んで、分派もかなり多くあります。

日蓮の教えは近代日本に大きな影響を与えており、今日の仏教系新宗教の多くは日蓮系です。なお、創価学会は、日蓮門下の一人が静岡県の富士宮に拠って開いた日蓮正宗《にちれんしょうしゅう》の在家信徒団体でしたが、今日では宗門から独立しているようです。

以上、はなはだ簡単ですが、伝来から鎌倉期にかけての日本仏教を概観してみました。

今は、祖師方のみを紹介しましたが、この他にも、行基《ぎょうき》（六六八～七四九）や空也《くう（こう）や》（九〇三～九七二）、叡尊《えいぞん（そん）》（一二〇一～一二九〇）や忍性《にんしょう》（一二一七～一三〇三）、一休《いっきゅう》（一三九四～一四八一）や良寛《りょうかん》（一七五八～一八三一）など、当時めざましい活躍をし、あるいは後世に大きな影響を与えた仏教者も、数多くいます。

このように、日本には実に多彩な仏教があり、今に生きて存在しています。おおまかには、奈良時代の仏教は「学問仏教」、平安時代の仏教は「学問と実践の仏教」、鎌倉時代の仏教は「実践の仏教」と見ることができるかと思います。先徳《せんとく》方の仏道への思いは、「いま・ここ・自己」の救いの問題に集約されてくるのです。そのことの極意をつかむことの大切さは言うまでもないことですが、その背景にある深遠な教学の理路を辿り、掘り起こして、もう一度それを今日の時代状況のなかで問い直していくことも、たいへん重要なことであると思うのです。

第二章　聖徳太子の思想

1　太子の生涯と思想の底流

いよいよ日本仏教の主要な思想について、私なりの視点から辿っていきたいと思います。まずは和国の教主と、日本の仏教界からこぞって崇《あが》められてきた聖徳太子（五七四〜六二二）について取り上げるべきでしょう。ただし、聖徳太子については、その歴史的事実の詳細は分からず、太子の著作とされてきた『憲法十七条《けんぽうじゅうしちじょう》』や「三経義疏《さんぎょうぎしょ》」（『維摩経義疏《ゆいまきょうぎしょ》』『勝鬘経義疏《しょうまんぎょうぎしょ》』『法華義疏《ほっけぎしょ》』）も、最近はしばしば太子が本当に著したものではないと言われます。その当否は歴史学者等のさらなる究明に待ちたいと思いますが、日本の仏教を見ていくにあたって、やはり聖徳太子を欠くことはできないでしょう。

はじめに、簡単にその生涯について見ておきたいと思います。聖徳太子はよく厩《うまや》で生まれたと言われます。そのことは、『聖徳太子伝暦《しょうとくたいしでんりゃく》』に、次のように記されています。

「入胎《にったい》十二ヵ月を経て、母后は宮園内の厩の前で太子を産む。殿内に入ったのち、赤い光、黄色い光が西方より射しこんだ。太子には香気があった」

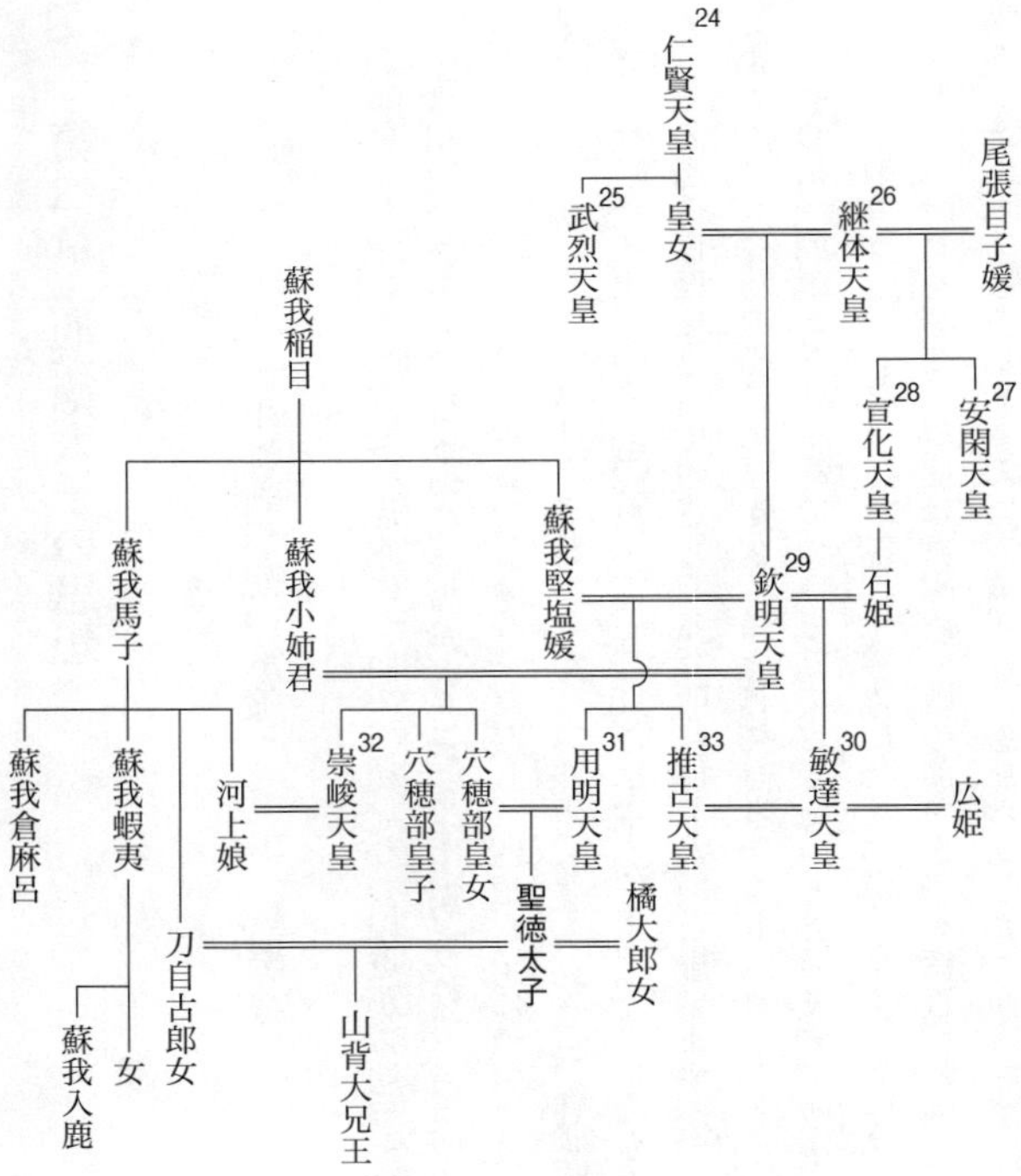
24 仁賢天皇
25 武烈天皇
皇女
26 継体天皇
尾張目子媛
28 宣化天皇
27 安閑天皇
石姫
29 欽明天皇
蘇我稲目
蘇我馬子
蘇我小姉君
蘇我堅塩媛
蘇我倉麻呂
蘇我蝦夷
河上娘
32 崇峻天皇
穴穂部皇子
穴穂部皇女
31 用明天皇
33 推古天皇
30 敏達天皇
広姫
聖徳太子
橘大郎女
刀自古郎女
女
蘇我入鹿
山背大兄王

天皇系図（第24～33代）

この『太子伝暦』にはその他、いくつもの驚嘆させられる話が載っています。たとえば、二歳のとき、「合掌し、東に向かって『南無仏』と唱え、再度礼拝した」とか、三歳のときには、「花園に遊んだとき、『桃花は一旦の栄物、松葉は万年の貞木なり』といって、松葉を賞した」などです（『聖徳太子』一六二頁）。もちろん、これらは後世の太子信仰の高まりとともに作成されたもので、事実とは言えないでしょう。

では、聖徳太子の生涯の事実はどのようだったのでしょうか。実はそのための資料は、主に『日本書紀』（七二〇年）と『上宮聖徳法王帝説』（平安中期）が中心になりますが、これらも太子没後かなりの時間を経過して作成されたものであり、すべて信頼できるとも限らないものです。こうなると、確かなことはほとんどないことになりかねないのですが、それでは話が進みませんので、ここでは、その二つの資料を中心に、これまで一般に言われてきたことをまとめてみましょう。

聖徳太子は、敏《び》達《だつ》天皇三年（五七四）、用明《ようめい》天皇を父とし、穴穂《あなほ》部間人皇女《べのはしひとのこうじょ》を母として生まれました。厩戸皇子《うまやどのみこ》、豊聡耳皇子《とよとみみのみこ》、上宮太子《うえのみやのみこ（じょうぐうたいし）》の名を持ったといいます。

当時、蘇我氏と物部氏の抗争は激烈を極め、用明天皇二年（五八七）、蘇《そ》我馬子《がのうまこ》が物部守《もののべのもり》屋《や》を倒して蘇我氏が勝利を得たものの、その後も天皇の位をめぐって陰惨とも言うべき抗争が続きました。やがて六年後、推古天皇が天皇の位に就くと、聖徳太子を摂政として、万機をゆだねたといいます。実に数えで二十歳のときでした。

太子は、高句麗《こうくり》から渡来した高僧の慧慈《えじ》等に仏教の教理を深く学び、また儒教等も学んで、その時代の一級の学問を身につけます。当時の東アジア諸国が仏教等を用いて先進的な文明国家を築こうとしていた状況をよく把握し、「三宝興隆《さんぼうこうりゅう》の詔《みことのり》」を発したり（五九四年）、斑鳩寺《いかるがでら》、四天王寺《してんのうじ》等の寺院を建立したり（六〇二年以降）、宮中などで『勝鬘経』や『法華経』の講義をした（六〇六年）と伝えられます。これらはすべて、当時の中国等の例にならったものです。たとえば、隋の文帝《ぶんてい》（楊堅《ようげん》、在位五八一～六〇四）は、五九一年に、「三宝紹隆《さんぼうしょうりゅう》の詔《みことのり》」を発しています。紹隆とは、受け継いで盛んにすることで、それまでの仏教導入の歴史をふまえ、さらに仏教の学問・文化を発展させようとしたものですが、日本ではその歴史がなかったので、興隆すなわち興して盛んにするとの言葉になったわけです。

一方、「冠位十二階《かんいじゅうにかい》」を制定して（六〇三年）、実力のある者を登用しうる制度を整備するとともに、国家の儀典の威儀を整えたりしたのでした。推古十二年（六〇四）の『憲法十七条』は、要は官僚の心構えを説いたものです。

その四年前に第一次の遣隋使《けんずいし》を派遣して高度な文化・文明の摂取に努めますが、第二次遣隋使（六〇七年）として派遣した小野妹子《おののいもこ》に、「日出づる処の天子《ひいてんし》、書を日没する処の天子に致す。恙《つつが》なきや」云々《うんぬん》と書かれた国書を託して、ときの隋の皇帝・煬帝《ようだい》が激怒したという話は、有名です。その後、帰国する小野妹子とともに、隋から使いの裴世清《はいせいせい》一行が視察に来ますが、彼らは、日本において法興寺《ほうこうじ》の立派な伽藍《がらん》が建立され、仏像が鋳造されていることなどに感嘆したといいます。当時の日本で、仏教をめぐるさまざまな基盤が着実に整備されていたことは、間違いないでしょう。太子はその後も、優秀な人材を隋に送って、その後の日本社会の礎を築いていったのでした。

聖徳太子の三十五歳くらいから十数年間の事績はほとんど空白になっています。そこで、この間に「三経義疏」の撰述につながる仏教の勉強に沈潜《ちんせん》していたのではないか、と考える人もいるようです。

やがて推古三十年（六二二）、四十八歳（満）のとき、太子はこの世を去りました。その葬儀に際して、新羅《しらぎ》は使いを遣わし、仏像をはじめ数々の追善のための贈り物を届けたといいます。太子の業績が近隣の国でも評価されていたということを物語る話です。

聖徳太子の生涯がもしもこのようなものであったとすると、太子は決して自ら天皇になろうとはせず、しかし国際的な感覚のなかで、仏教を中心とした文明国家を築くべく一心に努力していたという姿が浮かび上がってきます。おそらく蘇我氏の横暴な要求はたくみにかわしつつ、理想的な国家の建設に邁進《まいしん》していたのでしょう。

聖徳太子の仏教思想を表すものとして、太子の死後、妃《きさき》の橘大郎女《たちばなのおおいらつめ》が作ったという「天寿国繡帳《てんじゅこくしゅうちょう》」の銘に記されている、「世間虚仮《せけんこけ》、唯仏是真《ゆいぶつぜしん》」の語があります。この言葉を、太子は生前よく語っていたというのです。熾烈《しれつ》な権力闘争の渦中にいた人の言葉として、印象深いものがあります。また、『日本書紀《にほんしょき》』によると、亡くなるとき、山背大兄王《やましろのおおえのおう》をはじめとする子どもたちに、「諸悪莫作《しょあくまくさ》、諸善奉行《しょぜんぶぎょう》」という言葉を授けたといいます。この言葉は「七仏通誡偈《しちぶつつうかいげ》」（釈尊が現れる前にも六人の仏がいたという考え方があり、釈尊を含めて「過《か》去《こ》七仏《しちぶつ》」と呼ぶ。その七仏が共通に誡《いまし》めたとされる言葉）と言われるもので、詳しくは「諸《しょ》悪莫作《あくまくさ》、衆善奉行《しゅぜんぶぎょう》、自浄其意《じじょうごい》、是諸仏教《ぜしょぶつきょう》」とあり、『法句経《ほっくきょう》』（『ダンマパダ』）の句として有名です。しかしこの頃はまだ、『法句経』を含む『阿含経《あごんきょう》』は日本には到来していません。

もし聖徳太子がこの言葉を本当に言ったとすると、それをどこから知ったのかが問題になります。実はこの言葉は、曇無讖《どんむしん》訳『涅槃経《ねはんぎょう》』に出てきています。とすれば、太子はその句を『涅槃経』から知った可能性があるでしょう。『上宮聖徳法王帝説』には、聖徳太子は慧慈に就《つ》いて学んで、「能《よ》く涅槃常住《ねはんじょうじゅう》・五種仏性《ごしゅぶっしょう》の理《ことわり》を悟《さと》り、明《あきらか》に法華《ほっけ》三車《さんしゃ》・権実二智《ごんじつにち》の趣《おもむ》きを開《ひら》き、維摩不思議解脱《ゆいまふしぎげだつ》の宗《むね》を通《とお》り、……」（『聖徳太子集』・三五九頁）とありますので、あるいは聖徳太子の仏教思想には、かの三経だけでなく、『涅槃経』も大きな位置を占めていたのかもしれません。

『憲法十七条』も、わずかながら、『涅槃経』と関係があるのかもしれません。というのも、みんな根っからの悪人はいない、という言葉があるからです。それは、見方によっては、「一切衆生悉有仏性《いっさいしゅじょうしつうぶっしょう》」の考え方に立ったものと言えるでしょう。それは、仏教の意義を強調した第二条に出るもので、「篤《あつ》く三宝《さんぼう》を敬《うやま》う。三宝は仏法僧《ほとけのりほし》なり。則《すなわち》四の生《うま》れの終の帰《よりどころ》、万の国の極れる宗《おおむね》なり。何《いずれ》の世、何の人か、この法を貴び非《ず》あらん。人、尤《はなは》だ悪《あ》しきもの鮮《すくな》し。よく教うるをもちて従う。其《そ》れ三宝に帰《よ》りまつら不《ず》ば、何を以てか枉《まが》れるを直《なお》さん」（同・一二三頁）とあります。これを『涅槃経』に結びつけるのはやや無理があるかもしれませんが、ここに「篤く三宝を敬え」とあるわけで、少なくとも『憲法十七条』は、仏教を一つの大きな拠りどころにしていることは間違いないでしょう。

この『憲法十七条』は、必ずしも仏教のみに則ったものとは言い切れませんが、仏教の思想に依拠している部分があることも事実です。このほか、むさぼり（貪）・ほしみ（欲）をいましめ（第五条）、怒りをいましめ（第十条）、嫉妬をいましめ（第十四条）ているのは、貪《とん》・瞋《じん》・痴《ち》の三毒《さんどく》をきらう仏教の立場と言えます。その第十条では、自己の見解に固執しつつ、他と論争することをいましめていますが、そこには、

忿《こころのいかり》を絶ち、瞋《おもえりのいかり》を棄《す》てて、人の違《たが》うを怒《おこ》ら不《ざ》れ。人皆《みな》心有《あ》り。心各《おのおの》執れること有《あ》り。彼是《かれよ》むずれば、則《すなわち》我は非《あし》むず。我れ是《よ》むずれば、則《すなわち》彼は非《あし》むず。我必ず聖《さか》しきに非《あら》ず。彼必ず愚《おろか》に非《あら》ず。共に是《こ》れ凡夫《ただひと》ならく耳《のみ》。是《よ》く非《あ》しきの理《ことわり》、詎《たれ》か能《よ》く定む可《べ》けん。相共《あいとも》に賢《さか》しく愚なること、鐶《みみかね》の端无《な》きが如《ごと》し。是を以《もっ》て、彼の人瞋《いか》ると雖《いえど》も、還りて我が失《あやまち》を恐《おそ》りよ。我独《ひと》り得たりと雖も、衆《もろもろ》に従いて同じく挙《おこな》え。（同・一一九頁）

とあります。自己も含めて、共にみな凡夫《ぼんぷ》であり愚者であるという自覚から出発しよう、と

いうのです。この立場は、日本仏教の根底に流れているのかもしれません。

2 「三経義疏」にこめられたもの

聖徳太子の仏教と言えば、ただちに「三経義疏」が想起されるのですが、すでに述べたように、それらは太子の真撰かどうか大いに疑われています。このことについて理解するために、まず「三経義疏」の性格について触れておくと、これらは、中国においてすでに制作されてあった註釈書を本《もと》として、それを改編したものなのです。たとえば『法華義疏』は、光《こう》宅寺《たくじ》法雲《ほううん》の『法華経義《ほけきょうぎ》記《き》』を下敷きにしています。そのように「三経義疏」それぞれ、本《もと》の註釈書があり、「三経義疏」はその説を「本義に曰《いわ》く」等といったかたちで言及します。ときには「三経義疏」の作者が「本義」の誤りを主張したり、「本義」にはない独創的な見解を述べたりしています。しかもそれは、その本義だけでなく、他の諸註釈の説も参照したうえでのことなのです。

そういう「三経義疏」に関して、聖徳太子の真撰を否定する意見の代表的なものとして、日本思想大系2巻『聖徳太子集』（岩波書店、一九七五年＝既出）の解説があります。その部分の筆者の藤枝晃先生は、特に『勝鬘経義疏』の成立に関して次のように論じています。

本書改修の作業の実際は、前述の如く一時代前の名著を当世風に改編することであった。その名著の価値を一通り理解し、最新の学風の方向に沿って、幾つかの注釈書から新説を拾い出すということは、実は長安・洛陽、あるいは建康などの仏教学の中心地で、一通りの材料を手にした上で、そこの一流ではなくとも、せめて二流の学匠であってはじめて可能な作業である。かりに、日本で改修が行なわれたとするならば、なぜ、できのよくない「G本」（義疏。筆者注）だけが後世に伝わって、隋から渡来した大切な「本義」が世に残らなかったのか。……（同・五三八頁）

さらに聖徳太子が行ったと伝える宮中の講経は、もっぱら儀礼的なものであったはずで、著述を意味しない等とも強調しています。

しかし、こうした意見が学界の大勢を占めているとも言えず、個別の検討が必要ですが、太子の真作を認めようとする学者は今も少なくありません。たとえば、坂本太郎『聖徳太子』（人物叢書、吉川弘文館、一九七九年）では、『法華義疏』の検討を中心にしつつ太子の真撰を認める立場で解説されています。これらの議論は、さらに今後を見守る必要がありますが、ともかく「三経義疏」が当時の日本にあったことは事実でしょうから、その思想内容についてはやはり理解しておく必要があるでしょう。

そこで「三経義疏」の思想についてですが、その独創的な意見として有名なものが、『法華義疏』にあります。それは、『法華経』「安楽行品《あんらくぎょうぼん》」に、「常に坐禅《ざぜん》を好み、閑《しずか》なる処に在りて、その心を摂《おさ》むることを修《なら》え」とあるのに対し、「顚倒分別《てんどうふんべつ》の心有《こころあ》るに由《よ》るが故に、此《ここ》を捨てて彼《か》の山間《やまのあいだ》に就《ゆ》きて、常に坐禅を好むなり。然れば則ち、何《なん》の暇《いとま》ありてか此《こ》の『経』を世間に弘通《ぐずう》することをえん。ゆえに知《し》りぬ、『常に坐禅を好む』は、猶応《なおまさ》に親近《しんごん》せざるの境《きょう》に入《い》るべきことを」（『法華義疏』・下巻・一九〇頁）と論じるものです。真実を語るもの（聖教量《しょうぎょうりょう》）として絶対的な権威を担うはずの経典に対し、『法華義疏』は、大胆にも反対の意見を述べているのです。ここには、菩薩は世間において『法華経』を広く人々に広めるべきだという考え方があり、そういう菩薩道の重要性が述べられていると見るべきでしょう。

実はこうした考え方は、『維摩経』に説かれています。その「弟子品《でしぼん》」には、舎利弗《しゃりほつ》が維《ゆい》摩居士《まこじ》によって、静かな林のなかの樹下で坐禅《ざぜん》しているのが本当の坐禅（宴坐《えんざ》）ではないのだと、心得違いを正されたことが説かれています。そうした坐禅を好むのは、山中は静寂・清浄、街中は喧騒・汚染だと見るもので、虚妄な二元分別的見解にとらわれたものであるというのでしょう。このことについて『維摩経義疏』は、「言うこころは、彼此《ひし》倶《とも》に亡ずれば、山として入るべきなく、世として避くべき無し。是れ則ち身心三界《しんじんさんがい》に現ぜず、是を名づけて宴（坐禅のこと）と為す。汝、彼此を存して、俗を棄て、山に入るは、則ち身心三界に現ずるなり。豈《あ》に好宴と名づけんや」（『大正新脩大蔵経（以下、大正蔵経）』・五六巻・三二頁上段）等と、その心を説明しています。

というわけで、『維摩経』には、山中と市中といった区別にとらわれることなく、たとえ世間のただなかにあっても仏道を行じていけるし、その方が本当であるとの立場が見られるわけです。つまり、在家仏教の立場を重視していると考えられます。実際、なぜ『維摩経』と『勝鬘経《しょうまんぎょう》』と『法華経』という三経が選ばれているのかを思うとき、『維摩経』は維摩居士、『勝鬘経』は勝鬘夫人《しょうまんぶにん》と、いずれも在家の者こそが主人公であることが注目されます。しかも両者ともに、慈悲深い菩薩なのでした。維摩居士は、「一切衆生病《や》むを以て、是の故に我れ病む」（同・一四巻・五四四頁中段）と漏らし、勝鬘夫人は、「十大受章」において、たとえば「我れ今日従《よ》り乃《いま》し菩提に至るまで、若《も》し孤独、幽縶《ゆうけい》、疾病、種種の厄難、困苦の衆生を見れば、終《つい》に暫《しばら》くも捨てず。必ず安穏ならしめんと欲し、義を以て饒益《にょうやく》し、衆苦を脱せしめて然る後に捨てん」（同・一二巻・二一七頁下段）と誓っています。『法華経』はと言えば、「菩薩の使命」を一つの大きな主題とするものであり、これらを総合して考えれば、たしかに在家菩薩の活動を重視する立場からこの三経が選ばれたと見ることもできると思われます。維摩居士や勝鬘夫人に多少なりともならって、菩薩として活動していくところに仏道の意味があることを、前の『法華義疏』の「安楽行品」の独自の註釈は物語っているでしょう。

それにしても、維摩居士や勝鬘夫人は、どうして在家でありながら、そのように仏教を深く理解し、かつ人々に説くことができたのでしょうか。『維摩経義疏』によると、実は維摩居士は、「乃《すなわ》ち是れ已登正覚の大聖《だいしよう》なり」（同・五六巻・二〇頁上段）と、本来、仏にも変わらない存在である者が、苦しんでいる人々の救済のために、わざわざ人間のかたちをとってこの世に現れているのだと示しています。また『勝鬘経義疏』にも同じように、勝鬘夫人は本来、「如来の分身」もしくは「法雲大士《ほううんだいじ》（第十地の菩薩）」（『聖徳太子集』・二七頁）なのだとあります。もちろん、諸仏や高位の諸菩薩は化身《けしん》を現して人々を救済していくという思想を、大乗仏教一般のなかに見ることはできるのですが、私はここにもまた、『法華経』の考え方に共通するものを見ます。というのも、『法華経』の「法師品《ほっしぼん》」には、『法華経』を尊重する者は、「薬王よ、当《まさ》に知るべし、この諸人等《もろびとら》は、已《すで》に曾《むかし》、十万億《じゆうまんのく》の仏を供養し、諸《もろもろ》の仏の所《みもと》において、大願を成就せるも、衆生を愍《あわれ》むが故に、この人間に生まれたるなり」（『法華経』・中巻・一四二頁）と明かされています。如来の滅後、この悪世に現れて法を説く菩薩は、本来はもう修行を完成して仏になるべき者が、あえて人々の苦悩のためにこの世に姿をとって現れた者にほかならないというのです。

しかも菩薩ばかりか、むしろ仏という存在そのものが、本来「常住の大悲」の存在です。『法華経』の「如来寿量品《によらいじゆりようぼん》」には、「諸《もろもろ》の衆生には、……種種に法を説きて、作《な》すべき所の仏事を未《いま》だ曾《かつ》て暫《しば》らくも廃せざるなり。かくの如く、われは成仏してより已来《このかた》、甚大久遠《はなはだくおん》なり。寿命は無量阿僧祇劫《むりようあそうぎこう》にして、常に住して滅せざるなり」（同・下巻・一八頁）と、「久遠《くおん》実成《じつじょう》の釈迦牟尼仏」（久遠の昔に実に成道を果たした仏）は、人々の救済のはたらきを一時も廃したことがない仏であることを明かしていますし、『勝鬘経』も「一乗章《いちじょうしょう》」に「世尊《せそん》、如来《にょらい》は限斉の時に住すること有ること無く、如来応等正覚《おうとうしょうがく》は後際と等しく住す。如来、限斉無ければ、大悲も亦《ま》た限斉無く、世間を安慰す。無限の大悲をもって限り無く世間を安慰す。是の説を作すは、是れを善く如来を説くと名づく。……」（『大正蔵経』・一二巻・二二〇頁下段）と、まさしく「常住の大悲」こそが仏の核心であることを説いています。その仏の大悲のはたらきかけによってこそ、誰もが本来の自己実現（成仏）を果たしていけるというのが、これらの経典が等しく説く「一乗」ということなのでしょう。

　こうして見てくると、「三経義疏」の三経を貫く主題としては、たしかに「在家仏教の可能性」や「一乗思想の救い」などがあると思われますが、さらにその根本に、「常住の大悲の存在」があると言うべきでしょう。実は『維摩経義疏』には、維摩居士の活動の核心を述べて、「ただ大悲息《や》むことなく、志《し》、益物《やくもつ》に存す」（同・五六巻・二〇頁上段）、「而して大悲息《や》むことなく、機に随いて化《け》を施す。則ち衆生の在る所至らずという所無し」（同・五六巻・二六頁上段）とあります。実は本来仏でありながら、あえて菩薩の身と成り下がっている維摩居士や勝鬘夫人の根源にあるのは、いわば久遠の昔以来、未来永劫《えいごう》やむことのない大悲のことだったのです。のちに源信は『往生要集』のなかで、「大悲無倦《だいひむけん》、常照我身《じょうしょうがしん》（大悲は倦《う》むことなく、常に我が身を照らす）」（『恵心僧都全集』・一巻・一〇八頁）と述べました。それは、おそらく法然、そして親鸞に受け継がれたことでしょう。その根源が、私にはたとえばこの『維摩経義疏』の句に見出されるように思われます。

その意味では、やはりこの「三経義疏」は、日本仏教の淵源に位置すべきものと言うべきでしょう。

第三章　南都六宗の思想

1　南都六宗とは

よく知られているように、奈良時代の幕開けは七一〇年です。ですから二〇一〇年には、平城京遷都千三百年を迎え、奈良はその記念行事などでたいへんに賑わいました。聖徳太子は、推古《すいこ》天皇三十年（六二二）に亡くなったということですから、奈良時代までには、およそ九十年の年月を経るわけです。その間、仏教界にも種々の動きがありました。大化の改新は六四五年ですが、孝徳《こうとく》天皇は仏法の興隆に尽力し、同年（大化元）、多くの僧を指導する役の「十師」を任命しています。天武《てんむ》天皇は、天武天皇二年（六七三）、一切経を川原寺《かわらでら》で写させ、その後、諸国に令して放生会《ほうじようえ》を行わせたり、あるいは使いを遣わして『金光明経《こんこうみようきよう》』を説かせたりしました。僧正《そうじよう》・僧都《そうず》・律師《りつし》の任命等により僧尼を統制する僧官制度の基盤を形成したり、同十四年（六八五）には、「諸国に、家毎に仏舎を作りて、乃ち仏像及び経を置きて、礼拝《らいはい》供養せよ」と詔して、後の国分寺制度につながるような施策を展開したりしています。持統《じとう》八年（六九四）には、『金光明経』一百部を諸国に送り、正月八日の頃、読誦《どくじゅ》させたということです。

『大宝律令《たいほうりつりょう》』は大宝元年（七〇一）に完成していますが、それには「僧尼令《そうにりょう》」も含まれ、国による僧尼の管理の条文も細かく規定されることになりました。やがて奈良時代となり、天平七年（七三五）には、玄昉《げんぼう》（?〜七四六）が在唐二十年近くを経て、経論五千余巻を携えて帰朝します。聖武《しょうむ》天皇は、同十三年（七四一）に国分寺・国分尼寺造営の発願《ほつがん》、同十五年に盧舎那仏（大仏）建立の発願を発表し、天平勝宝《てんぴょうしょうほう》四年（七五二）には、大仏開眼《かいげん》の式典が盛大に行われました。鑑真《がんじん》が来朝したのは同六年（七五四）、翌年、東大寺に戒壇院が建立され、天平宝字《てんぴょうほうじ》五年（七六一）には、下野《しもつけ》の薬師寺、筑紫《つくし》の観世音寺に戒壇が建立されています。平安時代の仏教を産んだ最澄が生まれるのが七六七年、空海が生まれるのが七七四年で、その頃には新たな時代を望む動きが胎動していたことでしょう。

さて、先述のように、奈良時代の仏教は一般に南都六宗と言われます。実際は、天平十九年（七四七）の大安寺等の『伽藍縁起《がらんえんぎ》幷《ならびに》流記資材帳《るきしざいちょう》』によれば、三論・別三論・成実・法相（法性）・律・華厳・摂論《しょうろん》・修多羅《しゅたら》等の諸衆がいたことが知られます。しかし天平勝宝三、四年（七五一、七五二）頃には、三論宗・成実宗・法相宗・倶舎《くしゃ》宗・華厳宗・律宗のいわゆる六宗の概念が確立されてきていたようです。なお、衆というのは、それぞれの寺院に存在した研究グループ（一寺院に諸衆が混在しえた）、宗は寺院を横断したいわゆる宗派に相当するようなものと考えれば分かりやすいかと思います。

南都六宗は上述の六宗ですが、三論宗は龍樹《りゅうじゅ》の『中論《ちゅうろん》』『十二門論《じゅうにもんろん》』とその弟子・提婆《だいば》の『百論《ひゃくろん》』の三つの論に代表される思想を学ぶ学派で、インド中観派の流れを汲むものです。大安寺や元興寺《がんごうじ》、また東大寺でも学ばれました。

成実宗は、小乗と大乗の中間的な教えを載せる『成実論』を学ぶ学派ですが、三論宗の寓《ぐう》宗《しゅう》（独立せずに他宗に付属している宗）と言われ、三論宗のなかで学ばれたといいます。

法相宗は玄奘三蔵訳『成唯識論《じょうゆいしきろん》』という根本聖典を学ぶ学派で、無著《むじゃく》・世親《せしん》のインド瑜伽《ゆが》行派《ぎょうは》（唯識学派）の流れを汲むものです。薬師寺・興福寺などが有名です。

倶舎宗は、その世親の『倶舎論』を学ぶ学派ですが、これも法相宗の寓宗であったと言われます。『倶舎論』の諸法（あらゆる存在）の分析は、大乗仏教としての唯識の教理にも大きな影響を与えており、「唯識三年、倶舎八年」（『倶舎論』を八年かけて学んでおけば、唯識の修得は三年ですむ）という言葉さえ伝えられています。

華厳宗は『華厳経』とともに、唐の時代に華厳の思想を体系化した智儼《ちごん》・法蔵らの思想を学ぶ学派です。東大寺の大仏は、『華厳経』の教主（盧舎那仏）です。

律宗は、戒律について学ぶわけですが、主として中国の南山道宣（五九六〜六六七）による『四分律』解釈を学んでいく学派です。ただし戒律のことはどの宗派の者であれ学ばなければならなかったわけで、律宗は他の宗にも開かれていました。唐招提寺の招提（四方）には、その意がこめられています。

これらを見ると、奈良時代の仏教は、修行よりも学問の性格が強いと感じられるでしょう。おそらく、これらの哲学・思想の研究が盛んになされていることが、一種の国威発揚につながると考えられていたのでしょうし、また僧尼の役割としては鎮護国家《ちんごこっか》に多くを期待されていたのでした。

とはいえ、これら三論・法相・華厳といった思想には、今日から見ても色あせない深い哲理が論じられています。次に、各宗の思想内容等をもう少し詳しく見ていきましょう。

2　三論宗の思想

三論宗の歴史

三論宗は日本に三回にわたって伝えられたと言われていますが、伝承によれば、第一伝が推古天皇三十三年（六二五）来朝の高麗僧・慧灌《えかん》（生没年不詳）、第二伝が智蔵《ちぞう》（六二五頃〜六七二頃）、第三伝がその弟子の道慈《どうじ》（六七〇頃〜七四四）と言われています。慧灌は三論宗の大成者である嘉祥大師《かじょうだいし》吉蔵《きちぞう》（五四九〜六二三。『中論疏《ちゅうろんしょ》』『大乗玄論《だいじょうげんろん》』『三論玄義《さんろんげんぎ》』『二《に》諦章《たいしょう》』等の著作あり）に学んだと言われています。道慈も吉蔵の孫弟子の元康に学んだということです。この道慈は、大宝《たいほう》元年（七〇一）から養老《ようろう》二年（七一八）まで唐にあって修学しています。帰国後、大安寺の造営に力を尽くし、また同寺に住しました。智蔵の弟子（道慈の兄弟弟子）に、智光《ちこう》（?〜七七六頃）と礼光《らいこう》（頼光《らいこう》、生没年不詳）がいますが、この二人はもと元興寺に住していました。前者の三論宗を大安寺流、後者を元興寺流と言います。智光は、自ら感得した西方浄土のあり様を画工に描かせたという智光曼荼羅でも有名で、浄土思想も有していました。

三論宗は、前に述べたように、龍樹の『中論』『十二門論』とその弟子・提婆の『百論』等を学ぶ学派なのですが、事実上はその教学を大成した吉蔵の著作等を研究する学派です。空《くう》や中道の思想を展開したインド中観派の思想は、三論宗においては、破邪顕正《はじやけんしよう》・真俗二諦《しんぞくにたい》・八不中道《はつぷちゆうどう》の三科に集約されました。とりわけ、破邪顕正の説には、この宗の特徴がもっともよく表れています。

破邪は、とにかく何であれ対象的にこれとして肯定されるものはすべて否定していくものですが、凝然《ぎようねん》（一二四〇〜一三二一）の『八宗綱要《はつしゆうこうよう》』によれば、その否定の対象をまとめると次の四種類になるといいます。

一には、外道実我《げどうじつが》の邪見《じやけん》を破《は》し、
二には、毘曇実有《びどんじつう》の執見《しゆうけん》を破し、
三には、成実偏空《じようじつへんくう》の情見《じようけん》を折《しやく》し、
四には、有所得大乗《うしよとくだいじよう》の見解《けんげ》を摧《くじ》く。

（『大日本仏教全書』（以下、大日仏）』・三巻・二七頁下段）

つまり、第一は、外道（仏教以外の宗教や思想を信奉する）の人々が執着している常住不変の我（実体としての主体）を否定します。第二は、小乗仏教の『倶舎論《くしゃろん》』に代表される三世（過去世・現在世・未来世）に実有とされるような諸法の存在（実体としての客体。物・心等を含む）を否定します。第三は、『成実論』に代表されるただ無の一面しか見ない空理解も否定します。一切法の空の言葉に、ネガティブな面しか見ることができず、ニヒリズムに陥るような立場を否定するのです。真正の大乗仏教なら、「色即是空《しきそくぜくう》」であるとともに「空即是色《くうそくぜしき》」でしょう。「色即是空」とは、色《しき》・受《じゅ》・想《そう》・行《ぎょう》・識《しき》の五蘊《ごうん》、つまり物・心等の現象のすべては常住の本体を持たない、無自性《むじしょう》（＝空）のものであること、「空即是色」とは、無自性ゆえに現象として成立しえていること、を意味します。空とは無ではなく、直ちに生成する現象世界そのものなのです。

ところが、もし「空即是色」が真理《しんり》だとして、これに固執するなら、それも否定されるべきだといいます。あるいは、一切法の空に対し、仏性は有るとか、如来蔵《にょらいぞう》は有るとかと主張し、しかもそれに固執する立場なども、否定されるべきです。こうして第四に、たとえ大乗仏教においても、何であれこれが真理だと対象的に捉えられれば、それらも超克されないと究極の真理には到達しえないというのです。以上、三論宗では、一切の有所得をすべて否定し尽くしていきます。それがこの宗の破邪なのです。

では、顕正《けんしょう》とは、何でしょうか。一般に破邪顕正と言えば、まず相手側の非を否定して、次に自分の正しい立場を主張するものと考えられます。しかし三論宗の破邪顕正はちょっとそれとは異なります。というのも、三論宗では、破邪のほかに別の顕正はない、破邪がすなわち顕正だと主張するからです。有所得《うしょとく》（対象的把握）を一切、否定し、ゆえに戯論《けろん》が滅して言葉も思慮も絶えたところこそ、究極の世界なのだというのです。そこはもはや顕正とも表し得ないのでしょうが、破邪に対して強いて顕正と呼ぶのみです。そのあたりを、同じく『八宗綱要』では、次のように説明しています。

至道《しどう》は是れ玄極《げんごく》なれば、言論《ごんろん》及ばず。有《う》と言えば則ち愚《ぐ》に返《かえ》り、無《む》と語《かた》れば則ち智《ち》に非《あら》ず。善吉《ぜんきつ》（須菩提《しゅぼだい》）呵《か》せられ、身子《しんし》（舎利弗）責《せ》めらる。有に非ず、無に非ず、亦有亦無《やくうやくむ》にも非ず、非有非無にも非ず。言語《ごんご》の道断《どうだん》じ、心行《しんぎょう》の処滅す。湛湛《たんたん》として寄る無く、寥《りょう》寥《りょう》として拠《こ》を絶す。知らず、何を以ってか銘《なづ》けん。強《し》いて顕正《けんしょう》と名づくるなり。

（同・三巻・二八頁上段）

要は、顕正は所得なき世界です。それはまさに「八不中道《はっぷちゅうどう》」の世界でもあるでしょう。八不とは、不生《ふしょう》・不滅《ふめつ》・不常《ふじょう》・不断《ふだん》・不一《ふいつ》・不異《ふい》・不来《ふらい》・不出《ふしゅつ》のこと、『中論』冒頭の「帰敬《ききょう》頌《じゅ》」に謳《うた》われるものです。とはいえ、その世界は、決して現実世界と別にあるのでもありません。そこに二諦《にたい》という二重真理説もかかわるのでしょう。

インド中観派の流れをひく三論宗ではこのように、破邪がそのまま顕正である、破邪以外に何か顕正があるわけではない、と説きます。そのあらゆる対象的所得を否定しつくした世界は、まさに八不の世界であり、言語道断・心行処滅の世界です。そこを三論宗は、「無得《むとく》正観《しょうかん》」とも言っています。凝然の『八宗綱要』には、古人の言葉として、「八不妙理《はっぷみょうり》の風は、妄想戯論《もうぞうけろん》の塵《ちり》を払い、無得正観《むとくしょうかん》の月は、一実中道《いちじつちゅうどう》の水に浮かぶ」（同・三巻・二八頁上段）とあると伝えています（以下も、『八宗綱要』に拠って解説します）。

八不・無得が究極の世界だとして、では現実の世界については、どのように受け止めればよいのでしょうか。このことについては、おおよそ次のように説明されます。

縁起所生《えんぎしょしょう》の法、すなわち現象世界は、常住の本体を持たない仮有《けう》のものです。仮有のものは、そのものとして有ると認められるべきものではありません。そこで、現象の限りにおいて世俗の事実も認められ、一方、その本性（空性）としての究極の真理も認められるということになります。また、四種類の中《ちゅう》（後述）も、この事実によって成り立つのです。そこで、現象という面に立てば、空性を何も動かさないままに現象世界を説くことができ、真理という面に立てば、現象の仮有をそのままにしてしかも空性の世界を説くことができます。したがって、空はそのままに有《う》であり、有はそのままに空なのです。いわゆる「色即是空・

空即是色」の本意は、まさにここにあるのです。

このように、あらゆる対象的所得が否定されるということ、すなわちいかなる意味でも常住の本体がつかまえられないということは、実は一切のものが空を本性としているということにほかなりません。そして、空を本性としているからこそ、現象も仮の有として成立しえるですから、破邪の極地としての顕正は結局、空性そのものの世界であり、そこにおいて実は現象世界も成立しえています。ここに有はそのまま空、空はそのまま有であるということになるのであって、かの言語道断・心行処滅の世界は、決して単なる虚空のような世界ではないのでした。『八宗綱要』には、「無得を以っての故に、仮名《けみよう》の諸法は法爾《ほうに》として森羅《しんら》たり」(同・三巻・二八頁下段)とも言われています。

なお、前にあった「四種類の中」(「四中」)とは、対偏中《たいぺんちゆう》(有・無や常《じよう》・断《だん》等の二見に対する中)・尽偏中《じんぺんちゆう》(二見が滅尽したところに現れる中)・絶待中《ぜつだいちゆう》(二見が無ければ中も無いところ。非偏非中)・成仮中《じようけちゆう》(仮の有無を成立させる中)というもので、中《ちゆう》においても仮が成り立つということを含むものです。

ちなみに三論宗には「四種釈義」といって、仏教の教えの言葉の意義について、依名釈義《えみようしやくぎ》(言葉によって説明する)・因縁釈義《いんねんしやくぎ》(反対の概念によって説明する。善を悪によって表す等。互相釈義)・見道釈義《けんどうしやくぎ》(無名相の法をあえて言葉で説明する)・無《む》方釈義《ほうしやくぎ》(自在に解釈し説明する)の四種から見るという説があります。この無方釈義も、いったん言葉を超えた世界に入ったら、あとは自在に言葉を操って表現していくことができるということで、やはり空性から現実世界へ出て来るところを見ているものでしょう。

なお、世俗諦《せぞくたい》・勝義諦《しょうぎたい》の二諦の説は三論宗の一つの中心的な教義ですが、その見方も決して単純ではありません。三論宗では、この二諦に四重の説を説きます。


一には、有《う》を俗諦《ぞくたい》と為《な》し、空《くう》を真諦《しんたい》と為す。

二には、有・空を俗と為し、非空《ひくう》・非有《ひう》を真と為す。

三には、空有・非空非有を俗と為し、非非有・非非空を真諦と為す。

四には、前《さき》を以《もっ》て俗と為し、非非不有・非非不空を真と為す。（同・三巻・二九頁上段）

なにかどこまでも否定が続きそうですが、ここにもあらゆる二元対立的な見方が徹底して否定されているのであり、同時にそれ故にこそ、その世界がそのまま現象世界であることをも意味していることでしょう。

興味深いのは、三論宗の修道論《しゅどうろん》です。あらゆる二元対立の分別を否定するということは、迷・悟の対立をも否定することになり、したがって成道するとかしないとかいうことも本来ないことになります。言葉の世界では、迷いに対するが故に悟りを立て、悟りに対して迷いがあるということになりますが、実際に悟りが成就すれば、迷いなどもともとなかったのだと気づかされます。迷いがないとすれば、何の悟りがあろうかということにもなるでしょう。本当は、迷いもなく、悟りもないのであり、迷・悟は本より無にして、本来寂滅なのだ、迷・悟は仮に言葉で説いたに過ぎず、無得正観《むとくしょうかん》こそすばらしい究極の真理の世界なのだ、と主張することになります。

ただし空即是色でもあったように、その本来寂滅の世界を根本として、迷・悟も成・不成もあるということになります。このとき、人々の資質（機根）の利・鈍によって、一念（瞬間的な時間）の成仏もあれば三祇《さんぎ》（三大阿《さんだいあ》僧祇《そうぎ》劫《こう》＝数えることができないほどの永い時間）の修行もありうる。しかし空性から見れば一念と三祇とは融即しているとも言います。

このように、三論宗では、むしろ本来仏であるという立場にもなるのであり、あえて言えば本覚思《ほんがくし》想《そう》にさえなるのです。『八宗綱要』の説明に、「一切衆生は本来是《こ》れ仏なり。六道の衆生は、本と自《おの》ずから寂滅《じゃくめつ》なり」（同・三巻・二八頁下段）、「故に此《こ》の宗《しゅう》の意《こころ》は、覚体《かくたい》は本有なり、迷うが故に生死《しょうじ》有り。迷《まよい》を返して源《みなもと》に還り、但だ客塵を払う時に本有《ほんぬ》の覚体、宛《おん》爾《に》として顕《あら》わる。此れを名づけて始《し》覚《がく》の仏と為す」（同）とあります。三論宗は、インドの龍樹の空思想をひくものでしたが、その空の原理こそがむしろ本覚思想を支えることになるのでした。天台宗で本覚思想を説いたのも、天台には、空・仮・中の三諦の説、つまり龍樹の思想が根本にあったからなのでしょう。

3　法相宗の思想

法相宗の歴史

法相宗はインド瑜伽行派《ゆがぎょうは》の弥勒《みろく》・無著《むじゃく》（三九五〜四七〇頃）・世親《せしん》（四〇〇〜四八〇頃）が大成した唯識思想を研究する学派です。その唯識の意味については後に詳しく解説しますが、私たちが「有る」と思っている自我や物は、さまざまな心（八識等）のなかに現し出されている映像にすぎない、だからそれらへのしがみつきから解放されれば自由ないのちを実現できる、と説く思想です。前の弥勒は、伝承的には弥勒菩薩のことだとされています。無著・世親は実の兄弟と言われ、彼らが唯識思想の体系を完成しました。無著の『摂大乗論《しょうだいじょうろん》』、世親の『唯識三十頌《ゆいしきさんじゅうじゅ》』は、唯識思想の重要な文献です。もちろん世親の後も、多くの論師らによってさらにその研究が進められていきました。

中国には、何回かその思想が伝えられていますが、特に玄奘三蔵《げんじょうさんぞう》（六〇二〜六六四）はインドに遊学し、ナーランダー学園において唯識研究を深め、六四五年に帰国後、護法《ごほう》（五三〇〜五六一）の立場に拠った『成唯識論《じょうゆいしきろん》』（世親の『唯識三十頌』の詳しい解説書）を翻訳します。これが法相宗の根本聖典です。法相宗そのものの宗祖は、玄奘の高弟・慈恩大師基《じおんだいしき》（六三二〜六八二。『述記《じゅつき》』を著す）とされ、その後、慧沼《えしょう》（六四八〜七一四。『了義燈《りょうぎとう》』を著す）―智周《ちしゅう》（六六八〜七二三。『演秘《えんぴ》』を著す）と相承されます。

日本には、道昭《どうしょう》（六二九〜七〇〇。六五三年入唐）が初めてこれを伝えました。中国で玄奘その人に就いて学び、帰国後、元興寺に拠ります。のち、第二伝（智通・智達。六五八年入唐し、玄奘・基に就く）・第三伝（新羅の智鳳《ちほう》・智鸞・智雄。入唐し、智周に就いて学び、来朝）があり、さらに第四伝として、玄昉《げんぼう》（?〜七四六）は七一七年に入唐、智周に学び天平七年（七三五）に帰国、興福寺に拠りました。元興寺の学統を南寺伝《なんじのでん》、興福寺の学統を北寺伝《ほくじのでん》と言います。他に法相宗の高名な僧として、道昭の弟子に行基がおり、その系統に護命《ごみょう》（七五〇〜八三四）らが出ています。第三伝の智鳳の弟子・義淵《ぎえん》（?〜七二八）は一代の高徳として有名で、玄昉・良弁《ろうべん》（六八九〜七七三）・道慈《どうじ》（六七〇頃〜七四四）らの弟子がいました。玄昉の系統に善珠や貞慶《じょうけい》―覚遍―良遍らがいます。なお今日では、興福寺・薬師寺が法相宗の大本山です。

さて、法相宗の唯識の思想ですが、一見すると、世界は心が現し出したのみということを説くものと受け止められがちです。しかし、その教理は、『倶舎論』のアビダルマ、つまり世界の詳細な分析を下敷きにした面があり、いわば「大乗のアビダルマ」という性格があるものです。『倶舎論』は、「五位七十五法《ごいしちじゅうごほう》」といって、世界の構成要素（法）を七十五取り出し、細かく究明していますが、唯識でも「五位百法《ごいひゃっぽう》」を説いて諸法のありようをさらに詳しく分析究明しています。そこで法相宗というのでしょう。

その意味で、唯識は大乗仏教の世界観の基本的な標準になるものであって、これを学んでおくことはきわめて大切だと思います。法然も南都に遊学し、法相宗に説かれる仏身・仏土論を深く学び、浄土往生ということに関し、その唯識の説と天台の説とを超えた善導の浄土教に立ったという経緯もあったわけです。その唯識の思想について、以下に解説します。

唯識で説く「識」とは

五位百法の「法（ダルマ）」とは、古来、「任持《にんじ》自性《じしょう》、軌生物解《きしょうもつげ》」（自性を任持して、軌として物《もつ》〈＝衆生〉に解《げ》を生ず）と定義されるものです。千変万化する現象世界にあっても、自分自身を維持しているものがあれば、それがこの世界の構成要素として取り出せるというわけです。仏教は、そうした世界の構成要素を、物質界にのみ求めるのではありません。心の世界も同じ現象世界として、それを構成している個々の心としての要素を探求しています。あるいは物とも心とも言えないものも見ていたりします。結局、心王《しんのう》・心所有《しんじょう》法《ほう》・色《しき》法《ほう》・心不《しんふ》相応法《そうおうほう》・無為法《むいほう》の五つのグループを分けて、それらに全部で百の法を取り出しています。心王・心所有法は、いわば精神界、色法は物質界、心不相応法は、物でも心でもない世界のもので、以上は有為法《ういほう》であり、変化していく現象世界です。無為法《むいほう》はそれらの有為法とは異なる、変化のない世界です。この百法は、説一切有《せついっさいう》部《ぶ》の七十五法の伝統を受け継ぎつつ、さらに詳細な分析を展開しているものであり、ここに法相宗の意味合いがあるのだと思われます。

心王としての法（ダルマ）には八つあり、八識が相当します。眼識《げんしき》・耳識《にしき》・鼻識《びしき》・舌識《ぜつしき》・身識《しんしき》・意識《いしき》のほか、さらに末那識《まなしき》・阿頼耶識《あらやしき》があるというのです。心所有法は、心王とともにはたらく法であって、心王に所有される法の意味です。これには全部で五十一あります。実に心の世界が詳しく見つめられているのです。特に煩悩（六つあり、貪《とん》・瞋《じん》・癡《ち》・慢《まん》・疑《ぎ》・悪見《あくけん》。根本煩悩《こんぽんぼんのう》）・随煩悩《ずいぼんのう》（二十あり、枝末煩悩《しまつぼんのう》）が細かく分類され、一方、善の心（十一あり）も詳しく解明されています。色法は、眼《げん》・耳《に》・鼻《び》・舌《ぜつ》・身《しん》の五根《ごこん》（感覚器官）と、色《しき》・声《しょう》・香《こう》・味《み》・触《そく》の五境《ごきょう》（感覚対象）等、十一があります。心不相応法には、二十四の法が指摘されています。無為法は六つありますが、これは、本当は有為法の本質・本性としての空というあり方（空性）、言い換えれば真如・法性一つがあるのみであって、あとはその別名にすぎません。このように、世界の構成要素が詳細に分析されているのです。

これらの法が、「任持自性、軌生物解」と定義されるのに対し、「常・一・主・宰」と定義される我《が》があります。常住で、不変で、しかも主体であるようなものとして考えられたものが、無我として存在を否定される我というものです。説一切有部では、法は実在するが、我は存在しない、我とは諸法の集合離散の上に誤って認定されたものにすぎない、と主張しました。しかし大乗の唯識では、我も空だし、諸法もまた常住の本体を持たず、空であって、実体的存在ではない、と主張します。我はもとより、一切法も空であると説くのが、大乗の立場なのです。このことを深く了解すると、自我と物へのしがみつき、執着から解放されるでしょう。その結果、自我にも物にも振り回されない、真に自由な主体が実現します。その主体はおのずから、自利・利他を完全に果たす主体として活動していくのです。その存在こそ、大涅槃と大菩提とを実現した仏という存在です。そのように、我の空だけでなく諸法の空もまた洞察されることが、その人のいのちを真に開き、豊かにし、いのちの本来の意義を展開させていくことになります。

では、その百の法は、どのような意味合いにおいて空なのでしょうか。そこに、唯識ということがかかわってきます。以下、唯識ということの意味について、少し解説してみます。

ふつう私たちは、外に物が実在し、こちら側にはある一つの心が存在していて、心は物を写し取ることにおいて、見たり聞いたり認識したりすることが成立していると思っています。この立場は、素朴実在論とも、主客二元論とも言うべきものです。その場合は、自我も実在し、物も実在するという見方になるわけです。しかし、本当に心とは独立に、物はあるのでしょうか。

そこで、「見る」ということを考えてみましょう。

ふつう私たちは、外界にある物の姿が、眼球の網膜に映ることによって、見ることが成立すると思っています。しかしその網膜に映った像は、何によってどのように見られているのでしょうか。実はその像は、網膜の細胞ごとに情報が細分化され、それらは視神経を通じて脳に伝えられるのでしょう。このとき、もはや物理的な像は分解されてしまい、しかも電気的な信号などに変換されて脳に伝わるのだと思われます。脳は、物理的な像を見るのではなく、信号化された情報に接して、それらをもとにしつつ、ある映像を作り出してそれを見ることになります。映像を現し出すことが見ることという構造なのでしょう。だとすれば、私たちは決して外界の実在を直接そのままに見ているのではなく、脳が作り出した映像を脳自身が見ているというほかないことになります。私たちが見ているものは、実に映像とでも呼ぶべきものでしかなかったのです。

その脳の映像を作り見るはたらきを心と呼べば、心は自己のなかに映像を浮かべてそれを見るものだ、ということになるでしょう。唯識で説く識とは、まさにそのような心のことです。決して物に対する心なのではなく、自己のうちになんらかの像を現じてそれを見ているようなものが識なのです。世界にはそういう識しかないというのが、唯識の哲学です。ここに、諸法の空を説明する論理があることになるのです。

したがって一つの識には、必ず見られる側と見る側、知られる側と知る側とが具《そな》わっていることになります。それは、伝統的には、相分《そうぶん》と見分《けんぶん》という言葉で語られてきました。一つの識には必ず、相分と見分とが具わってあるのです。識の構造をより深く掘り下げた場合は、さらに自証分・証自証分が分析されたりしていますが、少なくとも識には相分と見分とがあるのであり、決して物に対する単なる透明な主観のようなものが識ではありません。ということは、色が見えている事実、音が聞こえている事実、等が識なのであり、したがって識とは、いわゆる心というよりはむしろ「事」と理解した方が正しいでしょう。

このように、私たちが見ているものはたとえば脳が現し出したもので、外界の実在ではないのかもしれないと了解しえても、しかしその現し出された映像の基《もと》になるものは、やはり外界に存在しているのではないか、世界は唯識とは言い切れないのではないか、と考えられるでしょう。このような考え方はごくまともであり、大枠ではあのカントもそのような考え方をしています。では、このことに関して、唯識説はどのように考えているのでしょうか。

実は唯識では、いわゆる外界も、阿頼耶識《あらやしき》のなかにあるのだという考えを示しています。この辺が独特の説になってきます。この項のはじめに、唯識では八つの識（心王）を立てることに触れました。眼識・耳識・鼻識・舌識・身識・意識は、五感（感覚・感性）と意識（知覚・知性）とで、私たちの自覚している世界です。意識の下に、末那識《まなしき》があるといいます。この第七末那識は、恒常的な我執の識です。これが絶えず意識に影響を与えているのです。さらにその下に、第八阿頼耶識があるといいます。ここには、生死輪廻《しょうじりんね》してきた間のすべての経験が貯蔵されているのだといいます。阿頼耶とは、サンスクリットのアーラヤの音写で、その意味は蔵のことなのです。

この第八識も識である以上、そこに相分と見分とがあることになります。では、阿頼耶識の相分とは何なのでしょうか。それについては古来、「有根身《うこんじん》（五つの感覚器官〈五根〉からなる身体のこと）と器世間《きせけん》と種子《しゅうじ》」の三つだと規定されています。つまり、身体と、物質的環境世界と、見たり聞いたりの因となるものだというのです。阿頼耶識の世界は不可知の世界で、私たちの知っている自然等は、五感に捉えられたものにほかなりません。それらの基にあるべき世界は、人間の感覚も超えた不可知の世界であって、どういう世界であるかは知られません。しかしともかく阿頼耶識の相分に器世間（物質的環境世界）が維持されていて、それを基にして眼識は眼識自身のなかに色の相分を現じてそれを見、耳識は耳識自身のなかに音の相分を現じてそれを聞く等している、というのが唯識説の見方です。こうして、いわば識自身の内にある感覚対象の基になるものも、阿頼耶識の相分にあるのであり、そこで一切は唯識だと主張し得ることになるのです。

実は、人人唯識《にんにんゆいしき》といって、個々の存在が八識から成り、一人一人に阿頼耶識があることになります。ということは、器世間も、個々のいのちの数だけあるということになります。このような世界観は一見、受け入れがたいものでしょうが、ここには、一箇《いっこ》のいのちを、個体（身心）と環境の全体として見ていく視点があります。このことは、環境問題が深刻な課題になっているこの時代に、深く見直すべきものを持っているのではないかと思われます。ともあれ、人人唯識で、その個々の阿頼耶識のなかにいわゆる外界の存在に相当するものがあるという理論によって、唯識ということが言えてくるわけなのです。

成仏とは

唯識思想においては、阿頼耶識という意識下の世界が説かれることはすでに述べましたが、それは、ユングの説く「集合的無意識」を連想させるものがあります。ユングは、人間の無意識の領域には、個人の経験を超えた、民族や人類に普遍的、先天的な心が宿っているとしており、これを「集合的無意識」と名づけました。しかし、阿頼耶識も唯識の説く識の一つで、そこに相分と見分とを有するものでした。なんとその相分は、有根身と器世間と種子だというのです。心のなかに個体と環境が維持されていて、そこにおいて見たり聞いたり考えたりが行われているというのです。人人唯識で、一人一人がその全体だということになります。

しかもその八識はすべて刹那滅《せつなめつ》、つまり刹那刹那、生じては滅し、生じては滅ししながら、相続されているといい、特に阿頼耶識は一瞬の隙間もなく、恒《つね》に相続されているといいます。そのうえに、私たちの自覚している世界等（七識）があるわけです。また、阿頼耶識は無始の過去から無終の未来まで、流れ続けているといいます。それを基に、私たちの生死輪廻も説明されることになります。

こうして、刹那滅の、縁起において成立する、映像のみのような世界があるだけなので、我《が》だけでなく一切法も空であるということが成立することになります。唯識ということを説くことによって、本体を持つような我や物は存在せず、一切は空であることを論証しようとするのです。

　では、このただ識のみの流れの世界において、なぜ私たちは自我や物を常住の本体あるものとみなし、すなわち実体視し、それゆえにそれらに執着してしまうのでしょうか。それは、主に言葉というものの特殊な力によるものだと唯識では解明しています。

　たとえば物というものは感覚の対象だと考えられますが、私たちに直接与えられる感覚は、視覚・聴覚・嗅覚《きゅうかく》等、分かれているはずです。唯識的に言えば、眼識・耳識・鼻識等、別々の法（ダルマ）であるということです。それらはじつは、刹那滅のうちに相続されていきますが、そのなかでは微妙に変化しているはずです。感覚として私たちに直接与えられるものは、じつに別々の、刻々変化する五感のはずであり、そこに実体としての物は存在していないはずです。

　にもかかわらずそこに物を認めてしまうのは、その変化する別々の五感を束ねて固定するからでしょう。そのはたらきをなすのが、言葉だと考えられます。五識の相続に対して、意識が言葉を適用するなかで、物を認定し、そのゆえにそれに執着してしまうのです。つまり、流れでしかない「事《じ》」の世界を、「物」化してしまうわけです。自我に関しても、私といった人称代名詞等を用いるなかで、身心の相続に対して常住の自我を認め執着することになるでしょう。自我と物に執着することによって、自由に生きることができなくなり、苦しみに生きるしかできないことになります。

唯識説ではこのように、顚倒妄想《てんどうもうそう》が生じる仕組みを詳しく解明して示し、私たちが実は迷いのなかにあることを理解させてくれます。

唯識思想は、説一切有部の五位七十五法を空観のもとに再解釈した面があるなど、大乗仏教の基礎学という性格を持つものでしたが、そのことは、修行ということに関しても同様です。そもそも唯識思想は、私たちが我執と法執とに苦しんでいるあり方から解放されて、大涅槃と大菩提を実現し、仏と成って未来永劫、他の苦しんでいる人々を救済する活動を実現することを目標としたものです。そのために、生死輪廻のなかで長い時間の修行をしていくのですが、唯識はその修行の道筋を明解に示していて、それはあらゆる大乗仏教の修道論の基本となっているのです。

一般に大乗仏教の修行の道程といいますと、「十信《じっしん》・十住《じゅうじゅう》・十行《じゅうぎょう》・十回向《じゅうえこう》・十地《じゅうじ》・等覚《とうがく》・妙覚《みょうがく》」という、五十二位のものが有名です。日本では、よくこの階位が使われました。しかし唯識では、十信を位としては立てず、「十住・十行・十回向・十地・仏」という四十一位の階位を用います。十住の最初が、初発心住《しょほっしんじゅう》です。その後、十地の最初に、無分別智《むふんべっち》・後得智を発し、一つの覚りを開きます。さらに十地の修行をして、最終的に仏に成るというのです。この間、三大阿僧祇劫《さんだいあそうぎこう》の時間がかかるといいます。実に気の遠くなるような長遠の時間です。

唯識では、別に五位の修行の道程が語られています。すなわち、資糧位《しりょうい》・加行位《けぎょうい》・通達《つうだつ》位《い》・修習位《しゅじゅうい》・究竟位《くぎょうい》の五位です。資糧位は、その後の長遠の修行を支える力をつけていく段階で、四十一位の十住・十行・十回向の修行に相当します。具体的には、六波羅蜜《ろっぱらみつ》（布施《ふせ》・持戒《じかい》・忍辱《にんにく》・精進《しょうじん》・禅定《ぜんじょう》・智慧《ちえ》）や三十七菩提分法《さんじゅうしちぼだいぶんぽう》、四摂事《ししょうじ》（布施・愛語《あいご》・利行《りぎょう》・同事《どうじ》）や四無量心《しむりょうしん》（慈《じ》・悲《ひ》・喜《き》・捨《しゃ》）などがあります。加行位は、十分に修行を積んだあと、覚りを開くために集中的に観法（唯識観）を修する段階です。これは、十回向の最終段階に相当します。通達位は、初めて無分別智という覚りの智慧が実現したところです。それは真如《しんにょ》＝法《ほっ》性《しょう》を体得するのであり、その後、分析的な後得智も生まれます。これは十地の初地の最初の段階です。その後、さらに阿頼耶識に貯蔵されている煩悩の種子《しゅうじ》を断滅していくために、十地の修行を行じていきます。それが修習位です。通達位は見道、修習位は修道《しゅどう》とも言われます。そうしてついに究竟位に至り、仏という存在に至ることになります。この菩薩道の道筋は大乗仏教の標準であり、さまざまな仏教のそれぞれの特質を理解するためにも、よく頭に入れておくことが大切です。

それにしても、修行して仏に成るとは、どういうことなのでしょうか。そのことを唯識的に表現すると、八識がすべて智慧に変わること、つまり転識得智《てんじきとくち》することと言えます。阿頼耶識は大円鏡智《だいえんきょうち》に、末那識は平等性智《びょうどうしょうち》に、意識は妙観察智《みょうかんざっち》に、眼識・耳識・鼻識・舌識・身識の五識は、成所作智《じょうしょさち》になります。つまり、四《し》智円明《ちえんみょう》となった存在が仏なのです。この四智を完成して、未来永劫、他者の救済のために働いてやまなくなるのです。

その仏を、唯識では三身《さんじん》として見ています。いわゆる法身《ほっしん》・報身《ほうじん》・化身《けしん》ですが、また自性《じしょう》身《しん》・受用身《じゅゆうしん》・変化身《へんげしん》とも言います。その場合は、この三身をまとめて法身と言います。自性身（いわゆる法身）は、真如・法性を身としているところで仏を捉えたものです。真如・法性を仏身論で言うとき、法身と呼ぶということです。受用身（報身）は、修行の成果（果報）としての四智そのものにおいて仏を捉えたものです。なお、その功徳を自己に受用しているのを自受用身、他者に受用せしめるのを他受用身と呼びます。他受用身は、特に無分別智を発《おこ》して、さらに十地の修行をしている菩薩（地上《じじょう》の菩薩という）のために利益《りやく》していく活動をします。変化身（化身）は、その成所作智に基づいて、凡夫の衆生のために、姿・形を現したものです。仏とはこのような存在ですから、結局、ひとことで言えば、自利・利他円満の存在ということになるでしょう。

大乗仏教は、この自己が仏と成る道です。浄土教で浄土に往生しても、最終的には仏となることが目標のはずです。その仏と成るということは、要は自利・利他円満の活動を実現するということなのです。自在に利他の活動をなしてやまない自己を実現していくことこそが、大乗仏教の説く私たちのいのちの使命だったのです。

その浄土とは、仏の住む浄《きよ》らかな国土のことをいうのですが、これには、今述べた仏の三身に応じて三種類あると言われます。法身には法性土《ほっしょうど》、報身には報土《ほうど》（自受用身には自受用土、他受用身には他受用土）、化身には化土《けど》ということになります。化身・化土はいわば仮象のものであり、本当の仏は報身であり、報土にいらっしゃいます。この報身（受用身）は、十地の菩薩のみを教化の対象としており、したがって凡夫は報土には入れないというのがごくふつうの理解となります。唯識では、このように仏身・仏土論を詳しく分析・究明しているのですが、その立場から凡夫の報土への往生を認めません。一方、天台では、凡夫の報土往生を認めるようでもあるのですが、そもそも浄土の分析が必ずしも明解ではありません。そこで、どうしたら凡夫も報土の浄土にひきとっていただけるのかを追究しぬいて、善導大師の思想にその解答があったと発見し、凡夫の報土往生が可能な道として本願念仏の道を訴えたのが法然でした。法然は、この法相宗の教学などをも、深く学んでいます。

唯識説は、実に深い自己と世界の究明を有しており、また仏道の実践についても全行程を描ききっています。ただ、誰もがすべて仏に成れるとは見ず、小乗仏教の声聞《しょうもん》にしか成れない者、縁覚《えんがく》にしか成れない者、ひいてはどんな地平の覚りをも成就できない（凡夫にとどまるしかない）者もいるのだと主張します。これを五姓各別《ごしょうかくべつ》の思想と言います。また三乗《さんじょう》（声《しょう》聞乗《もんじょう》・縁覚乗《えんがくじょう》・菩薩乗《ぼさつじょう》）がもとより分かれているのが真実であり、一乗と説くのはかえって方便だと主張します。それは、人間の現実を深く顧みた立場と言えますが、大乗の理想主義的立場には反するものであり、その辺が、時に問題視されもしたのでした。

4　華厳宗の思想

日本の華厳宗

華厳宗《けごんしゅう》は、『華厳経』に基づいて、そこに説かれている思想を理論的に整理し、体系化した教理を研究する学派です。『華厳経』そのものは、インドないし西域で成立したと思われますが、中国にはすでに四二〇年に仏駄跋陀羅《ぶつだばだら》（三五九～四二九）によって翻訳されました。これは六十巻のものですが、のち、唐の時代（六九九年）に、実叉難陀《じっしゃなんだ》（六五二～七一〇）によっても翻訳されます。これは八十巻のもので、古来、順に六十華厳、八十華厳と呼ばれています。

中国では、すでに地論宗《じろんしゅう》（『十地経論』を研究する学派）において華厳の思想が研究されていましたが、特に智儼《ちごん》（六〇二～六六八）が華厳宗の教理を創造し、その基盤をほぼ確立しました。智儼の弟子・法蔵《ほうぞう》（六四三～七一二）はそれらを集大成し、華厳宗を確立したと言えます。古来、華厳宗に関して、杜順《とじゅん》（五五七～六四〇）―智儼―法蔵―澄観《ちょうかん》―宗密《しゅうみつ》という五祖《ごそ》相承《そうじょう》の説が言われますが、澄観（七三八～八三九）は法蔵に直接学んだ弟子ではありません。なお、智儼は『華厳五十要問答《けごんごじゅうようもんどう》』『華厳孔目章《けごんくもくしょう》』『華厳経捜玄記《けごんぎょうそうげんき》』等を著し、法蔵は『華厳五教章《けごんごきょうしょう》』『華厳経探玄記《けごんぎょうたんげんき》』等を著しました。

日本の華厳宗は、法蔵に就いて学んだ新羅《しらぎ》の審祥《しんしょう（しんじょう）》（?〜七四二。新羅に学んだ日本僧とも言われる）が大安寺にいたので、時の聖武天皇の信任が篤かった良弁《ろうべん》が審祥に『華厳経』の講義を依頼し、審祥が『探玄記』をもとに講義した（七四〇年から三年がかり）のが始まりだとされています。その後、聖武天皇は総国分寺として東大寺を建立し、『華厳経』の教主・盧舎那仏の大仏を造りました（七五二年開眼）。こうして、東大寺が華厳宗の中心となっていきます。

というわけで、日本の華厳宗は、杜順—智儼—法蔵—審祥—良弁と相承されたと主張することになります。鎌倉時代には、大徳凝然《ぎょうねん》（一二四〇〜一三二一）が出ていますが、凝然は日本仏教史上、最大の学者で、華厳関係の書物だけでなく、『八宗綱要』『律宗綱要《りっしゅうこうよう》』『浄土《じょうど》法門源流章《ほうもんげんるしょう》』なども著し、また聖徳太子作という「三経義疏」に註釈を書いたのは凝然のみということです。なお、凝然より少し前に出た明恵《みょうえ》（一一七三〜一二三二）も華厳宗の僧で、密教をも深く学び、実践的な華厳思想を唱えました。法然を深く敬愛していたが故に『摧邪輪《ざいじゃりん》』（法然著『選択本願念仏集』に対する批判の書）を著したともいうのが実情です。

なお、真言宗の弘法大師《こうぼうだいし》空海《くうかい》（七七四〜八三五）は、東大寺に深く関わっています。嵯峨天皇の世である弘仁《こうにん》十一年（八二〇）には、東大寺において『華厳経』八十巻を書写供養して願文《がんもん》を作り、翌々年には東大寺に密教の灌頂道場《かんじょうどうじょう》・真言院を作ったといいますし、またのちには東大寺の別当に任ぜられたとも伝えられています。

法然と華厳宗

じつは私は、法然も華厳宗と深く関わっていることに、たいへん、関心を抱いています。もともと法然は、比叡山だけでなく、南都にも遊学して、仏教の救いの核心を追求し抜いたのでした。東大寺三論宗系統の浄土教家にあっては、つとに善導大師を重用していたのであり、実は法然の浄土教には、源信よりも南都のその系統の影響のほうが大きいのではないかということさえ言われています。実際、法然は、吉水《よしみず》（現・京都市東山区）に移ってのち、東大寺で「浄土三部経」を講じていたりするのです（一一九〇年）。

法然と華厳思想との関係について、たとえば法然の伝記の一つ『法然上人行状絵図《ほうねんしょうにんぎょうじょうえず》』（四十八巻伝《しじゅうはちかんでん》）には、次のような話があります。法然が黒谷《くろだに》で『華厳経』を講義したとき、青い蛇が経机の上に這い上がったが、それは『華厳経』を守護する龍神がすばらしい講義に感激して現れたものだったということです。

また、法然が「醍醐寺《だいごじ》の寛雅《かんが》から三論宗の奥義を伝わる」という話もあります。醍醐寺は京都市伏見区にある真言宗醍醐派の総本山で、開山の聖宝《しょうぼう》（八三二〜九〇九）は、東大寺東南院の院主でもあり、したがって醍醐寺は、開山以来、東大寺系の三論教学《さんろんきょうがく》の拠点となりました。法然は当時の醍醐寺にいた寛雅から三論の奥義を学ぼうと訪ねたのですが、すでに法然自身、三論にも非常に詳しかったようで、会談ののち寛雅は、ついに大切な三論宗の奥義の書物を法然に託したということです。

この寛雅と縁戚関係にある景雅《けいが》という人は、華厳教学の大家で、仁和寺《にんなじ》に華厳院を創建したほどでした。景雅は『華厳五教止観』を書写しているのですが、その目的は、自分の臨終正念《しょうねん》に極楽往生を願うためと、華厳宗が盛んになることを祈るためであったといいます。その景雅に法然は、華厳宗の不審なところを尋ねに行きます。そのとき空海の「十住心」についてで議論になり、むしろ法然が教示することになってしまいます。景雅は法然の学識をたいへん喜び、どうか華厳宗の血脈に名を連ねてほしいと言い、なんと結局、法然は華厳宗の血脈と書籍をもらったということです。

仁和寺の座主であった覚性法親王《かくしょうほっしんのう》は、その景雅に、華厳宗と真言宗の勝劣を判ぜよ、と命じました。景雅は迷ったあげく法然に尋ねたところ、華厳宗が勝れていることを明言したので、景雅は法然の学問の深さに驚いたということです。なお、明恵はこの景雅の弟子です（以上は浄土宗発行、玉山成元・宇高良哲著『法然上人絵伝講座』参照）。

これらのことが、すべて史実かどうかは私にはわかりません。しかし法然は華厳の教学も、実際に相当深く消化していたに違いないことがうかがえる話です。もし法然が本当に真言宗よりも華厳宗を勝れていると判定したのであれば、それはどういう理由からなのか、お尋ねしてみたいものです。

華厳宗における教相判釈

さて、華厳宗の思想を紹介するにあたって、初めに、その教相判釈《きょうそうはんじゃく》を見ておきましょう。華厳宗は天台宗とともに、中国仏教の双璧とも言うべきものですが、天台宗が「五時八教《ごじはっきょう》」のたいへん調った教判を提示したのに対し、華厳宗もそれらを研究したうえで「五教十宗判《ごきょうじっしゅうはん》」の教判を構成しました。そのなか、「五教判」とは、仏教の全経論を、

小乗教《しょうじょうきょう》
大乗始教《だいじょうしきょう》
終教《しゅうきょう》
頓教《とんぎょう》
円教《えんぎょう》

の五つのグループに分類するものです。

小乗教は、まさに小乗仏教の経論のことで、『阿含経《あごんぎょう》』『婆沙論《ばしゃろん》』『倶舎論《くしゃろん》』等に代表されるものであり、ただ我（アートマン）の空のみを説く立場です。大乗始教は、唯識と般若・中観とであり、順に相始教《そうしきょう》、空始教《くうしきょう》と言われます。相始教は、『解深密経《げじんみつきょう》』『瑜伽師地論《ゆがしじろん》』『成唯識論《じょうゆいしきろん》』等、空始教は、『般若経』『中論』『十二門論』『百論』等になります。どちら

も、我・法（ダルマ）の空を説くことが主題になります。終教は、いわば如来蔵思想を説くもので、『涅槃経』『楞伽経《りょうがきょう》』『大乗起信論』『宝性論』等が相当します。頓教は、言語・分別をまったく離れた境地に真理を体証する立場で、「一念不生即仏」を主張します。『維摩経』の無言の黙理、『起信論』の離言真如等がこの立場を代表するといいます。かの終教の如来蔵思想の立場も、まだ言語によって説明された世界であり、それはさらに超えていかれなければならないというのです。

しかしそのうえに、円教があります。空性に徹底したのちに展開される究極の真理の立場ですが、実際はこれに同教一乗と別教一乗とがあります。同教一乗とは、簡単に言って『法華経』の立場、三乗を一乗に引き入れる立場です。天台宗はここに位置づけられることになります。そして別教一乗が『華厳経』の立場です。それは、仏果の世界は説けない（因分可説・果分不可説）としつつも、三乗即一乗・一乗即三乗を説くことで同教一乗を超え、重々無尽の縁起の世界を明かします。このように、華厳の法門は他の大乗仏教をもはるかに超えるものだと主張しています。

次に「十宗判」は、教えに説かれる思想内容を判定したもので、その実質は五教判とさほど異なりません。ただ、小乗教に、我法倶有宗《がほうくうしゅう》から諸法但名宗《しょほうたんみょうしゅう》までの六宗を開いて詳しく分類し、他の四教とあわせて十宗としたものです。

我《が》法《ほう》倶《く》有《う》宗《しゅう》（犢子部《とくしぶ》等）
法《ほう》有《う》無《む》我《が》宗《しゅう》（説一切有部《せついっさいうぶ》等）
法無《ほうむ》去来《こらい》宗《しゅう》（大衆部《だいしゅうぶ》等）
現通仮実宗《げんつうけじつしゅう》（説仮部《せっけぶ》等、成実論、経部の別師）
俗妄真実宗《ぞくもうしんじつしゅう》（説出世部《せつしゅつせぶ》等）
諸法但名　宗《しょほうたんみょうしゅう》（一説部等）
一切皆空宗《いっさいかいくうしゅう》（始教。相始教は略す）
真徳不空宗《しんとくふくうしゅう》（終教）
相想倶絶宗《そうそうくぜつしゅう》（頓教）
円明具徳宗《えんみょうぐとくしゅう》（円教の別教一乗）

我法倶有宗は、法のみでなく、我もあると認める立場です。仏教は無我を説いたはずですが、生死輪廻《しょうじりんね》を説明するために、不可説の我を認めようとした学派もあったのです。法有無我宗は、我空法有の立場で、小乗仏教の典型です。法無去来宗は、過去や未来の法はなく、現在の法のみあるとする立場です。現通仮実宗は、その現在の法にも、実有と仮有とを分けて見ていく立場です。俗妄真実宗は、世間の世界はすべて虚妄で、覚り（出世間）の世界のみ真実だとする立場です。諸法但名宗は、一切の名目はそれに相応する実体を持たないとする立場です。ただ、小乗はその空を分析して唱え、大乗は体証して唱えるといいます。

　このように、華厳宗では『華厳経』に説かれる思想をあらゆる仏教のなかで最高峰と見ます。

華厳宗の世界観

　華厳宗そのものの立場（円教・別教一乗）の思想についてですが、まず初めに四法界《しほっかい》の説について紹介しましょう。

　四法界とは、華厳宗で、世界を「事法界《じほっかい》・理法界《りほっかい》・理事無礙法界《りじむげほっかい》・事事無礙法界《じじむげほっかい》」の四つに見る説です。これは法蔵が説いたものではなく、澄観あたりで説かれるに至ったものですが、よく華厳宗の世界観を表しています。事法界とは、個々の事物がそれぞれあることが見られる世界です。理法界とは、それらの事物を貫く真理の世界ですが、仏教ではそれは空性です。空性は真如とも法性とも言われたりしますが、それがあらゆる事物にもっとも普遍的な本性なので、理と呼ぶのです。理事無礙法界とは、それらの事物（事）と空性（理）とがもとより一つであるところを見るものです。『般若心経』に、「色即是空・空即是色」とありますが、まさにこの世界のことです。事事無礙法界とは、その空性を通じて、事物と事物とが融けあっているという世界のことです。しかもそこでは、理が空性であるがゆえに消えてしまい、ただ諸《もろもろ》の事物の世界のみが残るのです。また、その事物と事物の関係は、実に重重無尽の関係のなかにあることも自覚されています。こうして、松は竹であり・竹は松である、私はあなたであり・あなたは私である、という世界が究極の世界だと明かすのです。ここに、華厳の世界観があります。

では、その世界の論理構造はどのようなものと考えられるでしょうか。その論理構造について、華厳宗では十玄門《じゅうげんもん》・六相門《りくそうもん》によって解説しています。詳しくは、法蔵の『華厳五教章』のなかで、十玄縁起無礙法門《じゅうげんえんぎむげほうもん》・六相円融義《りくそうえんにゅうぎ》として論じられているものですが、この十玄・六相こそが、華厳の世界観の核心にあるものです。まずはその十玄縁起無礙法門を解説してみましょう。

この教義においては、初めに、十銭を数えることを喩えにその論理を説明し、その後、いわゆる十玄門を開演しています。その十銭を数える喩えの説明の前には、縁起のあり方を分析して、異体の関係と同体の関係があると言っています。異体とは、異なるもの同士の関係であり、同体とはある一つのものにおける、それ自身とそれに内在する他のものの要素との関係のことです。しかもその異体・同体の関係それぞれに、存在そのもの（体《たい》）としての関係と作用（用《ゆう》）における関係の二つの面を分析しています。ここで、体の関係では即《そく》の語を用い、用の関係では入《にゅう》の語を用います。相即《そうそく》・相入《そうにゅう》と言ったりしますが、相即は体の関係、相入は用の関係を言うものです。華厳宗では、このように縁起の論理構造を詳しく分析していくのです。

　では、十銭を数える喩えとは、どのようなものなのでしょうか。一例に、異体の相入の関係の説明を見てみましょう。一から十まで数があるなか、初めに一を根本の数（本数）と見ます。二ないし十を成り立たしめる根本の数だと見るのです。それは、一が固定的・実体的な一ではなく、他の数との関係において成立する、縁起所成の無自性の一だからこそだと説明されています。次に、この一に二が入りこんでいることを観察します。というのも、もし一がなければ、二は成立しません。ということは、一が有力《うりき》であり、二は無力《むりき》であるということであり、ゆえに一は二を摂してしまうことになります。つまり、二は一に入りこむのです。しかし、二はそのように一によって摂せられるものであればこそ、二として成立するのであって、もともと固定的・実体的に存在しているわけではありません。こうして、一のなかに二が入りこみ、一のなかに二があることを了解します。

　以下、このようにして、一のなかの三、一のなかの四、ないし一のなかの十を見ていきます。したがって、実は一のなかには、一自身はもとより、二から十までの数が入りこんでいることを了解することになります。このあと、二を根本の数として、それと一および三から十までの数との関係を同様に観察して、二のなかに一から十までの数が入りこんでいることを了解します。こうして、本数を一つずつ上っていって十までいくと、今度は本数を十から下って一に至るまで、同様の観察を行うのです。今は詳しくは紹介できませんが、この観察において最終的に、一から十までの数それぞれに一から十までが入りこんでいること、すべて相互に相入しあっていることを、深く了解するのです。

今は異体・相入（用）の関係の説明でしたが、この十銭を数える喩えに基づいて、異体の体・用の関係、同体の体・用の関係のすべてを観察することによって、縁起の論理構造を十全に了解することになります。要は、一から十までのおのおのの数は、すべて他の数と互いに入りこみあい、あるいは即しあっていることを了解するのです。すなわち、一も、二も、三も、そのなかに一から十までの数を入れ、かつ一から十までの数と一つとなっていること、ないし十も、そのなかに一から十までの数を入れ、かつ一から十までの数と一つとなっていることを、明らかに見るわけです。もちろんこのことは、数の上だけのことではなく、それぞれの事物における真実の事態にほかなりません。また、十という数は一往の説明に用いられたのみで、言うまでもなく無限に展開すべきものです。

この十銭を数える喩えの説明のあと、いわゆる十玄門が示されています。以下、簡単にその名目と内容とを見てまいりましょう。

一、同時《どうじ》具《ぐ》足相応門《そくそうおうもん》。この法門は総門と呼ばれ、以下の九門のすべてが同時に現成《げんじょう》しているところを見るものです。異体・同体の相入・相即のすべてを同時に見る法門と言ってもよいでしょう。それは、毘盧舎那仏の海印三昧《かいいんざんまい》において、すべて同時に明らかに顕現している世界です。

二、一多《いった》相容不《そうようふ》同門《どうもん》。一のなかに多（一切）が入り、多のなかに一が入り、相互に入りこみ、すなわち摂しあって礙《さまた》げあうことがなく、しかも一は一、多は多であって、それぞれの存在は不同であることを見るものです。

三、諸法相即自在門《しょほうそうそくじざいもん》。一切の諸法が、一即一切・一切即一であって、そのことがどの法にとっても完全に双方向的に成立していることを見るものです。ここでは特に、『華厳経』にしばしば説かれる、「初発心の菩薩即仏」である論理を究明しています。

四、因陀羅微細境界門《いんだらみさいきょうがいもん》。前の第二・第三門は、一即・入一切、一切即・入一という一重の関係のみでしたが、ここではその相入・相即に関して重重無尽なることを見ます。帝釈天《たいしゃくてん》(因陀羅《いんだら》)の宮殿には、網目に珠玉がくくりつけられた網が飾りにかけられています。その多くの珠玉は互いにくりかえし映しあいますが、遠いものは薄く近いものは明らかに映るとしても、重重無尽の関係がそこに現前します。これを譬喩として、事物の一重のみでない、二重、三重、ないし重重無尽の縁起の関係を語るのです。

五、微細相容安立門《みさいそうようあんりゅうもん》。小に大を入れ、一に多を入れ、しかも一・多それぞれ自分を保っていることを見るものです。相容は相入と同じことですが、ただしこの相は、「明月来たって相《あい》照らす」の相と同じく一方向的であって、相互的の相ではないとされます。

六、秘密隠顕倶成門《ひみつおんけんくじょうもん》。この私は、親に対すれば子、弟に対すれば兄、妻に対すれば夫、子に対すれば父等であるように、さまざまな関係が一事物上にあって、そこにある一の関係が表に現れていても他の関係はなくなるのではなく、同時に存在していることを見るものです。

七、諸蔵純雑具徳門《しょぞうじゅんぞうぐとくもん》。一切が一であるとき、その一に純と名づけ、その一に一切の差別を含むところを雑《ぞう》といって、そのことが同時に成立しているところを見るものです。たとえば万行が一行にあるその一行が純、一行に万行が具わっているその万行が雑、しかもその両者が同時に成立しています。

八、十世隔法異成門《じっせいきゃくほういじょうもん》。過去・未来・現在の三世《さんぜ》におのおの三世があり、その九世（別）と全体の時間（総）をあわせて十世を立てますが、そのすべての時間において相即・相入して妨《さまた》げあうことなく、しかも前後長短等の時間の区別を失わないことを見るものです。

九、唯心廻転善成門《ゆいしんえてんぜんじょうもん》。唯一真如でもあり、一如来蔵でもあり、自性清浄心《じしょうしょうじょうしん》でもある一心が転変して、よく縁起の諸法を成立せしめることを見るものです。このとき、あらゆる諸法は真如・自性清浄心が転変したものそのものであり、これを「性起《しょうき》」とも言います。それは、「真如不守自性」（真如は自性を守らず）の原理によるものでしょう。

十、託事顕法生解門《たくじけんぽうしょうげもん》。華厳の法門では、喩えによって重重無尽のあり方等を明かすとともに、その喩えそのものがそもそも重重無尽のあり方等にあることを見るものです。そこで、喩即法・法即喩ということになり、諸法が相互にその意義を表現しあっているのが世界の現実であることを理解します。

以上、『五教章』の十玄門をきわめて簡略にではありますが、ひととおり見ました。この縁起の世界のあり方は実にさまざまに分析でき、しかも重重に関係しあっています。たとえば、私たちが通勤のため電車に乗るとき、線路や電車を作ってくれた人、切符や定期を売る機械、改札の機械を作った人等が不可欠であり、その背景にはどれほどの人々が関わっていたかしれません。いまもレールや架線の安全を点検する人が不可欠であり、もちろん何よりも電車を運転する人が必要で、そのためには運転手を訓練する人も要ります。さらに電車に乗ってくれる多くの人がいなければ鉄道の事業は成り立たず、その乗客は会社や役所その他、一定の人々の集団に帰属して生活し得ているでしょう。しかしその会社等は、また多くの取引先等があってはじめて成立し得ているわけです。とすれば、当然のように電車に乗るとして、そのことが実現する背景には、自分の知らない莫大な数の人々の関与があることになります。

あるいは、一回の食事にも、料理を作ってくれた人のみでなく、箸や食器を作った人、調理の道具を作った人、食材を作った人、それを運んだ人、そのための道路や輸送機関を作った人等々との共同作業になっているのが事実です。私の一挙手一投足が、実は他者との無限の関係性のなかでの共同作業なのです。

私たちはそのなかに生かされていることを深く理解するとき、「おかげさまで」という言葉がおのずからこぼれることでしょう。

六相円融義

華厳宗の重要な教理のもう一つは、「六相円融義《りくそうえんにゆうぎ》」です。六相とは、総相・別相・同相・異相・成相《じょうそう》・壊相《えそう》のことで、一つの事物にはこれらの六相が円《まどか》に融けあっているというわけですが、そのことにより、ある全体とその諸の構成要素とが、またその諸の構成要素同士が、まったく相即・相入していることを説くもので、やはり事事無礙法界の論理構造を説明するものです。

まず、六相について簡単に説明しますと、総相とは、多くの構成要素を含んだ全体と言ってよいでしょう。別相とは、それらの構成要素が、全体とは区別されることを、同相とは、諸の構成要素が相互に背反することなく、同じく一つの全体を成立せしめているところを、異相とは、諸の構成要素が相互に異なっていることを、成相とは、諸の構成要素が相互に関係で結ばれるところを、壊相とは、諸の構成要素が関係に入っていてもなおそれぞれ自分のあり方を守っていることを言います。この六つの相が一つの事物に融けあって具わっていることを観るのが、六相円融義ということになります。

以下、この法門の論理のみ追ってみましょう。それは、家を例に、問答の形式のなかで説かれていきます。まず、総相とは何かとの問いがなされます。もちろん、家の全体が総相であると、答えられます。この答えに対し、それはただ椽《てん》すなわち「垂木《たるき》」等、諸の建材の集合にすぎず、全体としての家とは何かがまだ答えられていないといいます。垂木とは、屋根を支えるための建材のことです。これは、柱でも鴨居でも敷居でもよいものです。ともかく全体としての家とはいったい何なのかと、あらためて問うています。

これに対し、実に一本の垂木が家という全体であると答えます。いわば、構成要素のある一つが、全体そのものだというのです。いったいそれはどうしてなのでしょうか。家は、垂木一本がなくても完成しません。その一本の垂木があればこそ、家は完成します。ということは、家の成立は、その一本の垂木にかかっているということです。そこでその一本の垂木こそが、家全体を作っているということにもなります。ゆえに、一本の垂木が家にほかならないということになるわけです。

では、垂木一本が家を作るのだとしたなら、瓦などがなくても、その垂木一本で家全体を作れるというのでしょうか。その答えは以下のようです。垂木というのは、家の構成要素としての名前です。それは家のなかに位置づけられてはじめて、垂木と呼ばれうるものです。ところが、まだ瓦が載せられていない、いわば建築中の家は、家として完成しておらず、つまりまだ家ではありません。家でないもののなかにある垂木は、本来、垂木と呼ばれるべきものではなく、単なる木材にすぎません。垂木でないものが、家を作ると言ったのではありません。しかし垂木なら、家を作るのです。逆に家を作らないものは、垂木ではないはずです。このように、きわめて巧妙に論理を展開しています。

それにしても、一本の垂木がないくらいでも、家はあり得ているのではないか、という素朴な疑問が湧くことでしょう。この問いに対しては、一本の垂木がない場合、それは破舎つまり不完全な家であって、好舎つまり完全な家ではないといいます。それゆえ、完全な家であればあるほど、ひとえに一本の垂木に属しているのです。そうである以上、一本の垂木が家そのものにほかならないわけです。

こうして、一本の垂木が家であるという論理が説明されました。つまり諸の構成要素のどの一つも、全体そのものにほかならないのが、あらゆる存在の真実だというのです。

以上の、ある建材と家全体の関係をふまえて、次に、ある建材と他の建材との関係が考察されていきます。すなわち、家全体が一本の垂木だとすれば、垂木以外の材・瓦等、他の建材もその一本の垂木であるということになるのでしょうか、との問いがなされます。その答えは、次のようです。すべて他の建材はその一本の垂木です。なぜかというと、一本の垂木をとり除けば、材も瓦も成り立たないからです。そのわけは、もし一本の垂木がなければ、家は成り立ちません。家が成り立たないので、そこにある建材も、材・瓦等と名づけることができないことになります(それらの建材も、家のなかに位置づけられてはじめてその建材の名を得、その建材となるからです。したがって、材・瓦等がそれであり得るためには、家が成立していなければならず、家が成立するためには、一本の垂木にかかっています)。このゆえに、瓦等は一本の垂木にかかっているのであり、すなわち瓦等の各々もまた一本の垂木そのものなのです。

このように、もし瓦等が一本の垂木であるという関係が成立しない場合、つまり瓦は瓦のみで成立しているとした場合、家も成り立たないことになります。家が成立しないと、垂木も瓦も成立しないことになります。しかし、今、家を見れば、垂木も瓦も、また家そのものも成立しています。そうである以上、材・瓦等は、垂木と相即しているのです。この関係は、一本の垂木だけにおいて成立していることではありません。どの垂木も、さらにはどの建材も、同様にこの関係にあるのです。

こうして、ある構成要素と全体が一つであるだけでなく、構成要素と構成要素とも互いに相即していると明かします。これはまさに事事無礙法界の論理を明かすものでしょう。

この総相の説明の最後には、以上の理由から、関係を結ぶべき一切の縁起の存在は、その関係が成立しなければそれまでですが、成立しているとすればたがいに相即し融け合って無礙自在であり、完全の極みであって我々の迷いの分別では届き難く、我々の想像を絶した世界です。華厳が説く法性縁起の世界はすべて、以上に準じて知るべきです、とあります。

次に別相とは、垂木などの諸の建材（構成要素）は、総相（全体）とは別であるので、そこを別相と呼ぶのです。つまり、構成要素は全体とは区別されるので、別相だというわけです。もし、垂木などが家全体と別でないとしたら、つまり全体のみあって構成要素はないとなれば、家全体が成立しないでしょう。家全体とは別の、垂木や柱や鴨居や板や瓦等がなければ、家そのものもあり得ません。構成要素なしに全体はなく、その構成要素はやはり全体とは異なるわけです。

これに対し、いくつかの問いが立てられます。まず、別は総でないのなら、前に説かれたように総即別であるとすると総は成り立たないことになるのかと聞いています。別相の初めの説明を受けて、ではさきほど説かれた総相の説明は間違っていたのかというのです。これに対しては、やはりその即の一面はある、ないわけではないのだと答えています。総即別であるからこそ、総は成立します。垂木が家であって、それが総相です。それが真実であると同時に、家は垂木であるというその垂木は、やはり家全体とは区別されるものであって、それが別相です。全体がそのままある一つの構成要素なのであり、その即が成立しているからこそ、逆に全体とは区別される構成要素があることになるのです。こうして、垂木は家と一つでなければ垂木ではなく、家は垂木と一つでなければ家ではありません。家と垂木は、絶対に区別されていて、しかも一つでなければならないのです。総相と別相の相即の関係を、以上のように思うべきなのです。

この答えを受けて、家と垂木とが一つであるとすると、どうして別と言えるのか、という問いが立てられます。総と別とが相即しているなら、そもそも別とは言えないはずではないかというのです。しかしこれに対する答えも、まさに相即するからこそ別ということも成り立つのだといっています。その論理は、もし相即しないと、総は別の外にあることになり、別を擁することはないことになり、結局、総自体が成立しなくなります。一方、別は総の外ということになり、総と関係のないものとなって、それでは別そのものも成立しなくなる、というものです。全体は構成要素なしには存在しません。構成要素は全体なしにはその構成要素と言い得ません。家が存在しないうちは、垂木という存在もないと見るべきです。一方、垂木なしには、家はあり得ません。したがって、家と垂木、全体と構成要素、総と別とは、相即しており、しかも相即するがゆえに区別されるのです。このことを考えて、この道理を理解すべきである、といいます。区別されるから一つであり、一つであるから区別されるという真理が、ここに存在しています。華厳の思想は、決して全体主義ではありません。どこまでも別相が確保されるのです。

以上の論理を聞くとき、西田《にしだ》哲学《てつがく》の絶対矛盾的自己同一の語が想起されるでしょう。参考までに、西田の説くところを引用してみます。

現実の世界とは物と物との相働く世界でなければならない。現実の形は物と物との相互関係と考えられる、相働くことによって出来た結果と考えられる。しかし物が働くということは、物が自己自身を否定することでなければならない、物というものがなくなって行くことでなければならない。物と物とが相働くことによって一つの世界を形成するということは、逆に物が一つの世界の部分と考えられることでなければならない。例えば、物が空間において相働くということは、物が空間的ということでなければならない。その極、物理的空間という如きものを考えれば、物力は空間的なるものの変化とも考えられる。しかし物が何処《どこ》までも全体的一の部分として考えられるということは、働く物というものがなくなることであり、世界が静止的となることであり、現実というものがなくなることである。現実の世界は何処までも多の一でなければならない、個物と個物との相互限定の世界でなければならない。故に私は現実の世界は絶対矛盾的自己同一というのである。
(『西田幾多郎《にしだきたろう》哲学論集』・三巻・七頁)

以上、「六相円融義」の総相と別相について見ました。紙数の関係もあり、あとは省略しますが、華厳宗では前の十玄と今の六相とによって、重重無尽の縁起の世界の論理構造を詳細に説明するのでした。

すでに、華厳宗の世界観に関して、主に十玄・六相の法門の内容を紹介しました。そこでは、華厳宗が説く重重無尽の縁起の世界、事事無礙法界の論理が、解明されていました。その関係性は、空間的だけでなく、時間的にも成立しているものです。そこに修証のことを読むと、修行のどの段階にも、仏果《ぶっか》の全体が相即・相入しているのであり、初めて菩提心を発した時に、もはや究極の覚りを得ているという「初発心時、便成正覚(初発心の時、すなわち正覚を成ず)」のことや、また信が成満《じょうまん》するともはや成仏したと同じだという「信満成仏《しんまんじょうぶつ》(信満ずれば成仏す)」のことが説かれたりします。それだけでなく、華厳の法門はたいへん優れているので、この法門に拠って修行すれば長遠の修行は必要でなく、わずか三生《さんしよう》（もしくは二生）で成仏し得るとの立場が主張されています。第一生で華厳の法門にふれ（見聞《けんもん》位《い》）、次の生で修行を開始しかつそれを完成してしまい（解行位《げぎようい》）、その次の生で仏になる（証果海位《しようかかいい》）というのです（証果を解行位の最終段階と見ると、二生成仏になる）。この辺は、唯識の法門とはきわめて対照的です。

なお、仏果の世界に関しては、『華厳経』の「十地品」に説かれている、「衆生身《しゆじようしん》・国土《こくど》身《しん》・業報身《ごつぽうしん》・声聞身《しようもんしん》・辟支仏身《びやくしぶつしん》・菩薩身《ぼさつしん》・如来身《によらいしん》・智身《ちしん》・法身《ほつしん》・虚空身《こくうしん》」の十身仏が説かれ、その内容は、智正覚世間・器世間・衆生世間の、三世間融合の仏とまとめられています。すなわち、覚りの智慧としての自己（智正覚世間）と、その住む仏国土（器世間）と、そこに住む生きとし生ける者のすべて（衆生世間）が、一人の仏の内容だというのです。かけがえのない個を中心としつつ、一切の他者を含む宇宙のすべてが、その仏の自己である、という見方です。ということは、実は私たち凡夫であっても、本来からすれば、その自己の内容は、かけがえのないこの身心と、一切の他者と、国土環境のすべてである、ということが示されていると見ることができるでしょう。この辺も、華厳宗独得の教説です。

もっとも、華厳宗では、「因分可説、果分不可説」といって、仏果の世界は説けないといいます。仏果の世界は、毘盧舎那仏の海印三昧のなかで知られているのみの世界です。ただそこでも、重重無尽の縁起の事態は存在しているようです。

5　律宗の思想

種々の戒律

律宗《りっしゅう》は、文字通り、仏教の戒律について研究する学派です。仏教の文献は、経蔵《きょうぞう》・律蔵《りつぞう》・論蔵《ろんぞう》の三蔵でまとめられます。経蔵とは仏が説いた教え、論蔵とはその教えに弟子たちが解釈や解説を施したもののことです。そして、この項のテーマとなる律蔵とは、釈尊が弟子たちのために制定した軌範の集成で、本来、経典同様、仏説のものです。一般に戒は自己の修行のために守っていこうとするもの、律は修行者の共同体の運営をスムーズにするために、行動の罰則や会議・行事等の規定を網羅したものです。インドで西暦紀元前後、大乗仏教が興っても、その後も大乗教団独自の律は作られませんでした。どういうわけか大乗仏教の出家者らも、伝統的な小乗仏教の戒律を受け守るのがふつうでした。そこで、伝統的な戒律の研究も必要だったのです。

日本では、最澄が大乗戒だけで出家できるという革新的な立場を打ち出したことにより、律の研究は次第に衰微していきました。古来、仏教が時代に取り残され、危機に陥るたびに戒律復興運動が興されましたが、今日の日本の仏教界では、いわゆる小乗戒を守っている僧は、もはやほとんどいないと言ってよいでしょう。しかし仏教から行動軌範を導こうとする場合は、やはり根本的な戒律に戻って、そこから考察することは大事なことであり、その意味では、律の研究も今なお重要であると言えると思います。
いわゆる小乗戒は、サンガ（教団）を構成する出家の修行者に対して、釈尊が制定したものであり、釈尊入滅の際、弟子の優波離《ウパリ》が誦出《じゅしゅつ》しまとめられて、伝えられていったといいます。釈尊が亡くなって百年ほどたった頃、この戒律の解釈をめぐって教団内に対立が生じ、分裂（部派分裂）したのちには、各部派ごとに伝持されました。その過程のなかで、多少、条項や解釈も変わったことでしょう。結局、今日、我々に残されているものは、パーリ聖典の律蔵を除き、漢訳されたものをあげると、次のとおりです。

『十誦律《じゅうじゅりつ》』六十一巻　羅什等訳　四〇四〜四〇九年頃　説一切有部
『四分律《しぶんりつ》』六十巻　仏陀耶舎訳　四一〇〜四一二年　法蔵部
『僧祇律《そうぎりつ》（摩訶僧祇律）』四十巻　法顕等訳　四一六〜四一八年　大衆部
『五分律《ごぶんりつ》』三十巻　仏駄什訳　四二三年完了　化地部
『根本説一切有部律《こんぽんせついっさいうぶりつ》』二百巻　義浄訳　六九五〜七一三年（チベット仏教の律でもある）

このなか、『四分律』が過不足なくまとまっていることから、中国ではその研究が盛んとなり、唐の時代には相部宗《そうぶしゅう》（法励《ほうれい》〈五六九〜六三五〉による）、南山宗《なんざんしゅう》（道宣《どうせん》〈五九六〜六六七〉による)、東塔宗《とうとうしゅう》(懐素《かいそ》〈六二四〜六九七〉による)の三宗が成立しましたが、なかでも南山宗は『四分律』を大乗にも通じていると解釈したことから、この宗の律研究がもっとも主流になってきます。南山道宣は、『四分律行事鈔《しぶんりつぎょうじしょう》』その他を著しました。日本には、かの鑑真和上(六八七〜七六三)が、これを伝えました。鑑真は、日本で正式の授戒を行ってくれる僧を求めて日本から中国に渡った僧の要請に応え、日本に渡ることを決意します。それが天候の関係などで五回うまくいかず、失明さえしてしまいますが、ついに六回目に渡航が成功し、天平勝宝五年(七五三)、総勢二十四人をひきつれて日本に着きました。鑑真は南山宗のほか東塔宗にも詳しく、また天台宗にも造詣が深くて、それらの関係の文献も多数携えてきました。

鑑真は翌年四月、東大寺大仏殿前の戒壇で、聖武天皇はじめ四百八十人余に、日本で最初の正式な授戒の儀式を行います。その翌年、東大寺に戒壇院が建立されて永世授戒の道場とされ、『四分律』を基にした授戒の伝統が築かれたのでした。また後、天平宝字三年(七五九)に唐招提寺《とうしょうだいじ》が鑑真のために建てられて、戒律研究の道場となります。以来、律宗が今日まで存続しているわけです。本来、戒律は、どの宗派の者も守らなければならないもので、律宗は他の宗派にも開かれた、独得の立場にあります。法相宗の者も華厳宗の者も、唐招提寺で研鑽を積むことができました。「招提《しょうだい》」の語は、四方という意味のサンスクリットの音写で、各宗に開かれているとの意味がこめられています。しかし前にも述べたように、最澄以降、小乗戒は軽視されていくことになってしまいます。

さて、律宗の教理内容についてですが、実は律宗自身の立場と、その研究の中心となる『四分律』そのものの立場とは、必ずしも一致していません。というのも、律宗は大乗仏教の立場に立ち、そこから戒律を考えていくことが根本にあるからです。たとえば、大乗の戒律観においては、『瑜伽師地論《ゆがしじろん》』等の「三聚浄戒《さんじゅじょうかい》」が根本になりますが、この考え方は『四分律』には存在していません。また、授戒を受けたときに具わるという「戒体」（戒律を守り続けさせようとする力の本体）についても、律宗としては阿頼耶識《あらやしき》内の種子に求めていきますが、『四分律』自身の立場は非色非心の心不相応法と考えられています。そういう区別があることを理解しておいて、まずは『四分律』の内容について概観しておきましょう。

七衆とその守るべき戒律

初めに、仏教では、出家・在家あわせて、人々に七つのグループ（七衆）が考えられており、そのグループごとに守るべき戒律が異なっていることを、見わたしておくのがよいかと思います。七衆とは、正式の出家の男・女（比丘《びく》・比丘尼《びくに》。二十歳以上）、見習いの出家の男・女（沙弥《しゃみ》・沙弥尼《しゃみに》。二十歳未満十五歳以上）、在家の男・女（優婆塞《うばそく》・優婆夷《うばい》）の六つと、特に正式の出家になろうとする女性の直前の一定期間（式叉摩那《しきしゃまな》）をあわせて、七つとするものです。『四分律』によると、七衆とその各衆に課せられる戒律は、以下のとおりです。

比丘＝二百五十戒
比丘尼＝三百四十八戒
式叉摩那＝六法戒（五戒と非時食戒《ひじじきかい》）
沙弥＝十戒（六法戒と、離歌舞観聴《りかぶかんちょう》・離香油塗身《りこうゆずしん》・離高広大床《りこうこうだいしょう》・離金銀宝物《りこんごんほうもつ》）
沙弥尼＝同前
優婆塞＝五戒（不殺生《ふせつしょう》・不偸盗《ふちゅうとう》・不邪婬《ふじゃいん》・不妄語《ふもうご》・不飲酒《ふおんじゅ》）
優婆夷＝同前

　こうしてみると、正式の出家以外は、簡単な戒を守るのであり、正式の出家になるとサンガ（修行共同体）の秩序を維持するための煩瑣な律を守ることになることが知られます。
　はじめに、在家の仏教徒の戒について、簡単に見ておきましょう。五戒は、生き物を殺さない・人の物を盗まない・邪な男女関係を持たない・うそをつかない・酒を飲まない、というものですが、たとえば不殺生戒とは、「殺生をしないという生き方を、私はたもちます」というもので、外からの命令を守るというより、自主的・主体的に自分の生き方を選び取ることを重視するものです。これが、在家一般仏教徒の、基本的な戒律の精神です。この五戒を受けて、しかも破ったとしても、罰則はありません。ただ、至心に懺悔《さんげ》すべきでしょう。

インド古代では、在家の者は月に何回かお寺に行って、一昼夜、静かに自ら反省する時を過ごすという行事がありました。それを布薩《ふさつ》（ウポーサタ）と言います。このとき、在家の者が守るべき戒は、八斎戒《はっさいかい》と言われるものになります。それは五戒（ただし不邪婬戒でなく不淫戒）と、離香油塗身戒（お化粧をしない）・離歌舞観聴戒（娯楽にうつつをぬかさない）・離高広大床戒（立派でやわらかな寝具を用いない）・離非時食戒（正午以降は食事しない）を合わせたもの（八戒＋斎戒＝非時食戒）です。

次に、いわば見習い段階の沙弥・沙弥尼は、今の八斎戒に、さらに離金銀宝物戒を加えた十戒を守ることが要請されます。なお、特に女性の出家の前、二年間の身分の式叉摩那（正《しよう》学女《がくによ》とも言う）は、五戒（ただし不淫戒）と非時食戒とをあわせた六法戒を守ることになっています。

さて、出家の者は、どのような戒律を守るべきなのでしょうか。『四分律』で言うと、比丘（男性の出家者）には二百五十戒、比丘尼（女性の出家者）にはそれをはるかに上回る三百四十八戒が用意されています。今、比丘に関する戒律を説明すると、次のようです。

比丘の戒律は、八種類に分類されています。すなわち、波羅夷法《はらいほう》・僧残法《そうざんほう》・不定法《ふじようほう》・尼薩《にさつ》者《ぎ》波逸提法《はいつだいほう》・波逸提法《はいつだいほう》・波羅提提舎尼《だいしやに》法《ほう》・衆学法《しゆがくほう》・滅諍法《めつじようほう》です。この八種類のなかに、僧としてなしてはならないことが細かく規定されているのです。一方、比丘が犯す罪の重さ（罰則の重さ）としては、波羅夷罪・僧残罪・波逸提罪・波羅提提舎尼罪・突吉羅《ときら》罪という五種類（五篇罪《ごひんざい》）に分けられていて、尼薩耆波逸提法・波逸提法はともに波逸提罪、衆学法・滅諍法は突吉羅罪になり、不定法はいずれの罪かまだ確定しないものとなります。

もっとも重い罰が与えられるのは波羅夷法で、サンガからの追放となります。その罪は、婬・盗・殺《せつ》・妄（語）の四条です。ただ波羅夷法となるような盗は、国法でも死罪になるほどの金品の盗み、殺は基本的に人間に関してです。また妄語は、特に大妄語と言われるうそで、覚ってもいないのに覚ったということに限られます。

次の僧残法は、七日間の謹慎・懺悔により許されるもので、十三条あります。この十三条の名目をあげると、故出精戒《こしゅっしょうかい》・触女人戒《そくにょにんかい》・粗語戒《そごかい》・嘆身索供養戒《たんしんしゃくくようかい》・媒嫁戒《まいけかい》・有主房戒《うしゅぼうかい》・無主《むしゅ》房戒《ぼうかい》・無根謗戒《むこんぼうかい》・仮根謗戒《けこんぼうかい》・破僧違諫戒《はそういかんかい》・助破僧違諫戒《じょはそういかんかい》・汚家擯謗違諫戒《おけひんぼういかんかい》・悪性拒僧違諫戒《あくしょうこそういかんかい》です。故出精戒や触女人戒等、けっこう男女関係の問題に関するものが多いことに気づかされます。粗語戒も、今日でいうセクハラになるような言葉をいうものです。嘆身索供養戒は、修行者の自分に身を捧げると功徳になると言って、そのことを勧めるようなことです。その他、教団の和を損ねる行為に出て、諫《いさ》めを受けてもなおきかないような場合も含まれています。なお、なかに無根謗戒というものがありますが、それは、人が波羅夷法の罪を犯していないのに犯したと言うことで、このうそは中妄語と言われます。

次の不定法は、罪が確定できない場合のもので、人の見ていないところでの行為と、見ているところでの行為の二種類（屏処不定《びょうしょふじょう》・露《ろ》処不定《しょふじょう》）があり得ます。

次の尼薩耆波逸提法とは、衣や鉢等に関して、一定のもの以外、所有が禁止されているにもかかわらず所持していた場合などで、その持ち物を捨て、懺悔することにより許されます。これには、三十条あります。

次の波逸提法とは、さまざまな悪しき行いで、九十条もあります。これを犯した場合は、二、三名の僧に対して懺悔することにより許されます。ここでは、大妄語・中妄語以外の妄語（これを小妄語という）、仲たがいさせるような言葉を発する両舌《りょうぜつ》（離間語《りけんご》ともいう）、土地を耕したりする掘地《くっち》、飲酒、非時食等々が禁止されています。なかに、植物を傷つけること（壊生《えしょう》）の禁止があります。ここでは、草を抜いたり木を切ったりすることのほか、植物の種になる穀物や果物《くだもの》を生でそのまま食べることも禁止されています。果物は、鳥がつついたものや傷のあるもの、信者が皮をむくなどしたものは、食べてもよいようです。このことから、僧はお米を炊くこともしてはならないのであり、寺院のなかに調理場はなかったということです。食堂は寺院の区域内にあっても、調理場としての庫裏はその区域外に置かれていました。よく仏教は有情を動物までしか見ない、植物は非情と見ると言われるのですが、このような扱いを見ますと、植物をもいわばいのちあるものとして、十分に尊重していたことが知られます。

次の波羅提提舎尼法は、一人の僧の前に懺悔すればよいものですが、ただ四条のみあります。仏道を歩んでいる在家の者の家で供養を受けることの禁止等です。その在家の仏教徒は、家に来た僧に対して限りなく供養して、資産が枯渇しかねないからです。

次の衆学法は、いわば守るべき行儀作法のことで、これを犯した場合は、心中に懺悔すればよいものです。これにも百条もの規定があります。斉整著衣《さいしょうじゃくえ》（衣服をきちんと着る）、戯笑《けしょう》（大声で笑ったりしない）、跳行《ちょうぎょう》（飛び跳ねて進んだりしない）、等々です。

あと、滅諍法とは、教団内でおきた争いの仲裁の仕方であり、七条あります。長老たちがこれに反して仲裁した場合、衆学法同様、突吉羅罪《ときらざい》（自己の悪行を心中に悔いる）になります。

以上が、比丘の戒律のごく簡単な概要です。こうしてみると、二百五十戒とはいえ、衆学法の百条は行儀の問題であり、波逸提法の九十条は人間としてあるいは集団のなかの個人としてごくふつうに守るべきことが規定されているのであり、ひどく堅苦しいというものでもないように思われます。とりわけ注意されていることは、男女関係の問題と、サンガの和合を乱す問題、そして所有物に関することがら、といったところでしょう。

なお、比丘尼の戒は、比丘の戒に比べてたいへん厳しくなっている部分もあり、公平に見てもややアンバランスな面があるのは否めません。たとえば、波羅夷法には八条があり、男性と身体を触れあって快楽を得た場合（摩触戒《まそくかい》）や、意図をもって男性の手をとり・衣をとり・共に立ち・共に語り・共に歩き・男性が来るのを望み・共に人から見えない場所に入り・互いに身体を寄せるだけでも（八事成重戒）、追放となるほどです。

ところで、『四分律』等、律蔵文献には、単に個人の守るべき行為基準（止《し》持《じ》戒《かい》）が示されているだけでなく、サンガの運営のための規則（作《さ》持《じ》戒《かい》）も記されています。止持戒は戒本（戒律の条文を集めたもの。戒経とも言う）に、作持戒は犍《けん》度《ど》部《ぶ》に書かれています。犍度というのは、本来、章のことで、これには二十犍度（二十章）があり、受戒・説戒・安居《あんご》・自恣・皮革・衣・薬・房舎等々についての記述があります。

このなか、受戒の儀式では、入団者が両親の許可を得ているか、世法の罪を犯した逃亡者ではないか、借金はないか等、種々吟味してから入団を許可することになります。実際の受戒の儀式では、入団後その者を指導・世話する師としての和尚、その受戒の儀式をつかさどる羯磨《かつま》阿《あ》闍梨《じゃり》、入団者の資格を吟味調査する教授《きょうじゅ》阿《あ》闍梨《じゃり》の三師と七人の証人の十人の比丘が必要とされています。

説戒というのは、出家僧に対し半月に一度行われる布薩《ふさつ》（ウポーサタ）の儀礼の仕方を記したものです。その布薩においては、一人の比丘が二百五十戒の条文を読み上げ、他の比丘はこれを心に受け止めます。その後、これを読み上げた比丘が、その半月の間、それらの戒条を犯したことはなかったか尋ねるのです。当然この儀礼には全員の出席が求められました。

次の安居というのは、雨季の三ヵ月間、一定の場所に定住して集団で修行することを言うものです。それは、四月十六日から七月十五日までが基本でした。この安居以外の時期は、遊行《ゆぎょう》の生活になります。安居の間は、僧は結界の外に出ることができず、信者たちから種々の施物が届けられたりしますが、その分配の仕方等もここの犍度には記されています。皮革は、殺生の結果のものでもあり、基本的に依用することはありません。ただ、修行場での静謐《せいひつ》を守るために、木の履物《はきもの》代わりに皮の履物を用いることは許されたりするのです。その他、さまざまなことが規定されているわけです。こうした規定があることによって、サンガの運営はとどこおりなく進められたのでした。

仏教の戒律、特に小乗戒の内容は、おおよそ以上です。インドでも中国でも、最澄以前の日本でも、たとえ大乗仏教の修行者であっても僧として出家するには、このいわゆる小乗戒（具足戒）を受けることが求められたわけで、南都六宗の僧侶たちはみなこの戒律を学んだのでした。

6　大乗仏教における戒律と南都六宗のまとめ

おそらく一般に律宗と言えば、その具足戒の護持が中心になると思われることでしょう。しかし律宗そのものの立場は、決して小乗仏教なのではなく、大乗仏教です。というのも、律宗の祖と言うべき南山道宣は、戒体《かいたい》（受戒したとき、一生の間、悪をなさしめない力が身に具わる、その力の本体）を、「思《し》の心所《しんじょ》有法《うほう》の種子《しゅうじ》」に求めているからです（道宣『随機《ずいき》羯磨《かつま》疏《しょ》』参照）。説一切有部では、戒体は目に見えない物質（無表色）と見、道宣は『四分律』の戒体を非色非心の法と見定めていますが、さらに種子に戒体を見る立場は、最終的に大乗仏教のなかに戒律を位置づけて受け止めていることを意味します。

では、大乗仏教のなかでの戒律とは、どのようなものと考えられるべきでしょうか。後に述べる日本天台宗の最澄は、『梵網経』に説かれる大乗戒のみで出家できると、きわめて斬新な主張を訴えました。しかしそれ以前は、インドでも中国でも、大乗仏教の出家者であっても小乗の具足戒を受けたものです。このことに関し、凝然著『八宗綱要』の律宗についての説明には、次のような記述が見られます。

> しばらく大乗円教《だいじょうえんぎょう》の三学《さんがく》とは、戒《かい》は即ち三聚浄戒を護る。蔵識《ぞうしき》の種子《しゅうじ》、以て其《そ》の体《たい》と為す。定慧《じょうえ》は則ち唯識の妙行《みょうぎょう》、止《し》観《かん》並びに運んで、以て其の相《そう》と為す。戒は即ち定慧なれば、一法《いっぽう》として定慧に非ずということ無し。定慧は即ち戒なれば、一法として戒に非ずということ無し。此れを円融三学《えんにゅうさんがく》の行相《ぎょうそう》と名づく。
> （『大日仏』・三巻・二〇頁上段）

このように、大乗円教の戒・定・慧の三学があるのであり、その戒は「三聚浄戒」であるとあります。

その「三聚浄戒」とは、『瑜伽師地論』等に出るもので、「摂律儀戒《しょうりつぎかい》・摂善法戒《しょうぜんぼうかい》・饒益有情戒《にょうやくうじょうかい》」の三つです。「摂律儀戒」とは悪の禁止のことで、ここに二百五十戒等、伝統的な在家・出家の戒律のすべてが含まれてきます。「摂善法戒」は善の実践のことで、身《しん》・語《ご》・意《い》における修行のことと言ってよいでしょう。「饒益有情戒」は利他行の実践のことです。このの「三聚浄戒」が大乗仏教の立場の戒律なのであり、このとき、『四分律』はその「摂律儀戒」のなかに位置づけられて、出家の僧の守るべきものとなるのです。凝然は、「今、大乗宗は此の共門の戒（小乗・大乗共通に護る戒）を三聚の中に入れ、会して大乗に帰するが故に、小乗律所説の戒行も、皆な是れ三聚円頓の大戒にして、更に別相無く、純一円極なり。彼の七衆の軌則はまったく小律に同じきも、律儀戒中にこれを建立するが故に」（同・三巻・二〇頁下段）と言っています。

しかもそうした戒の実践は、そのまま定慧（禅定《ぜんじょう》と智慧）の修行以外の何ものでもないと見、逆に定慧の実践は、ただちにこの戒行にほかならないといいます。この定慧の実践は、唯識思想の基盤にある瑜伽行にほかならず、言い換えれば止観行（心を何事にも乱されないよう鎮《しず》め、正しい智慧によって真理を観ずる修行）にほかなりません。こうして律宗では、止観行がそのまま戒行にほかならないという立場に立ちます。のみならず、「三聚浄戒」の三つの戒も、各々、他を含んでいるといいます。こうした立場から、同じく凝然は同書で、此の三聚《さんじゅ》（浄戒）は、また円融《えんにゅう》の行《ぎょう》なり。故に三聚互《たがい》に摂《せつ》し、諸戒融通《しょかいゆうずう》す。不殺生の如きは、即ち三聚を具す。乃至、一切の諸戒も皆爾《しか》り。一戒を持するに随いて、三聚全《まった》く具《そな》わる。是れ一行なりと雖《いえど》も、広く万行《まんぎょう》を摂す。故に一念なりと雖も頓《とん》に三祇《さんぎ》を経《へ》る。三祇を壊《え》せずして一念を立て、一念を退せずして三祇を経る。長短無礙《ちょうたんむげ》、生仏平等《しょうぶつびょうどう》、諸法互いに遍《あまね》く、相即無尽《そうそくむじん》なり。豈《あ》に深妙《じんみょう》に非ずや。（同・三巻・二〇頁下段）

とも解説しています。摂律儀戒・摂善法戒・饒益有情戒の三つは別々のものでなく融けあったものだといいます。たとえば、不殺生戒には止悪と修善と利他の三つの意義が含まれているのであり、すべての戒はこのあり方にあるというのです。しかもここから、一つの戒を守ることが万行を行じていることになり、ひいては一瞬の修行のなかにあらゆる時間の修行が含まれているとも言える、とさえ明かしています。非常に円融的に見ていく視点を導入しています。

このように律宗自身の立場は、大乗仏教として戒律を修行していくなかで、その一つ一つの行にあらゆる行が実現し、それ自身、仏作・仏行と相応すると見るというものでした。ちなみに、律宗の教相判釈として、「性空教《しょうくうきょう》（析空観《しゃく(しゃっ)くうかん》に立つ。小乗）・相空教（体空観に立つ。大乗浅教）・唯識円教（性相円融に立つ。大乗深教）」というものが言われます。これも、凝然が道宣の意を汲んで整理したものです。種子に戒体を見る立場からしても、最高の教えとして唯識があげられますが、ただしそれはこれまで見たように、天台の三諦円融の思想や、華厳の相即相入の思想をふまえた独自の円教としての唯識であることに留意すべきでしょう。

ここまで、南都六宗のうち、大乗仏教の三論宗・法相宗・華厳宗・律宗の思想について見てきました。これらの思想・学問が、後の日本の仏教の進展を支えていったことは言うまでもないことですが、もちろん奈良時代の仏教が学問の世界のみであったわけではありません。聖武天皇による大仏造立や国分寺制度等には、やはり仏教の役割の大きな要素として鎮護国家があったことが如実に知られます。また、仏教思想を受けとめて、さまざまな活動をした人々もいました。行基（六六八〜七四九）は、法相宗の義淵《ぎえん》（一説に道昭）の弟子でしたが、和銅三年（七一〇）に母を喪《うしな》って三年の後、諸国をめぐって、さまざまな公共施設の建造や土木事業等に努めました。多くの民衆がその徳を慕い、朝廷としても無視し得ず、ついに大仏建立のための勧進に起用したことは有名です。天平十七年（七四五）には、その貢献もあって大僧正《だいそうじょう》に補任されましたが、しかし行基自身は大仏開眼（七五二）の三年前にこの世を去っています。

行基が死ぬ数年前、法相宗第四伝の玄昉《げんぼう》（?〜七四六）が筑紫に流されています。玄昉は、養老元年（七一七）に入唐し、法相宗の智周に就いて学び、十八年在唐の後、天平七年（七三五）に経論五千余巻を携えて帰朝し、興福寺に拠って活動しました。その後、同じ年に入唐し、かつ帰国した吉備真備《きびのまきび》とともに急速に宮廷内に発言権を増し、権力の中枢に位置するようになりますが、後年失脚、天平十八年に逝去しています。

その玄昉よりも深く政治に介入した僧に、道鏡《どうきょう》（?〜七七二）がいます。道鏡も玄昉同様、宮中の内道場の禅師《ぜんじ》となり、特に天平宝字五年（七六一）、孝謙上皇の病を宿曜秘法《すくようひほう》によって治して以来、上皇と親密な関係になって政界に進出してくることになります。やがて度牒《どちょう》（僧侶の身分証明書）には治部省の印の代わりに道鏡の印が押されることになり、政策の実行もすべて道鏡の裁可を待つほどに、実権を握ることになります。ひいては、宇佐八幡の神託をかざして道鏡自身が帝位に就こうとしたのですが、神護景雲《じんごけいうん》三年（七六九）、時の称徳天皇（孝謙上皇の重祚《ちょうそ》）は和気清麻呂《わけのきよまろ》を宇佐八幡に遣わして神意を確認させたところ、清麻呂の報告は、「我が国は開闢《かいびゃく》以来、君臣定まっている。天《あま》つ日嗣《ひつぎ》は必ず皇統の者を立てよ」という内容のものでした。道鏡の目論《もくろ》みははずれ、その翌年、称徳天皇の崩御とともに道鏡の策略が明るみに出て失脚するのでした。

その後、光仁天皇が皇位に就き、それまでの仏教のあり方を一新させるべく、さまざまな新たな施策を実行していきます。山林修行を許可し、浄行の僧の優遇・登用をはかり、度牒の印は治部省の印に戻すなど、懸命の僧界改革をめざしたのです。

ちなみに、山中に籠って仏道修行する僧も、その頃、結構多くいたようです。天平八年（七三六）に唐から来た道璿《どうせん》（七〇二〜七六〇）、同じく唐の神叡《しんえい》（?〜七三七）やその弟子の勝虞《しょうぐ》（七三二〜八一一）、三論宗の道慈《どうじ》（六七〇頃〜七四四）や行表《ぎょうひょう》（七二二〜七九七）、法相宗の護命《ごみょう》（七五〇〜八三四）らは、いずれも吉野の比蘇山その他の山中に籠って修行した僧でした。もとより日本には、大和の葛城山《かつらぎさん》や金峯山《きんぷせん》などに籠って苦修練行し、通力を獲得して民衆の要望に応接した役小角《えんのおづぬ》を開祖とする修験道も盛んでした。しかし役小角は、文武天皇三年（六九九）、伊豆に流され、僧尼令（七一八年）では、山林修行を許可制にしていました。光仁天皇は宝亀《ほうき》元年（七七〇）に即位するとあらためてその山林修行を許可し、金峯山で修行した広達《こうたつ》、熊野で修行した永興《えいこう》を十禅師《じゅうぜんじ》（宮中で天皇の安泰を祈る十人の僧）に任用したりしています。その後の桓武天皇もまた、勝虞を律師に迎えたのでした。その頃の為政者が、鎮護国家の実をもたらす、持戒堅固の優秀な人材を広く求めていたことがうかがわれます。

桓武天皇は天応元年（七八一）に即位し、いったん長岡京に都をおいたのち、延暦《えんりゃく》十三年（七九四）、京都に遷都しました。そのとき、奈良の大寺を移すことはなく、新たな仏教の尊重による国家の運営をめざします。やはり、奈良時代に見られた仏教界と政界の癒着の弊害を嫌い、清廉にして優秀な人材を求めていたのでしょう。これに応えて登場するのが、かの最澄（七六七〜八二二）と空海（七七四〜八三五）です。

実は最澄も空海も、山を愛した僧でした。最澄は十九歳の時、奈良東大寺で具足戒を受けたにもかかわらず、間もなくその都を避けて人里離れた比叡山に拠り、独り真摯に修行していきます。一方、空海も若いときに四国の山岳霊場で修行するなどし、また京の都で重用されるようになっても常に高野山に思いを寄せていたようです。空海の詩文を集めた『性霊集《しょうりょうしゅう》』に、そのことがうかがえます。最澄と空海は、あえて山林修行の精神を保ち続けて権力と一定の距離を保つことにより、自らの宗教性を保全しようとしていたのかもしれません。

第四章　平安仏教の思想

1　最澄の思想

最澄の生涯

平安時代の仏教と言えば、伝教大師最澄の天台宗と、弘法大師空海の真言宗が双璧であることは言うまでもありません。天台宗の比叡山は、のちの鎌倉新仏教と言われる各宗の祖師方の多くが登り学んだ場であり、まさに日本仏教の母胎となったと言って過言ではないでしょう。一方、真言密教も宮中の祈禱を支えたり民衆の信仰の裾野を形成したりしていて、日本文化に隠然たる力を有しています。日本の文化・思想を深く知るためにも、この両者の思想をよく理解しておくことはたいへん重要だと思います。

先に、最澄の思想について学ぶことにしましょう。はじめに、最澄の生涯について、簡単に辿っておきます。

最澄は、神護景雲元年（七六七。七六六との説もあり）、比叡山の麓、滋賀の里に生まれました。父は三津首百枝《みつのおびとももえ》といい、後漢孝献帝の末裔と言われています。宝亀九年（七七八）、近江国分寺の行表《ぎょうひょう》（道璿《どうせん》を師とする三論宗の学匠）について、仏教の世界に入ります。翌々年、その近江国分寺に欠員ができて、正式に沙弥となりました。さらに延暦四年（七八五）、東大寺において具足戒を受けます。したがって奈良の大寺において研鑽を積んでいく道が開けたのだと思われるのですが、南都仏教界に腐敗を見たのかその年のうちに比叡山に入り、そこで独り修行生活を始めます。その頃の比叡山は今と違い、都と遠く隔たり、人里離れた、不便で険しく淋しい山中だったことでしょう。

延暦六年（七八七）、満二十歳のとき、『願文《がんもん》』を著します。この『願文』についてはのちに詳しく読みたいと思いますが、自己のありようを真摯に見つめ、深い考察のもとに純粋な理想をかかげた、たいへん格調の高い立派な文章です。翌年、道俗の支援を受けて、後の延暦寺根本中堂《こんぽんちゅうどう》の前身となる一乗止観院《いちじょうしかんいん》を建立しています。その後さらに、諸堂の建築や儀礼等の行事の主催等、修行の場としての比叡山の整備を進めていきます。参考までに、おそらくは当時の最澄の心境を映し出した歌を二首、掲げておきましょう。

阿耨多羅三藐三菩提《あのくたらさんみやくさんぼだい》の仏たち
　わが立杣《たつそま》に冥加《みようが》あらせ給え
（『伝教大師全集』・五巻・四七九頁）

あきらけく後の仏の御世までも

光つたえよ法《のり》のともし火　（同・五巻・四八〇頁）

平安時代に入って間もない延暦十六年（七九七）、満三十歳のとき、『願文』の思想および修行の様子が桓武天皇にまで達し、宮中の祈禱僧としての役職の内供奉十禅師《ないぐぶじゅうぜんじ》の一人に任命されています。翌年、最澄は中国天台宗の祖・智顗《ちぎ》（五三八～五九七）の命日を期して、比叡山で法華十講の法会を催します。それまで天台教学を中心に学んできたその成果を発表したわけです。この行事は「霜月会《しもつきえ》」として、のちのちまで受け継がれていきます。

さらに延暦二十年（八〇一）には、奈良の大寺から十人の優れた学僧を招いて、『法華経』について一人一軸の講座を設けました。このとき、最澄は自分の『法華経』理解が、他の碩学の学匠らの理解に決して劣るものではないとの自信を深めたと考えられています。

最澄の名声はさらに高くなり、翌年には天皇の内意を承けた和気弘世《わけのひろよ》（和気清麻呂の長男）の招請により、高雄山寺《たかおせんじ》（後の神護寺《じんごじ》）において天台三大部《てんだいさんたいぶ》（天台宗で根本教典とされている『法華玄義《ほっけげんぎ》』『法華文句《ほっけもんぐ》』『摩訶止観《まかしかん》』）の講義を行いました。このあと、唐に渡って本場の天台学の学習をすべきことを朝廷に訴えたところ、最澄自身が「入唐請益天台法華宗《にっとうしょうやくてんだいほっけしゅう》還学生《げんがくしょう》」に任命されることになります。「還学生」とは、短期間の留学生のことです。結局、延暦二十三年（八〇四）、唐に渡りますが、このとき、同じ船団の別の船に、空海も乗っていました。空海は「留学生《るがくしょう》」、すなわち本来は長期派遣の者でした。

唐に上陸した最澄は、天台山（現在の浙江省《せっこう》天台県）に向かい、台州の龍興寺で当時の代表的な天台学者の道邃《どうすい》に会って教えを受け、さらに天台山に登って同じく天台学の泰斗であった行満《ぎょうまん》に就き天台教学を学びます。道邃も行満も天台宗六祖の荊渓湛然《けいけいたんねん》（七一一〜七八二）の弟子でした。道邃からは円頓戒《えんどんかい》も受け、また山頂の禅林寺において翛然《しゅくねん》（生没年不詳）から牛頭禅《ごずぜん》（牛頭法融を祖とする中国禅宗の一派）をも相承しました。翌年、帰国間際には、越州で順暁《じゅんぎょう》に一応、金胎両部《こんたいりょうぶ》（金剛界《こんごうかい》、胎蔵界《たいぞうかい》）の密教を伝授されます。こうして、延暦二十四年（八〇五）、帰国します。

当時は、各宗に毎年、一定数の出家得度者が朝廷から割り当てられていたのですが、翌延暦二十五年（八〇六）、最澄の要請が受け入れられ、天台宗でもそれがあらたに認められます（天台法華宗年分度者《てんだいほっけしゅうねんぶんどしゃ》）。桓武天皇の期待の高さが偲ばれます。ここに、日本において天台宗が開創されたことになります。なお、二人の年分度者のうち、一人は天台を、一人は密教を修することになりました。しかしこの年、桓武天皇は亡くなってしまいます。

一方、空海はその年に帰国しますが、本来留学生であったのに二年ほどで帰ってきてしまったことで、すぐの上洛は認められず、博多にとどめ置かれます。しかし空海が日本に持ち帰った書物等のリスト（『請来目録《しょうらいもくろく》』）を最澄は早くも把握したようで、自らの密教の学修を不完全と認識していた最澄は、空海の都入りを心待ちにしていました。やがて大同《だいどう》四年（八〇九）、空海は京都に入りますが、それから最澄はしきりに空海と連絡をとり、弘仁《こうにん》三年

（八一二）には、弟子たちとともに高雄山寺で空海から灌頂（密教の入門式）を受けます。弘仁四年（八一三）、最澄は空海に『理趣経釈《りしゆきようしやく》』の借用を申し出ますが、空海はたびたびの申し出にあって、ついに断ります。この頃から、最澄と空海の間は疎遠になっていきます。しかもその三年後の弘仁七年（八一六）、最澄の弟子で空海の下《もと》に修行していた泰範《たいはん》（七七八～？）が最澄の許《もと》へ帰る意思のないことを空海が伝えるに至って、ついに絶交状態になるのでした。時の嵯峨天皇も密教を評価していましたので、最澄としても密教を重視せざるを得なかったことでしょうが、空海の支援を受けられなくなって、その点は弟子たちに託すのでした。

また、最澄は南都の仏教界と緊張関係にありました。仏教界が奈良の諸大寺等によって支配されていた実状に風穴をあけ、新時代にふさわしい仏教のあり方の追求と人材の養成に一身を捧げていたからでした。弘仁四年（八一三）、『依憑天台義集《えひようてんだいぎしゆう》』を著し、奈良の諸宗の教理を批判、天台宗によるべきことを表明します。翌年、西国に赴いて教化活動を行い、さらにその翌年には東国に赴いて伝道活動を行います。それは、東大寺以外の戒壇（筑紫観世音寺・下野薬師寺）の様子の視察が目的だったのかもしれません。

そうしたなか、最澄の論争すべきもっとも中心となる者として、法相宗の徳一《とくいつ》（七四九～八二四）が浮かびあがってきます。徳一は当時、東北地方を中心に活躍していた高僧でした。最澄は東国巡化の頃か、徳一が智顗の著作を批判して書いた『仏性鈔《ぶつしようしよう》』に接し、弘仁八年（八一七）『照権実鏡《しょうごんじつきょう》』を著し、さらに『法華去惑《ほっけこわく》』を著して反論します。以後、最澄の晩年まで論争が続けられるのです。徳一側の著作は残っていませんが、徳一の『中辺義《ちゅうへんぎ》鏡《きょう》』に対し、最澄は弘仁九年（八一八）『守護国界章《しゅごこっかいしょう》』を著し、これに対する徳一の反論への応酬を経て、弘仁十二年（八二一）には『法華《ほっけ》秀句《しゅうく》』を著します。この論争の中心は、一乗と三乗の論争、つまりどんな人でも仏性を有していて仏になることができるのか、それともそうでないのか、でした。すなわち、「一切衆生悉有仏性」か「五姓各別《ごしょうかくべつ》」（五姓とは声聞・縁覚・菩薩・不定・無性）かの問題であり、また声聞乗・縁覚乗・菩薩乗のほかに一仏乗があるのかないのか（唯識法相宗では、菩薩乗〈牛車〉がそのまま〈第〉一乗〈一大白牛《だいびゃくご》車《しゃ》〉と見る）、という論争でした。その論争は激越をきわめ、最澄はこの論争によって心身ともにかなり消耗したのではないかとも考えられるほどです。というのも、『法華秀句』を著した翌年、最澄は亡くなってしまうからです。

その間、同時に最澄は比叡山に独自の戒壇を設け、南都の支配を受けずはじめから自前で理想の人材を養成しようと、必死に活動するのでした。弘仁九年（八一八）には、「天台法《てんだいほっ》華宗年分度学生式《けしゅうねんぶんどがくしょうしき》」六条、「勧奨《かんしょう》天台宗年分度学生式」八条を朝廷に提出し、翌年には、「天台法華宗年分度者回小向大式《えしょうこうだいしき》」四条等を提出して、大乗仏教としての天台宗の僧のあり方について、従来の出家僧のあり方をくつがえすような斬新な方針を主張します。嵯峨天皇は、それらを僧綱《そうごう》（僧侶を管理するために置かれた僧官職）らに判断させますが、もちろん彼らはことごとくこれを批判します。そこで最澄は弘仁十一年（八二〇）、さらに『顕戒論《けんかいろん》』を著してそれらに根拠をあげて反論するのでした。

弘仁十三年（八二二）、ついに力尽き、一宗を義真《ぎしん》（七八一〜八三三）にゆだねた後、示寂《じじゃく》します。弟子たちには、「我が為に仏を作ること勿《なか》れ。我が為に経を写すこと勿れ。我が志を述べよ」「道心《どうしん》の中に衣食《えじき》有り、衣食の中に道心無し」等との言葉を遺すのでした。最澄がめざしていた大乗戒壇の建立は、最澄の死後、一週間ののちに認められます。弘仁十四年（八二三）、比叡山寺に延暦寺の号を賜り、官寺となりました。

最澄は天台宗を開いたわけですが、一般に天台宗とは、中国の天台智顗が、『法華経』を基に、独自で高度の思想を展開したものです。しかし、最澄の天台宗はそれだけにとどまらず、禅・戒・密教をも包含するものでした。最澄は円密一致（天台と密教を同等と見る）の立場で、比叡山を仏教の総合的な道場にしようとしていたのです。

最澄の思想①——願文

最澄の思想を学ぶにあたり、彼が二十歳のときに作成した『願文《がんもん》』について見ておきたいと思います。最澄の『願文』は、決して長い文章ではありませんが、清冽《せいれつ》な志がほとばしる格調高い名文です。そのはじめには、この世の無常と自己および人々のいのちのはかなさを深く嘆き、貴重にも仏教に出会えた以上、つとめて修行すべきだと心から確認しています。

そして、「因無くして果を得るはこの処《ことわり》有ること無く、善無くして苦を免るるはこの処有ること無し」（『伝教大師全集』・一巻・一頁）と自分にも言い聞かせています。

一方、自己を顧《かえり》みるに、「無戒にして竊《ひそ》かに四事の労《いたわ》りを受け、愚癡《ぐち》にしてまた四生《ししょう》の怨《あだ》と成る」（同）との自覚を率直に語ります。同時に、やはり仏道に精進しないならば、苦果を逃れ得ないことを再度、確認しています。こうして、「ここにおいて、愚が中の極愚《ごくぐ》、狂《おう》が中の極狂《ごくおう》、塵禿《じんとく》の有情《うじょう》、底下《ていげ》の最澄、上は諸仏に違し、中は皇法に背き、下は孝礼を闕《か》けり。謹んで迷狂の心に随い、三二の願を発す。無所得を以て方便となし、無上第一義の為に金剛不壊不退《こんごうふえふたい》の心願を発す」（同、二頁）と述べ誓うのです。どん底の自分だからこそ、無上の覚りの実現に向けて、絶対に不退転の「心願」を誓って仏道を歩んでいこうというのです。ここに出る「愚が中の極愚、狂が中の極狂、塵禿の有情、底下の最澄」の句は、青年最澄の悲痛の叫びであり、純粋な真情であって、心打たれるものです。実は日本仏教史の根底には、最澄のこの徹底した凡愚の自覚が脈々と流れているのかもしれません。

その最澄の誓願（五つ）は、次のようなものです。

我れ未だ六根相似の位を得ざるより以還《このかた》、出仮《しゅつけ》せじ。
未だ理を照す心を得ざるより以還、才芸あらじ。
未だ浄戒を具足することを得ざるより以還、檀主の法会に預らじ。

未だ般若の心を得ざるより以還、世間人事の縁務に著せじ。相似の位を除く。三際《さんさい》の中間《ちゅうげん》にて所修の功徳、独り己が身に受けず、普く有識に回施《えせ》して、悉く皆な無上菩提を得しめん。　(同前)

ここに出る相似の位とは、天台宗の修道論の六即説《ろくそくせつ》に出る「相似即」をふまえたものでしょう。六即説とはどの段階でも仏の世界に即しているというもので、次のようです。


理《り》　即《そく》(未断惑《みだんなく》の位)…凡夫で仏性があっても自覚できないままの位。

名字即《みょうじそく》(未断惑の位)…経論や師の導きで、自己が本来、仏であることを信解《しんげ》する位。

観行即《かんぎょうそく》(伏惑の位)…天台の円頓の教によって止観行を修行する位。

相似即《そうじそく》(見思塵沙を断ずる位)…覚りの智慧に似た心境を実現し六根清浄《ろっこんしょうじょう》の徳を得る位。

分証即《ぶんしょうそく》(断惑無明中道の位)…覚りの智慧を発して仏性を自覚し、一部の無明を断じる位。

究竟即《くきょうそく》(断惑無明中道の位)…究極的で完全な真実の智慧を実現する位。妙覚。


ですから、相似の位とは、覚りの智慧を実現するほんの一歩手前くらいにまで達した境涯ということになります。

第一の誓願の、それまで「出仮せじ」というのは、仮の世界である世間に出て諸活動を行うことはすまい、ということ、つまり、それまでは修行に専念するのだというのです。

第二の誓願に出る「理を照す心」とは、真如を証する智慧のこと、それを得れば分証即に相当するでしょう。「才芸」というのは、文章を書いたり講演したりといったことでしょうか。

第三の誓願は、如法に戒律を守るような境涯に達しなければ、世間の信者らの供養を受けることはすまいということです。

第四の誓願の「般若の心を得る」というのも、分証即に相当するでしょう。

これら四つの誓願は、要するに一定の修行がならないうちは世間にかかわることを極力とどめ、ひたすら修行に専念しようということです。

最後の誓願は、過去・未来・現在どの時点であれ、修行は自分のためでなくむしろ他者のためにこそ行うことを決して忘れるまい、というものです。

この五つの願全体の底流をなしているのは、他者の自己実現に資していくのだという純粋な思いでしょう。そのことが、この『願文』全体の終わりに重ねて語られています。

伏して願わくは、解脱の味《あじわ》い独《ひと》り飲まず、安楽の果独り証せず。法界の衆生と、同じく妙覚に登り、法界の衆生と、同じく妙味を服せん。

もしこの願力に依って六根相似の位に至り、もし五神通を得ん時は、必ず自度を取らず、正位を証せず、一切に著せざらん。願わくは、必ず今生の無作無縁の四弘誓願《しぐせいがん》に引導《いんどう》せられて、周《あまね》く法界に旋《めぐ》らし、遍く六道に入り、仏国土《ぶっこくど》を浄《きよ》め、衆生を成就し、未来際《みらいさい》を尽《つく》すまで恒《つね》に仏事をなさんことを。（同）

ややむずかしいかもしれませんが、このように、自分だけ解脱するのではなく、あらゆる人々がともに妙覚を実現して仏となり、真如の覚りを得るようにということを根本の願いとしています。この誓願のちからによって仏道修行が進んでも、けっして仏になってしまわず、むしろ永遠に菩薩のままにいて六道輪廻の世界に自ら趣き、衆生救済のはたらきをなそうと覚悟を定めています。二十歳の最澄は、実に六道（地獄・餓鬼・畜生・修羅・人間・天上）のどの世界にもためらわず入っていって、尽未来際、ひたすら利他行を実践するのだと、固く誓うのでした。はたして現代の二十歳の青年に、これほどまでの教養と志とがあるでしょうか。

最澄の思想②――天台大師智顗の思想

こののち、最澄は比叡山で学行を積み重ねていくのですが、次第に天台智顗の思想に惹《ひ》かれていきます。その大きなきっかけの一つは、華厳宗の法蔵の『華厳五教章』等を学んで、天台智顗の教説が「指南」の書と推賞されているのを知ったことであったといいます。こうして、最澄は主に天台宗に拠っていくことになるわけですが、では、最澄の天台宗の教えとはどのようなものでしょうか。

しかしその前に、天台智顗の教学の基本を知るべきでしょう。

智顗の思想は、『法華経』を深く読み込み、さらに『中論』などをも援用して独自に創造されたものでした。有名な「五時八教《ごじはっきょう》」（華厳《けごん》・阿含《あごん》・方等《ほうとう》・般若《はんにゃ》・法華涅槃《ほっけねはん》の五時。頓・漸《ぜん》・秘密・不定の化儀《けぎ》。蔵《ぞう》・通《つう》・別《べち》・円《えん》の化法《けほう》）の教相判釈のほか、たとえば、「三諦円融《さんたいえんにゅう》」という見方があります。すなわちどの事物にも、「空・仮・中」の三つの真理が融け合って存在しているというのです。たとえば、机は板の寄せ集めであり、机としての本体はなく、空です。しかし無なのではなく、そこに机を構成して用をなしている仮の存在は否定できません。その無でもなく有でもない真実は中です。というわけで、空・仮・中は同時に現《げん》成《じょう》していることになります。ここから、「一色一香、中道に非ざる無し」（一色一香、無非中道）とも言われることになるわけです。

こうした空観をふまえてのことと思われますが、「十界互具《じっかいごぐ》」ということも主張されます。地獄・餓鬼・畜生・修羅・人間・天上・声聞・縁覚・菩薩・仏の十界が、おのおの相互に他を具しあっているというのです。そうだとすると、人間でも仏の特性を有しており、あるいは逆に人間は仏の心のなかに抱かれているということにもなるでしょう。前の修道論の「六即」の「即」とは、ここをふまえたものと思われます。

この見方を核にして展開された教理に、「一念三千《いちねんさんぜん》」というものがあります。この一念三千こそ、天台思想が明かす究極の真理を示すもののようです。この三千の数は、前の十界互具すなわち十×十＝百と、次に述べる三世間×十如是《にょぜ》＝三十とを掛け合わせて出て来るものです。

三世間とは、衆生世間・国土世間・五陰世間で、身心の個体と環境とその双方を貫く要素としての五蘊《ごうん》ということになりますが、ともかく一つの界に、この三つの世間を見るのです。

十如是とは、『法華経』「方便品」に出る、

唯《た》だ仏と仏とのみ乃《すなわ》ち能く諸法実相を究尽《ぐうじん》したまえり。所謂《いわゆる》、諸法の如是相《にょぜそう》・如是性《にょぜしょう》・如《にょ》是体《ぜたい》・如是力《にょぜりき》・如是作《にょぜさ》・如是因《にょぜいん》・如是縁《にょぜえん》・如是果《にょぜか》・如是報《にょぜほう》・如是本末究竟等《にょぜほんまつくきょうとう》なり。（『大正蔵経』・九巻・五頁下段）

の句によるもので、諸法実相の十のあり方のことです。三世間のおのおのに十如是があって、結局、三十世間があると見ます。もう少し詳しく言うと、ということは、三世間とも心のなかの一念、一瞬の心に、まず三世間があることを見ます。ということは、三世間とも心のなかにある、もしくは心を離れないという事態を根本に見ているのでしょう。さらにそのおのお

のに十如是がありますから、実は三十世間があることになります。さらに十界互具で百界の三十世間がそこにあることになり、結局、三千世間がそこにあることになります。こうして、人間なら人間の心の一瞬に三千世間が具わっているというのが、「一念三千」の教理です。

いったい、この「一念三千」の思想にはどういう意味があるのでしょうか。縁起思想の一つであり、ここに実体観が徹底して超えられているということもあるでしょう。ミクロコスモスのなかにマクロコスモスがあるという、存在の実相の奥深い洞察があるとも言えるでしょう。しかし何と言っても、その核となっている十界互具の思想に見られる、自己と仏との相即の事実に眼が開かされるということが、最大の眼目ではないかと私は考えています。

では、こうした天台思想を受けた、最澄独自の思想はあったのでしょうか。

最澄の思想③――円密一致の立場

最澄が開いた天台宗は、単に中国天台智顗の教えのみならず、禅・戒・密教をも包含したものだとはよく言われることですが、最澄独自の思想として、とりわけ天台（法華）の円教の立場と密教とを一つに見ていったことと、大乗戒を重視したこととが注目されるでしょう。最澄は唐において密教をそれなりに相承したのであり、日本で初めて灌頂の儀礼を行った（延暦二十四年）のも最澄でした。しかし、最澄自身、密教の修得において不十分な面も感じていたのでしょう、空海に弟子の礼をとって両部の灌頂を受けたことも事実です。その後、空海と最澄とは遠ざかっていきますが、それには、感情的な問題があったというより、密教の理解に異なるものがあったからでしょう。

最澄は円密一致の立場に立ちました。『守護国界章』には、「金剛智三蔵、無畏三蔵、乃至不空三蔵、般若三蔵等所伝の一乗の正義は、皆《み》な天台の義に符す」（『伝教大師全集』・二巻・四一四頁）とあります。このように、最澄の場合はあくまでも法華を最高の教えとし、密教もこれに同ずるという立場でした。密教をも視野に入れていることは中国の天台智顗と非常に異なる点です。最澄においては、法華と密教とが一乗教として真実の教え（実教）であり直道であり、他は三乗で、顕教で、方便の教え（権教《ごんきょう》）であり、迂回《うえ》道や歴劫《りゃっこう》道であるということになります。この円密一致の立場において、天台宗の年分度者二名の修すべき行は、止《し》観業《かんごう》と遮那《しゃな》業《ごう》と定められたのでしょう。

最澄が『法華経』を密教以上に高く評価していた理由は、前出の「唯仏与仏、乃能究尽、諸法実相（唯だ仏と仏とのみ乃ち能く諸法実相を究尽したまえり）」の句に、釈尊の自内証の世界が説かれていると見たからです。「経に云く、仏の所成就は、第一希有《けう》難解の法なり。唯だ仏と仏とのみ、乃ち能く究尽す。（已上経文）是の如き等の文、果分の法を示す」（『法華秀句』）ともあるように、『法華経』は、本門に説かれる久《く》遠実成《おんじつじょう》の釈迦牟尼仏の内証の世界を説いていると見るのです。天台の立場では、歴史上、インドに現れた釈尊と久遠実成の釈迦牟尼仏とを、別の存在とは見ません。空海の密教が、大日如来の法身と釈迦牟尼仏の応身とを分けて見るなら、その点で異なっていることになります。また、空海は密教を、『法華経』を含めたすべての顕教より優れていると見る部分がありますが、最澄は密教を『法華経』と同等と見ることになります。

最澄は、このように優れた『法華経』の仏教こそが日本に広まるべきだと考えました。というのも、聖徳太子が『法華経』の精神を明らかにして二百年ほどのときが経ち、今やその教導の業が熟して、日本には法華一乗の教えを信受する人々（円機）が十分育っていると見たからです。『守護国界章』には、「当今《とうこん》の人機、皆な転変《てんぺん》して、都《すべ》て小乗の機無し。正《しょう》・像《ぞう》は稍《やや》過已《す》ぎて、末法は太《はなは》だ近きに有り。法華一乗の機、今正しく是れ其の時なり」（同・二巻・三四九頁）とあり、『依憑天台集』序にも、「我が日本の天下は、円機已《すで》に熟して、円教遂《つい》に興る」（同・三巻・三四三頁）とあります。最澄は、その『法華経』を重視した聖徳太子を師として深く敬い、その教えこそを今、人々に広めるのだと強く自覚していました。

最澄は、『法華経』がもっとも深い真理を説くだけでなく、円教としての『法華経』の力によって、これに拠《よ》る者はたやすく成仏できるのだと考えました。もちろん最澄は、天台や真言の行によって得道が可能だと考えていました。前の『守護国界章』の文に続けて、「今、四安楽行の、三の入と著と坐との行、六牙白象《ろくげびゃくぞう》の観、六根懺悔の法、般若の一行の観、般舟三昧《はんじゅざんまい》の行、方等真言の行、観音の六字の句、遮那胎蔵等、是の如《かく》きの直道の経、其の数無量有り。今現に修行する者は、得道、数うべからず」（同・二巻・三四九頁）と示し、いずれもきわめて有力な行法だと見ています。六牙白象観は、事実上、四種三昧中の半行半坐三昧です。般若一行三昧は常坐三昧、般舟三昧行は常行三昧、方等真言行も半行半坐三昧、観音六字句は非行非坐三昧です。結局、この多くは智顗の説いた四種三昧の行に相当するものであり、さらに密教の行をも同等の行として含めていることは興味深いことです。しかしそれだけでなく、『法華経』に説かれる四安楽行・弘教の三軌をそれらと同等と見ていることのほうが、より特徴的だとも言えるでしょう。

さらに『法華秀句』の終わりでは、『法華経』の「普賢菩薩勧発品《ふげんぼさつかんぼっぽん》」の教えをたいへん重視し、さらに『法華経』の力によって普賢の身を見ることができ、ひいてはかの円融三諦の大智を得ることができるとしています。このことに関わるのが、『普賢観経』の以下の説です。

阿難よ、若し比丘《びく》・比丘尼《びくに》・優婆塞《うばそく》・優婆夷《うばい》・天龍八部《てんりゅうはちぶ》・一切衆生の、大乗を誦する者・大乗を修する者・大乗の意を発する者・普賢菩薩の色身を見んと楽《ねが》う者・多宝仏塔を見んと楽う者・釈迦牟尼及び分身の諸仏を見んと楽う者・六根清浄《ろっこんしょうじょう》を得んと楽う者は、当《まさ》に是《こ》の観を学ぶべし。此の観の功徳は諸《もろもろ》の障礙《しょうげ》を除き、上妙の色を見る。三昧に入らず、但だ誦持するが故に、専心に修習して、心心相次ぎて大乗を離れず、一日より三七日に至

り て普賢を見ることを得。重障有る者は、七七日の後、然る後に見ることを得。復《ま》た重有る者は一生に見ることを得。復た重有る者は二生に見ることを得。復た重有る者は三生に見ることを得。（同・三巻・二六六頁。大正九、三八九頁下）

すなわち、普賢菩薩の観法、実際は経典の受持・読誦を行えば、三七日ないし三生には普賢菩薩の色身ないし仏身等を見ることができるとされているのです。

このことは、『法華経』の読誦等が即身成仏を可能にさせるということになります。実際、即身成仏ということについては、すでに『法華経』「提婆達多品《だいばだったぼん》」に龍女の即座の成仏の説があり、これを受けて『法華秀句』に、「能化の龍女、歴劫《りやっこう》の行無く、所化《しょけ》の衆生、歴劫の行無し。能化・所化、倶《とも》に歴劫無し。妙法の経力をもって、即身に成仏し、上品《じょうぼん》の利根は一生に成仏し、中品《ちゅうぼん》の利根は二生に成仏し、下品《げぼん》の利根は三生に成仏す。普賢菩薩を見、菩薩の正位に入り、旋陀羅尼《せんだらに》を得。是れ則ち分真の証なり」（同・三巻・二六五頁）と説かれます。ここにある上・中・下品の利根とは、いずれも円機の人を意味します。旋陀羅尼とは空観のことですが、円融の三諦の真理の覚智のことと受け取るべきでしょう。この即身成仏等は、前の『普賢観経』の文に拠るもので、しかもそこでは、「但だ誦・持するが故」にこのことが成就するとあるのでした。これらによってなのでしょう、最澄は『法華秀句』に「当《まさ》に知るべし、如来の滅後、後五百歳、法華経を受持し読誦せん者は、速やかに仏果を成じ、衆生を度脱することを」（同・三巻・二七七頁）と示しています。したがって実に逆説的ですが、この円教の教えこそが、今や末法に近い世の人々の修すべき仏道であるということにもなるのです。

ただ、気になるのは、前に「妙法の経力をもって、即身成仏」するとあっても、それは本当の成仏ではなく、六即のなかの分証即の位に入ることだとされている点です。天台の立場では十住の初発心住以上、仏以前が分証即（因仏）であり、そのように真の成仏を主張するのではないという点は留意が必要です。しかしそれにしても、唯識の説く三劫成仏の立場に比べれば、はるかに「大直道」であるでしょう。

『法華経』の受持・読誦や上述の四種三昧や密教の行法は、円機にふさわしい戒《かい》・定《じょう》・慧《え》の三学のなかの、定・慧の二学と見なされます。一方、円機にとっての戒については、具体的には『梵網経《ぼんもうきょう》』の十重《じゅうじゅう》四十八軽戒《しじゅうはちきょうかい》ということになるわけですが、その根本的な考え方として、戒体を真如仏性に求め、その自性清浄心《じしょうしょうじょうしん》の上に戒律がおのずから守られていくという独得な考え方をとっています。それが「虚空不動戒」というものです。このことについて道璿《どうせん》の『梵網経』の註釈には、次のように説かれているといいます。

修行とは、天台の師の説かく、一切の法は、不生不滅・不常不断・不一不異・不来不去、常住一相なること、猶お虚空の如く、言語道断せり、自性清浄なりと修行す。是れを修行と名づく。是《かく》の如き行人、自性清浄心中に於て、一切の戒を犯さず、是れ則ち虚空不動戒なり。又た自性清浄心中に於て、安住して動かざること、須弥山の如し、是れ則ち虚空不動定なり。又た自性清浄心中に於て、一切法に通達すること無礙自在なり、是れ即ち虚空不動慧なり。是の如き等の戒定慧を、盧遮那仏と名づく、と。

（最澄の高弟光定《こうじょう》著『伝述一心戒文』＝同・一巻・六三三頁）

すなわち、自性清浄心のうちに修する三学を「虚空不動」の三学と言っています。この思想は、本覚門の立場ということになります。最澄にとっては、この自性清浄心は、常住の仏性であり、己心本具《こしんほんぐ》の無作《むさ》の三身《さんじん》（法身《ほっしん》・報身《ほうじん》・応身《おうじん》）とも等しいということになるでしょう。こうして、最澄においては、

法華の意に約せば、而《しか》も火宅の内に於て大白牛車に乗る。家の外に於て大白牛車に乗らず。初より後に到るまで、菩薩戒を受けて而も菩薩僧と為り、自性清浄の三学を修持して、而も迂廻の道に留まらず、直に宝所に往き、仏果を得。

（同・一巻・五六六頁）

ということになるのです。

最澄の思想④——戒律

最澄がその思想においてもっとも独自性を発揮したのは、やはり戒律に関してでしょう。「天台法華宗年分学生式《がくしょうしき》」（「六条式」とも。『山家《さんげ》学生式』所収）には、前にも触れましたが、一人ずつ止観業と遮那業の両業を修学させると規定されました。止観業の者は、「年々毎日、法華・金光・仁王・守護・諸大乗等の護国の衆経を長転長講せしめ」（同・一巻・一二頁）、遮那業の者は、「歳歳毎日、遮那・孔雀・不空・仏頂の諸真言等の護国の真言を長念せしめ」（同）ることとしたのでしたが、これらの者には大乗戒のみを受けさせ、その後、十二年間、山を下りずに修行させるとしていました。このことは、東大寺の戒壇で受戒しなくても、天台法華宗の僧とすることを認めてほしいということであり、奈良仏教への挑戦でした。

その理由を最澄は、大乗仏教を日本に真に興すためとしました。すでに奈良時代以前でも大乗仏教は日本に入ってきていたわけですが、最澄は、それらは本当の大乗仏教になっていないと見ます。大乗の核心は慈悲心の実践ということにあるのに、そのことがよく発揮されていないと言うのです。もちろん、年分度者の務めにあるように、最澄は護国ということを仏教の眼目としていましたが、それはむしろ道心・慈悲心のある人材の育成によってこそ達成されるのであり、その育成は大乗仏教の道以外にないと主張するのです。ここに有名な「照于一隅、これ則ち国宝なり」の句が言われることになります。この句は、今の「六条式」の冒頭の文章に出るものですが、その原文を掲げると次の通りです。

国宝とは何物ぞ。宝とは道心《どうしん》なり。道心あるの人を名づけて国宝となす。故に古人言く、径寸十枚、これ国宝に非ず。照于一隅、これ則ち国宝なりと。古哲また云く、能く言いて行うこと能《あた》わざるは国の師なり。能く行いて言うこと能わざるは国の用《ゆう》なり。能く行い能く言うは国の宝なり。三品《さんぼん》の内、ただ言うこと能わず行うこと能わざるを国の賊となすと。乃ち道心あるの仏子を、西には菩薩と称し、東には君子と号す。悪事を己《おじ》れに向え、好事を他に与え、己れを忘れて他を利するは、慈悲の極みなり。釈教の中、出家に二類あり。一には小乗の類、二には大乗の類なり。道心あるの仏子、即ちこれこの類なり。（同・一巻・一一頁）

国宝と言えば、珍しい、あるいは高価な美術品などが考えられますが、直径一寸もあるようなまことに貴重な玉も国宝ではない、ただすばらしい人間こそが国宝なのだと言います。その人間とは、「悪事を己れに向え、好事を他に与え、己れを忘れて他を利する」ような、深い慈悲心を有した人間だと言っています。ここの悪事の悪は、好悪《こうお》の悪、つまり憎むべきこと、いやなことであって、善悪の悪ではありません。さらに「忘己利他《もうこりた》」の人間こそが国宝だとも言うのです。そういう人間は、大乗仏教の菩薩なのであり、小乗仏教では育成できない、したがって比叡山を、そうした人材を育成する大乗仏教専門の道場とすることを認めてほしい、というのです。

今、あえてこの国宝を説く有名な一句に関し、「照于一隅」としておきました。これだと、「一隅を照らす」と読むことになります。しかし、そこに「古人言く」とか、「古哲云く」とかあるのは、いずれも湛然《たんねん》著『止観輔行伝弘決《しかんぶぎょうでんぐけつ》』の説のことで、そこでは「守一隅」の者、「照千里」の者こそが国宝だとあります。しかもこの「六条式」の真筆本には、実は「照千一隅」のように書かれています。こうしたことから、もう二、三十年前か、この句は、「照千・一隅」(「照千〔里〕・〔守〕一隅」)と読むべきだとの新学説が出され、大きな論争になりました。今日の天台宗は、昔から「一隅を照らす」と読んできたのだからとして、読み方を変えていないと思います。私自身は、「照千・一隅」の意なら、なぜ「照千・守一」としなかったのか、やや疑問にも思います。

いずれにせよ、有為の人間こそが国宝であり、その人間は慈悲心・利他心を有する者のことなのであって、そうした人財こそを自分は育成するのだと表明しているわけです。

なお、比叡山の年分度者が十二年のあいだ修行したあとは、その能力に応じて持ち場を持たせるとしています。最優秀の者(国宝)は、比叡山に残して後進の育成に当たらせます。それ以外の者は、国師・国用として地方に派遣し、地域の指導に当たらせるといいます。このとき、その地方から支給された一定の費用に関しては、「即便《すなわ》ち当国の官舎に収納し、国司・郡司・相い対して検校《けんぎょう》し、まさに国裏の池を修し溝を修し、荒れたるを耕し崩れたるを理《おさ》め、橋を造り船を造り、樹を殖《う》え苧《ちょ》を殖え、麻を蒔《ま》き草を蒔き、井を穿《うが》ち水を引きて、国を利し人を利する」（同・一巻・一三頁）に用いなければいけないと規定しています。いわば正当な手当の一部をあえて返還して、その地方のインフラの整備に努めなければいけないとするのです。このとき、「道心の人、天下に相続し、君子の道、永代に断えざらん」というのです。

こうして、この「六条式」は、「右六条の式は、慈悲門に依りて有情を大《おおい》に導き、仏法世に久しく、国家永く固くして、仏種断えざらん。……」と結ばれています。

また、『天台法華宗年分度者回小向大式《えしょうこうだいしき》』（「四条式」。『山家学生式』所収）にも、

竊《ひそ》かに以《おもんみ》るに、菩薩の国宝は法華経に載せ、大乗の利他は摩訶衍《まかえん》の説なり。弥天《みてん》の七難《しちなん》は、大乗経に非ずんば、何を以てか除くことをなさん。未然《みねん》の大災は、菩薩僧に非ずんば、あに冥滅《みょうめつ》することを得んや。利他の徳、大悲の力は、諸仏の称する所、人天《にんでん》歓喜す。仁王経の百僧、必ず般若の力を仮り、請雨経《しょううきょう》の八徳もまた大乗戒を屈す。国宝・国利、菩薩に非ずして誰れぞや。仏道には菩薩と称し、俗道には君子と号す。その戒、広大にして、真俗一貫す。故に法華経に、二種の菩薩を列《つら》ぬ。文殊師利《もんじゅしり》菩薩・弥勒《みろく》菩薩等は皆な出家の菩薩、跋陀婆羅《ばつだばら》等の五百の菩薩は皆なこれ在家の菩薩なり。法華経の中に具《つぶさ》に二種の

人を列ねて、以て一類の衆となす。比丘の類に入れず、以てその大類となす。今この菩薩の類、この間に未だ顕伝せず。伏して乞う、陛下、この弘仁の年より、新たにこの大道を建て、大乗戒を伝流《でんる》して、利益したまえ。今より後、固く大鐘の腹に鏤《ちりば》めて、遠く塵劫《じんこう》の後に伝えん。

（同・一巻・一九頁）

とあります。やはり利他に生きる人間を打ち出す大乗仏教の道の実現を、言葉を尽くし、心を尽くして訴えています。

ところで、この「四条式」では、およそ仏寺には一向大乗寺と一向小乗寺と大小兼行寺とがあるとし、この最後に関して、「今、天台法華宗年分の学生、並《ならび》に回心向大の初修業の者は、一十二年、深山の四種三昧院に住せしめ、得業以後、利他の故に、小律儀を仮受《けじゅ》せば、仮に兼行寺に住することを許す」（同・一巻・一六頁）とあります。あくまでも大乗戒を受けて久しく修行した者に限って、利他のゆえに小乗戒を仮に受けてもよいというのです。

このことは、それまでの仏教の常識的な考え方をくつがえすものでした。当時、僧の得度・受戒その他を管理していた奈良の僧官ら（僧綱《そうごう》）は、最澄のこれらの主張に対して、話にならない、と一蹴します。しかし最澄は、その旧来の僧官の見解にことごとく経論等の根拠をあげて反論しました。それが『顕戒論』です。

特に今の大乗戒を受けたあとにわざわざ小乗戒を受けるということに関しては、まず、日本に戒律を伝えて下さった鑑真和上の伝記によれば、まさにはじめに大乗戒を受けてのち小乗戒を受けたではないか、それは小乗の機根の者を導くためであってどうしてそれが利他ではないだろうか、等と主張します。さらに次のようにも論じています。

声聞戒とは、声聞においては自利、菩薩においては利他なり。それ菩薩の律儀に都《すべ》て自利無し。利他を以て即ち自利となすが故なり。まさに知るべし、小果を求めざるが故に、名づけて仮受となすことを。小乗教に約すれば教に違《い》するに似たりと雖《いえど》も、菩薩の受に約すれば都て相違せず。もし強いて相違せしめば、和上の義を破せんのみ。

(同・一巻・八一頁)

さらに『法華経』に、「衆の小法を楽《ねが》いて而《しか》も大智を畏《おそ》るるを知る。この故に諸《もろもろ》の菩薩、声聞・縁覚と作《な》り、無数の方便を以て諸の衆生の類を化《け》し、自らこれ声聞なり、仏道を去ること甚だ遠しと説き、無量の衆を度脱して皆な悉く成就するを得せしむ。小欲懈怠《しょうよくけだい》なりと雖《いえど》も漸《ようや》くまさに作仏せしむべし。内に菩薩の行を秘して外にこれ声聞なると現ず。小欲にして生死を厭《いと》えども実は自ら仏土を浄む。衆に三毒あるを示して、また邪見の相を現ず。我が弟子、かくの如く方便して衆生を度す」(「五百弟子授記品」『伝教大師全集』・一巻・八一頁）とあるではないか、とも指摘します。ここから、「諸の菩薩等、還って声聞と作《な》り、方便力を以て為めに衆生を化すること」（同・一巻・八二頁）は明らかだというのです。

このように、最澄の心は、常に利他の思いに終始していました。その心ばえはどこまでも純粋で、まさに「最も澄む」というにふさわしい気がします。最澄の書を見ても、その浄らかさは、はっきりとうかがわれます。

2　空海の思想

空海の生涯と著作

平安仏教のもう一人の雄、弘法大師空海（七七四〜八三五）の生涯の歩みは、空白も多く、必ずしも詳しくは分かっていません。今は、簡略にその生涯を紹介してみましょう。

空海は、宝亀《ほうき》五年（七七四）、四国の讃岐国《さぬきのくに》多度郡《たどぐん》（現・香川県善通寺市）に生まれたと伝えられています（最近は関西地方で生まれたという説もあります）。そこには現在、善通寺（真言宗善通寺派総本山）が建立されています。のち、十五歳の頃、母方の叔父で学者であった阿刀大足《あとのおおたり》に就いて『論語』『孝経《こうきょう》』史伝などを学びました。さらに十八歳のとき、この大足に連れられて都に上り、大学の明経道《みょうぎょうどう》に入ります。明経道とは、律令制下で設置された大学寮における四道の一つで、主に『論語』や『孝経』、さらに経学《けいがく》（儒教でとくに重要とされる文献＝経書《けいしょ》＝の研究）を学んだ学科のことです。官僚のエリートコースに順調に進んだと言えるでしょう。

しかし空海は、世俗の世界における出世よりも仏道への憧れの気持ちを募らせていたようで、間もなく大学は辞め、仏道修行の世界に身を投じてしまいます。その頃、ある一人の沙門から、虚空蔵求聞持法《こくうぞうぐもんじほう》を授かったといいます。この頃は、四国の山岳地帯の霊場で修行を重ねたようです。延暦《えんりゃく》十四年（七九五）、二十二歳のとき、奈良久米寺の東塔にて『大日経』を感得したと伝えるのですが、真実かどうかよく分かりません。ただし密教の経論もすでに奈良時代には日本に入ってきており、空海は唐に渡る以前にすでに密教の世界に触れていて、さらにその深い理解を求めていたのでしょう。

延暦十六年（七九七）、二十四歳のとき、空海は『三教指帰《さんごうしいき》』を著します。これは、儒教・道教・仏教の三教のうちで仏教がもっとも優れていることを語るもので、その後の空海の生涯の思想の根幹をなすものです。

この『三教指帰』の著述のあと、延暦二十三年（八〇四）に唐に渡るまでの間、いったい何をしていたのか、まったくと言ってよいほど記録がありません。おそらくは、奈良の大寺において学問の研鑽に励んでいたのであろうと推察されているのみです。延暦二十三年、三十一歳のとき、長期間、留学して情報を日本に送るべき留学生《るがくしょう》として唐に向かいます。同じ船団の別の船に、かの最澄が乗っていたことはよく知られています。最澄は一、二年の遊学で帰国する還学生《げんがくしょう》として渡唐したのでした。

空海の乗った船は、暴風の影響により、南方福州の港にようやく辿りつきます。その地の役人は、空海とともに来た一行に国書等のないことを警戒して、容易に上陸させません。なかなからちが明かないので、空海が筆をとって書簡をしたためると、当地の役人はその文章と書の立派さに驚き、ただちに上陸を許可したとの話が残っています。空海の名文家と能筆とを讃える話です。

同年秋、中国に上陸した空海は、その都・長安をめざします。翌年（八〇五）には長安の西明寺で、インド僧の般若三蔵《はんにやさんぞう》や牟尼室利三蔵《むにしりさんぞう》に就いて、インドの仏教を直接、学びました。おそらくサンスクリットも大いに学んだことでしょう。さらに青龍寺東塔院の恵果《けいか》の名声を聞き、ただちに訪ねます。インド僧の金剛智《こんごうち》や不空金剛《ふくうこんごう》から密教のすべてを受け継いでいた恵果は、空海に出会うと、そのすべてを空海に授与しようとします。結局、その年の六月から八月までのおよそ三ヵ月ほどというきわめて短い間に、その伝授はすべて完了したのでした。この年十二月十五日、恵果は亡くなってしまいます。恵果の葬儀は翌年（八〇六）一月に行われましたが、このとき空海は多くの弟子を代表し、師の事績を讃える文章（碑文）を作成しました。

空海は、予定を変更し、この年のうちに帰国しますが、これは恵果が、早く日本に帰って密教を広めるようにと言っていたことによるものと考えられています。その年十月、筑紫

（福岡県）に着きますが、長期の留学生として唐に渡ったはずなのにわずか二年たらずで帰ってきてしまったので国もその扱いに困り、しばらくは上洛を許すわけにいかず、同地に留め置きます。結局、空海が都に入ったのは、大同《だいどう》四年（八〇九）になってからでした。その後、高雄山寺に住し、精力的に密教を広める活動をしていきます。

空海が都に入ったことを知った最澄は、空海の伝える密教をすべて学びたいと、しきりに空海に近づき、書物の借覧を行ったり、弟子を空海の許に派遣したりします。弘仁《こうにん》三年（八一二）には最澄自ら弟子とともに空海に灌頂《かんじょう》を受けています。このことは、空海に弟子の礼をとったということです。すでに都で名声を博していた最澄が、いわば新顔の空海に弟子入りしたのですから、このとき空海の名が一挙に注目されるようになったことは容易に推察されます。最澄はたびたび書物の借覧を乞い、やがて弘仁四年（八一三）、『理趣経釈《りしゅきょうしゃく》』の借用を申し入れたとき、空海は、本当に密教を学びたいなら自分のところに来て修行すべきだと断り、さらに弘仁七年（八一六）、空海の許に派遣していた弟子・泰範《たいはん》に最澄が叡山に帰るよう要請したのを空海が断って以後、ついに二人の間は疎遠になってしまいます。このとき、最澄は法華一乗と真言一乗に優劣はないと泰範に書き送ったのですが、空海は最澄に対し、顕密は同じではなく権実《ごんじつ》には隔てがあるとして、密教を優位とする説を示したのでした。

空海は嵯峨天皇の信任を受けて、ますます活躍していきます。弘仁九年（八一八）頃には高野山を開創し、弘仁十一年（八二〇）には伝燈大法師位、内供奉十禅師に任用されます。一方で弘仁十二年（八二一）、讃岐国満農池《まんのういけ》の工事を監督するなど、社会活動も精力的に行いました。のちに一般の子弟を対象にした綜芸種智《しゅげいしゅち》院《いん》を開きます（八二八年）が、これは日本で民衆のための最初の私立学校と言われています。弘仁十三年（八二二）、奈良の東大寺に灌頂道場（真言院）を建立しました。最澄は南都と激しく争いましたが、空海は奈良仏教を巧みに密教化していくのです。

弘仁十四年（八二三）、東寺を賜ります。空海はここを教王護国寺《きょうおうごこくじ》と名づけ、密教専門の道場とします。この年から、太政官符に真言宗の名が見られるようになります。承和《じょうわ》元年（八三四）には、宮中に真言院を設けて、国家のための祈禱を行うよう進言します。以後、宮中後七日御《ごしちにちみ》修法《しゅほう》としてその祈禱が行われるようになります。翌承和二年、三人の年分度者（金剛頂業《こんごうちょうごう》・胎蔵業《たいぞうごう》・声明業《しょうみょうごう》）が認められました。この年、空海は亡くなっています。もっとも真言宗では、空海は金剛定《こんごうじょう》に入定《にゅうじょう》したのであり、今も高野山の奥の院に禅定に入ったまま生きておられると信じています（大師信仰）。弘法大師の号を賜ったのは、のちの延喜《えんぎ》二十一年（九二一）のことです。

空海の著作としては、前に触れた『三教指帰』のほか、主著として『秘密曼荼羅十住心《ひみつまんだらじゅうじゅうしん》論《ろん》』があります。これは淳和《じゅんな》天皇が天長《てんちょう》年間（八二四〜八三三）、三論・法相・華厳・律・天台・真言の六宗に対し、その宗の教理について著したものを提出せよとの命を下したのに対して応えたものです。ちなみにこのとき、他に西大寺玄叡《げんえい》（？〜八四〇）『大乗三論大義《だいじょうさんろんだいぎ》鈔《しょう》』、元興寺護命《ごみょう》（七五〇〜八三四）『大乗　法相研神章《だいじょうほっそうけんしんしょう》』、東大寺普機《ふき》（生没年不詳）『華厳《けごん》一乗　開心論《いちじょうかいしんろん》』、唐招提寺豊安《ぶあん》（七六四？〜八四〇）『戒律伝来宗旨問答《かいりつでんらいしゅうしもんどう》』、延暦寺義真《ぎしん》（七八一〜八三三）『法華宗義集《ほっけしゅうぎしゅう》』が提出され、以上を「天長　勅撰《てんちょうちょくせん》の六本宗書《ろくほんしゅうしょ》」と言います。

空海は、『秘密曼荼羅十住心論』が相当大部な難解なものだったので、その内容を簡略にまとめて『秘蔵宝鑰《ひぞうほうやく》』も著しました。両者とも人間の心を十段階に分け、低い段階から高い段階へと向上する十住心の様子を描いたものですが、しかもそれぞれの段階はさまざまな学派の思想に対応しているとして、儒教・バラモン教・仏教各宗の教理を体系的に組織したかたちになっています。もちろん、密教を最高の段階においています。

他に主なものとして、顕教・密教の教判を示す『弁顕密二教論《べんけんみつにきょうろん》』があります。ここでは、密教は法身説法《ほっしんせっぽう》にほかならず、顕教の「果分不可説」（仏果の世界は説けない）の限界を超える優れた教えであることが強調されています。また『即身成仏義《そくしんじょうぶつぎ》』『声字実相義《しょうじじつそうぎ》』『吽字義《うんじぎ》』などの、密教の世界観を展開する書物もあります。以上の三作は、身密・語密・意密の世界に相当するとよく解説されます。

『即身成仏義』は、まさに密教の即身成仏の思想を説き明かすものですが、ここでは空海独自の六大縁起説《ろくだいえんぎせつ》が説かれています。六大とは、地《ち》大・水《すい》大・火《か》大・風《ふう》大・空《くう》大・識《しき》大の六つの元素のことですが、密教ではこれを独自に受け止めていきます。『声字実相義』では、声字即実相、すなわち言語世界即真実世界のありようが開示されています。『吽字義』は、サンスクリットのアルファベットの最後の文字、「吽（hūṃ）」を構成する四つの音素、訶（カ）・阿（ア）・汙（ウ）・麼（マ）についての実義等を詳しく明かすなかに、密教の世界観を描いています。さらに、『般若心経』の解説書である『般若心経秘鍵《はんにゃしんぎょうひけん》』があり、ここでは密教の立場から、『心経』の「心」を真言のことだと明かしています。

このほか、『文鏡秘府論《ぶんきょうひふろん》』『文筆眼心抄《ぶんぴつがんじんしょう》』などの漢詩論、詩文集の『遍照発揮性霊集《へんじょうほっきしょうりょうしゅう》』などがあります。なお、『請来目録《しょうらいもくろく》』は、空海が唐より日本に伝えた書物等の目録ですが、そこでは中国の皇帝が密教を高く評価したことが強調されています。

空海の思想①――『弁顕密二教論』

さて空海の密教とは、どのようなものなのでしょうか。その基本を明かしているのが、『弁顕密二教論』です。その最初には、次のようにあります。

それ仏に三身有り、教《きょう》は則ち二種なり。応化《おうけ》の開説を名づけて顕教《けんぎょう》と曰《い》う。言《ことば》顕略にして機に逗《かな》えり。法仏の談話《だんかい》これを密蔵と謂《い》う。言秘奥にして実説なり。

（『弘法大師全集』・第一輯・四七四頁）

仏身には法身《ほっしん》・報身《ほうじん》・化身《けしん》の三種があり、教えには顕教・密教の二種があるといいます。一般に、法身はいわば絶対者のような仏、報身は修行の果報としての仏で、その智慧のはたらきの方面を言うもの、化身は我々の前に姿をとって現れたもの、とされます。報身はまた受用身《じゆゆうじん》とも言い、その場合、自受用身と他受用身とに分けて言われます。応身《おうじん》の語も使われますが、それは化身の場合と他受用身の場合とがあります。仏にそのような区別があるなか、応身・化身の説法が顕教だと述べています。その言葉は意味をとりやすく、相手の能力に応じて調整されたものになっているものとされ、つまり方便の説ということになります。一方、法身仏の説法が密教だと主張されています。その言葉は奥深く、簡単には分かりえないもので、真実をそのままに説くものだというのです。

ここに、空海が示す顕教と密教の簡潔な定義があります。すなわち、地上に現れた歴史上の釈尊が説いたとされる経典は、小乗であれ大乗であれ、すべて顕教の仏教です。一方、密教は、法身仏という絶対者のような仏が、相手をおもんぱかることなく真理そのものを説いたものなのです。ふつう、法身仏は言語・分別を離れ、不可説の世界であると考えられていますが、密教ではその世界も語り得るし、むしろそれが語り出す、説法しているというのです。

『弁顕密二教論』では、この法身説法ということがあり得ることを、種々の経論を引いて証明していきますが、なかでもそこに引かれる『楞伽経《りようがきよう》』の、次の句は重要なものです。

復《ま》た次に大恵、法仏《ほうぶつ》・報仏《ほうぶつ》の説は、一切の法の自相《じそう》・同相《どうそう》の故に、虚妄《こもう》の体相に執着するを以《もっ》て、分別の心、勲習《くんじゅう》するに因《よ》るが故に、大恵、これを分別虚妄の体相と名づく。大恵、これを報仏説法の相と名づく。大恵、法仏の説法とは、心相応《しんそうおう》の体を離れたるが故に、内証《ないしょう》聖《しょう》行《ぎょう》の境界なるが故に、大恵、これを法仏説法の相と名づく。大恵、応・化仏の所作・応仏の説は、施・戒・忍・精進・禅定・智慧の故に、陰《おん》・界《かい》・入《にゅう》・解脱《げだつ》の故に、識想《しきそう》の差別の行を建立するが故に、諸《もろもろ》の外道の無色三摩抜提《むしきさんまばてい》の次第の相を説く。大恵、これを応仏の所作・応仏の説法の相と名づく。また次に大恵、法仏の説法とは攀縁《はんえん》を離れ、能観《のうかん》・所観《しょかん》を離れたるが故に、所作の相・量の相を離れたるが故に、諸の声聞・縁覚・外道の境界に非《あら》ざるが故に。（同・第一輯・四九五頁）

ここには、たしかに法身仏の説法という言葉が見えます。それは、通常の分別等を離れたもので、自内証の世界（自らの心のうちに証する世界）と言われており、いわゆる説法とは趣きが異なりますが、それにしても何か自らのうちに表現するもの、それを味わうものがあるのでしょう。ちなみに、報身仏の説法は言語によるものであり、応身・化身仏の説法は、修行等の教えであるとされています。『楞伽経』は一般に密教経典ではなく、顕教の経典と目されており、しかもそこに法身の説法があり得、それは応・化身の方便の説法とはまったく異なるということが説かれていることは、注目に値します。
『弁顕密二教論』では、このあたりがもう少し詳しく、

若《も》し『秘蔵金剛頂経』の説に拠らば、如来の変化身《へんげしん》は、地前《じぜん》の菩薩及び二乗《にじょう》・凡夫《ぼんぶ》等の為に三乗の教法《きょうぼう》を説き、他受用身《たじゅゆうしん》は、地上の菩薩の為に顕の一乗等を説きたもう、並びにこれ顕教なり。自性《じしょう》・受用仏《じゅゆうぶつ》は、自受法楽《じじゅほうらく》の故に、自眷属《じけんぞく》とともに各々三密門を説きたもう、これを密教と謂う。

（同・第一輯・四七四頁）

と示されています。法身説法と言っても、単に一つの法身が説法するというのみでなく、自受用身とともに、さらには自眷属（自分をとりまく諸尊）とともども説法する、その全体が法身説法と見るべきでしょう。

興味深いことに、空海はこの『弁顕密二教論』において、『大智度論』により、

仏に二種の身有り。一には法性身《ほっしょうしん》、二には父母生身《ぶもしょうしん》なり。この法性身は、十方虚空《じっぽうこくう》に満ちて、無量無辺なり。色像端政《しきぞうたんじょう》（正）にして相好荘厳《そうごうしょうごん》せり。無量の光明・無量の音声《おんじょう》あり、聴法《ちょうぼう》の衆も亦た虚空に満てり（此《こ》れは衆も亦たこれ法性身なり、生死の人の所見に非《あら》ざることを明かす）。常に種種の身、種種の名号を出だして、種種の生処《しょうしょ》にして種種の方便を

もって衆生を度す。常に一切を度《ど》して須臾《しゆゆ》も息《や》む時無し。かくの如きは法性身の仏なり。能《よ》く十方の衆生を度して諸《もろもろ》の罪報を受くる者は、これ生身《しょうしん》の仏なり。生身の仏は次第に説法すること、人の法の如し。　（同・第一輯・五〇三頁）

の文も引用しています。ここには、法性身（法身）に、しかも無量の身・語・意の活動（三密）があることが示されています。さらに聴法の衆もまた法性身だとあります。前に言われた自眷属の諸尊は、法身そのものでもあるというのです。

そのあたりの様子は、『弁顕密二教論』の引用によれば、たとえば『金剛頂一切瑜祇経』の次の文、

一時《あるとき》、薄伽梵《ばがぼん》金剛界遍照如来《こんごうかいへんじょうにょらい》、五智所成《ごちしょじょう》の四種法身を以《もっ》て、本有《ほんぬ》金剛界《こんごうかい》、自在《じざい》大三昧耶《だいさんまや》、自覚本初、大菩提心普賢満月、不壊金剛光明心殿《ふえこんごうこうみょうしんでん》の中に於いて、自性所成《じしょうしょじょう》の眷属《けんぞく》、金剛手等の十六大菩薩及び四摂行《ししょうぎょう》の天女使《てんにょし》・金剛内外八供養の金剛天女使とともなり。各各に本誓加持を以て自ら金剛月輪《がちりん》に住し、本三摩地の標幟《ひょうじ》を持《じ》せり。皆以て微細法身秘密心地の、十地を超過せる身語心の金剛なり。各々五智の光明峯杵《ぶしょ》に於いて、五億倶胝《ごおくくてい》の微細の金剛を出現して、虚空法界に遍満せり。……
（同・第一輯・五〇〇頁）

（左）「金剛界曼荼羅（両界曼荼羅のうち）」（奈良国立博物館所蔵）

（右）「胎蔵界曼荼羅（両界曼荼羅のうち）」（奈良国立博物館所蔵）

が明かしているでしょう。ここの段は、言葉がたいへんむずかしいですが、その様子は図版によりたいと思います。要は金剛界三十七尊の集会《しゅうえ》を語るものです。それらすべては、法身仏の自性所成の眷属なのです。

また、同じく引用される『大日経（大毘盧遮那成仏神変加持経）』の、

一時、薄伽梵、如来加持広大金剛法界宮に住したもう。一切の持金剛者《じこんごうしゃ》、皆 悉《ことごと》く集会《しゅうえ》せり。その金剛を名づけて虚空《こくう》無垢《むく》執金剛《しゅうこんごう》乃至《ないし》金剛手《こんごうしゅ》秘密主《ひみつしゅ》と曰《い》う。かくの如きを上首《じょうしゅ》として、十仏《じゅうぶつ》刹微塵数等《せつみじんじゅとう》の持金剛衆と倶《とも》なり。及び普賢菩薩・妙 吉祥《みょうきつしょう》菩薩乃至諸大菩薩、前後に囲遶《いにょう》して而《しか》も法を演説したもう。謂《い》わ所《ゆ》る、三時を越えたる如来の日《ひ》加持の故に、身・語・意平等句の法門なり。……　（同・第一輯・五〇二頁）

の文も同様です。

これらの光景はまさにあの、絵に描かれた曼荼羅世界そのものでしょう。曼荼羅とは本来、「輪円具足」(すべて欠けることなくそっくり具わっていること)ということですが、その絵図に、空海の真言宗の場合、

金剛界曼荼羅《こんごうかいまんだら》＝智法身の大日如来
胎蔵界曼荼羅《たいぞうかいまんだら》＝理法身の大日如来

の二つがあることは、よく知られていると思います。もとインドにおいては、密教の根本聖典である『金剛頂経』と『大日経』とは別々の系統であり、両者の統合的理解は中国において、善無畏や不空によって漢訳されて後のことのようですが、やがて空海によって、金胎両部の体系的な密教理解が組織されたのでした。

金剛界曼荼羅は、中央の「成身会《じょうしんえ》」を中心として九つの曼荼羅(集会)が縦・横三つずつ配置され、そこに計四百六十ほどの諸尊が並びます。その「成身会」の中央には、大日如来を中心に阿閦《あしゅく》・宝生《ほうしょう》・阿弥陀《あみだ》・不空成就《ふくうじょうじゅ》の五仏が坐し、大日如来のまわりには四名の波羅蜜菩薩、阿閦以下の四仏のまわりにも各四名、計十六名の菩薩が坐します。さらにそのまわり

にも菩薩らが配置されて、結局、「成身会」は三十七尊から成ることになります。一方、胎蔵界曼荼羅は、中央の大日如来のまわりを四仏と、弥勒などの四菩薩が取り囲む「中台八葉院《ちゅうだいはちよういん》」があり、その周囲に、金剛薩埵《さった》が坐す金剛手院、釈迦を中心とした釈迦院など、十二の院（合わせて十三院）が縦・横に配置されて、計四百名余の諸尊が並んでいます。

こうした両界の曼荼羅絵図は、凡夫には測り知れない如来内証の世界そのものを絵に表したものです。『請来目録』には、この曼荼羅について「しかのみならず、密蔵深玄にして、翰墨《かんぼく》に載せがたし。さらに図画を仮りて悟らざるに開示す」と述べています。

ともあれ、こうして空海は、密教というものの特質を「法身説法」ということにあると明かすのでした。それは、如来の覚りのなかに体証されている世界なのであり、単に一法身が言葉を語るというだけでなく、詳しくは法身が自性所成の眷属とともに常恒に三密の活動をなしている世界そのものと言うべきかと思います。その世界こそが、密教の「密」（秘密）の内容なのです。というのも、空海は『弁顕密二教論』の最後に二種類の秘密、「衆生秘密」と「如来秘密」があると述べています。「衆生秘密」とは、衆生は無明・煩悩のために、本来、自己に存在している仏の曼荼羅世界（内証の世界）を知り得ないでいることです。「如来秘密」とは、相手に応じた方便の説においては、如来は自己の内証の世界をあえて秘して説かないことです。ですから結局、秘密の内容は、如来の内証の世界そのものということになるわけです。

以上、『弁顕密二教論』は、空海の顕教・密教の教判論の基本を示しています。それは、横《おう》の教判と呼ばれ、これに対し竪《しゅ(じゅ)》の教判として知られているのが、空海の主著である『秘密曼荼羅十住心論』および、その内容を簡略にまとめた『秘蔵宝鑰』の思想です。

空海の思想②——『秘密曼荼羅十住心論』における教判

空海には多くの著書がありますが、『秘密曼荼羅十住心論』こそ空海の主著と言うべきもので、ここでは、人間の心のありようを十に分けて説明し、同時にそれぞれの心（人間）のあり方に対応する学派・宗派の思想を配置させて、種々の思想的立場をも組織体系化しています。それは、一種の仏教概論のようにもなっており、あらためて仏教全体の思想についで学ぶことができるでしょう。そこで、その内容について、簡単に一覧しておきたいと思います。

まず、十住心の名称とそれらに対応する思想的立場とは、次のとおりです。

第一　異生羝羊心《いしようていようしん》（凡夫）
第二　愚童持斎心《ぐどうじさいしん》（儒教）
第三　嬰童無畏心《ようどうむいしん》（婆羅門教《ばらもんきょう》）
第四　唯蘊無我心《ゆいうんむがしん》（声聞）

第五　抜業因種心《ばつごういんじゅしん》（縁覚）
第六　他縁大乗心《たえんだいじょうしん》（法相宗）
第七　覚心不生心《かくしんふしょうしん》（三論宗）
第八　一道無為心《いちどうむいしん》（天台宗）
第九　極無自性心《ごくむじしょうしん》（華厳宗）
第十　秘密荘厳心《ひみつしょうごんしん》（真言宗）

第一の異生羝羊心は、ただ食事やセックスのことしか考えていないあり方です。人間であるにもかかわらず、もっぱら本能のままに生きるのみで、動物とも変わらない状態と言えるでしょう。なお異生とは、凡夫のこと、羝羊とは雄羊《おひつじ》のことです。

次に、第二の愚童持斎心とは、日頃の自己の生き方を反省し、社会のために役立つ人間になりたいと思い立つようなあり方です。仏教では、在家の者でも月に何回かお寺にお参りして、心静かにそれまでの間の自己の行為について反省するという行事がありました。それを「布薩《ふさつ》日」（ウポーサタ）と言います。その日は特に正午以後は食事をとらないなどの八斎戒を守りますが、「持斎」とはそのことを意味しています。こうして、人間らしい心が起きてくるのも、お坊さん（教師）に出会ったり、本を読んだりという縁があってこそなのですが、それももとより、自己にそうした心（因）を有していたからにほかならないでしょう。

しかしこのあり方は、まだまだ愚かな少年に譬《たと》えられるほどでしかありません。

第三の嬰童無畏心とは、人生はこの世だけではなく来世もあり、次の世にどこに生まれるかはこの世で善を多くなしたか悪を多くなしたかで決まる、と聞いて、ひたすら善根を積んで首尾よく心地よい天上に生まれ、安らいでいるあり方を言うものです。そのことを、赤ちゃんや牛の子が、お母さんに寄り添ってすっかり安心しているさまで描いています。しかしこの安穏の日々も、積んだ善業の効き目がなくなってしまったら、ただちに失われる可能性大です。つまり、また地獄・餓鬼等に堕ちるとも限らないのです。したがって、生死輪廻の苦しみから完全に解脱できたわけではありません。そこでこの安らぎも、結局はしばらくの間にすぎないと指摘されています。

この第三住心の立場は、自己は自明の存在として、その自己がいかに幸福になるかを求めるものです。しかし宗教の立場は、こうした立場とは根本的に異なっています。宗教の問題は、そもそも自己とは何かが問題となるのであり、この問題を解決してこそ、人間としての根源的な問題の解決が得られ、根本的に苦しみが解決されることになります。そこで、さらに先に進んで行かなければなりません。以後、仏教の世界となっていきます。

第四の唯蘊無我心は、小乗仏教の声聞のあり方であり、基本は五蘊無我《ごうんむが》を理解して我執を離れ、生死輪廻から解脱して涅槃を実現しようとする立場です。五蘊無我とは、個体の身心を構成する諸要素（色・受・想・行・識）はあるが、常・一・主・宰の我《が》はないということですが、その諸要素はさらに詳しく分析されるようになり、説一切有部によれば「五位七十《ごいしちじゅう》五法《ごほう》」として提示されました。この「我空法有《がくうほうう》」の立場は、小乗仏教の代表的な立場と見なされます。

第五の抜業因種心は、同じく小乗仏教の縁覚（独覚《どっかく》とも言う）のあり方で、十二縁起《じゅうにえんぎ》の教え（無明《むみょう》↓行《ぎょう》↓識《しき》↓名色《みょうしき》↓六処《ろくしょ》↓触《そく》↓受《じゅ》↓愛《あい》↓取《しゅ》↓有《う》↓生《しょう》↓老死《ろうし》）を学んで、生死輪廻の苦しみの根本原因となる無明を退治すべく修行して、涅槃を実現していきます。ですから、「業の因となる種を抜く心」ということになります。ただし、声聞も同じことですが、縁覚は利他の活動をせず、ただ自己の苦しみが滅した涅槃に入って満足してしまいます。

こうした自己満足のみのあり方を批判して、これを乗り越えようとしたのが大乗仏教でした。次の住心からは大乗仏教になりますが、第六の他縁大乗心の名はまさにそのことを表しています。ここからは、どんな人をも差別なく愛する心（大悲）が起きてくるのです。この第六住心は、インドの無著・世親以来の唯識（法相宗）の立場であり、自己や世界の現象を現し出す識（八識およびそれらに伴われる心所有法）はあるが、常住の本体である我も法も存在しないと了解し、我執・法執を断じていく修行をして、最終的には仏（自利・利他円満の存在）となります。ただしその修行には、長遠《ちょうおん》の時間（三大阿僧祇劫《さんだいあそうぎこう》）がかかるとされているのでした。法相宗は、「三乗真実・一乗方便」を主張し、成仏できない者もいる（五姓《ごしょう》各別《かくべつ》）と説くこともあって、大乗仏教として低い位置づけとなっています。

第七の覚心不生心とは、三論宗に相当し、インドの龍樹以来の思想に拠るあり方です。龍樹は『中論』に八不《はっぷ》（不生不滅《ふしょうふめつ》・不常不断《ふじょうふだん》・不一不異《ふいつふい》・不来不出《ふらいふしゅつ》）の戯論寂滅《けろんじゃくめつ》の世界を究極の真理の世界（勝義諦《しょうぎたい》）として示しましたが、その言語・分別を一切、否定した世界に入るのであり、前のただ識のみあるという識さえも否定しつくされます。そこでこの住心の名は、「心の不生を覚す心」ということになります。

第八の一道無為心とは、その絶対否定のただなかがそのまま絶対肯定の世界であることを意味するものです。前の絶対否定の世界は、決して虚無の世界なのではなく、平等一味にして本来清浄なる根源的な真如・法性の世界にほかならないことを明かすのです。一道無為とは、その世界のことを表すものです。この住心は、天台宗にあてられています。本来、天台宗の思想は、「一色一香《いっしきいっこう》、無非中道《むひちゅうどう》」や「一念三千《いちねんさんぜん》」といった思想にその真価があるでしょうが、空海は天台宗をその肯定的な真如の称揚に配当したのでした。

しかしこうした、ただ本性のみの世界が真に究極なのではありません。華厳宗によれば真如不守自性（真如は自性を守らない）とも言われるように、いわば絶対の世界も無自性であるがゆえに、現象界に展開していくことになります。そこにこそ究極の世界を見るのが、第九の極無自性心です。絶対否定（第七）を経て絶対肯定に一転し（第八）、さらにそこにもとどまらず現象世界によみがえる（第九）というわけです。その現象世界は一入一切・一切入一、一即一切・一切即一の、重重無尽の縁起をなす事事無礙《じじむげ》法界《ほっかい》とも言うべき世界です。

こうして、最後に密教の秘密荘厳心がおかれています。華厳宗は因分可説・果分不可説といって、海印三昧《かいいんざんまい》にある毘盧舎那仏の内証の世界は説けないとしますが、この密教ではその世界も説けるとし、さらに法身説法ということを主張します。その様子は、前に見た『弁顕密二教論』に描かれていたとおりで、図示すればあの金剛界・胎蔵界の曼荼羅のような世界となります。また、その世界を現世のこの身において体証し得る優れた行法があるとして、月輪《がちりん》観・阿字《あじ》観《かん》・三密行・五相成身観《ごそうじょうしんかん》などが紹介されます。ただしこれらの行法の詳細は、実際に信頼しうる師に就いて学ばなければわからないものです。

以上、空海の十住心の思想をごく簡単に概観しました。これらを聞けば、当然、十住心は第一から第十まで低い段階から高い段階へ、浅い段階から深い段階へと組織されていると思うでしょう。たしかにそうした面は否定し得ないと思います。元来、秘密ということは、いずれの段階であれ、低い段階にとって高い段階にあるものに言われる（外道にとって小乗仏教、小乗仏教にとっての大乗仏教、菩薩乗にとっての一仏乗等）とも空海は説くのですが、密教という呼び方は、顕教全体に対してさらに高い立場にあるとの主張がこめられたものでしょう。

しかし空海は、これらの十住心はすべて密教の行者の心に現れてくる諸相であるとしたり、さらにはそれぞれの立場で絶対であると見たりもします。そうした「深秘釈《じんぴしゃく》」とも言うべき解釈があり、この場合の立場は、「九顕十密」と言われます。一方、前の、ただ密教は顕教よりも優れているとのみ見る立場は、「九顕一密」の立場ということになります。ともあれ、空海の思想には、このようにスケールの大きな比較思想的体系があったのであり、空海は日本を代表する偉大な哲学者と言うことができると思います。

空海の思想③――『即身成仏頌』

空海は自己の心を尋ねていくと、究極的に、諸仏諸尊等の集合体としての曼荼羅世界になると説いていました。それが、大日如来の内証の世界でもあることになります。要は、我々が密教の修行を完成すると、それぞれ自ら大日如来となり、そのような曼荼羅世界の全体こそが自己であることを自覚するということでしょう。

この曼荼羅世界をもう少し詳しく明かしているものに、『秘密曼荼羅十住心論』の第十秘密荘厳心の冒頭にある文章や、『即身成仏義』に収められている「即身成仏頌」などがあります。

「即身成仏頌」の前半は、次のようなものです。

六大無礙《ろくだいむげ》にして常に瑜伽《ゆが》なり（体）
四種曼荼各々離れず（相）
三密加持すれば速疾に顕わる（用）

重重帝網《たいもう》なるを即身と名づく（無礙）　（同・第一輯・五〇七頁）

六大とは、地大《ちだい》・水大《すいだい》・火大《かだい》・風大《ふうだい》・空大《くうだい》・識大《しきだい》の物質的・精神的諸要素のことで、瑜伽とは常に結びついているという意味です。しかし空海におけるこの六大は、決してそうした諸要素のことだけではなく、むしろたとえば、地大＝諸法本不生《しょほうほんぷしょう》、水大＝離言説《りごんせつ》、火大＝清浄無垢塵《しょうじょうむくじん》、風大＝因業不可得《いんごうふかとく》、空大＝等虚空《とうこくう》、識大＝我覚《がかく》（以上、『大日経』による）、ということこそを意味するのです。これらは、大日如来（諸仏諸尊等の一切そのものでもある）の本性（体）の特質を意味しているものです。

四種曼荼（羅）とは、大曼荼羅・三昧耶《さんまや》曼荼羅・法曼荼羅・羯摩《かつま》曼荼羅のことで、この場合の曼荼羅とは輪円具足、つまり全部そろって存在していることです。全集合と言ってもよいでしょう。大曼荼羅は、あらゆる形・姿等の集合です。三昧耶曼荼羅は、想い（本誓）を象徴する物（薬瓶《やくびょう》・刀《とう》・金剛杵《こんごうしょ》等）の一切です。法曼荼羅とは、あらゆる言語の集合です。ですから、以上はいわゆる身・語・意の三方面のすべてのことです。さらにそれらの活動そのことに着目したのが羯摩曼荼羅です。とすれば結局、この四種曼荼羅とは、大日如来（同前）の身・語・意の活動のすべて、いわゆる三密のすべてを表していることになるでしょう。

その如来の三密に対し、我々が身に印《いん》を結び・口に真言を唱え・心に三摩地《さんまじ》（＝三昧）に住するとき、速やかに大日如来の三密と一つになり、その自覚がもたらされるといいます。この三密による加持について、『即身成仏義』は次のように解説しています。

加持とは、如来の大悲と衆生の信心とを表す。仏日《ぶつにち》の影（光）、衆生の心水《しんすい》に現ずるを加といい、行者の心水、能《よ》く仏日を感ずるを持《じ》と名づく。行者、若《も》し能く此《こ》の理趣を観念すれば、三密相応するが故に、現身に速疾に本有《ほんぬ》の三身《さんじん》を顕現し証得す。故に「速疾に顕わる」と名づく。（同・第一輯・五一六頁）

加とは仏の大悲が衆生に働くこと、持とは衆生がその働きを受け止めることなのであり、前の三密加持の行を行ずると、仏の大悲の働きのなかでこの身にもともと衆生が有していた仏の三身（法身・報身・化身）が具現し、即身成仏するといいます。

こうして、自己即仏を自覚すると、その自己とは、因陀羅網《いんだらもう》（本書七一頁参照）（帝釈天の宮殿にかかる飾りの網）の譬喩によって表されるような、あらゆる他者との重重無尽の関係のすべてであることが自覚されるというのです。

『即身成仏義』は、このような成仏が、密教の世界ではこの一生の間に成就することを、二経（『金剛頂経』『大日経』）一論（『菩提心論』）の八つの教証によって主張しますが、その一つは、『菩提心論』の次の句です。

若《も》し人仏慧《ぶつて》を求めて、
菩提心に通達すれば、
父母所生《ぶもしよしよう》の身《しん》に、
速《すみや》かに大覚《だいがく》の位を証す。

（同・第一輯・五〇七頁）

このことが実現するのは、人はすでに本来、仏であるからと同時に、密教の修行方法がそれまでの行にくらべて格段に勝れているからだというのが、密教の主張です。その行としては、前にも少し触れましたが、月輪観、阿字観、三密行、五相成身観等があります。いずれも、正師について実習する以外、詳しいことは知られない世界です。

ただ、『秘蔵宝鑰』には、阿字観に関して『菩提心論』の次の詩が引用されています。

八葉《はちよう》の白蓮《びやくれん》、一肘《いつちゆう》の間に、
阿字素光の色《しき》を炳現《へいげん》す。
禅智《ぜんち》倶《とも》に金剛縛《こんごうばく》に入れて、
如来の寂静智《じやくじようち》を召入す。

（同・第一輯・四六九頁）

一肘とは、一尺八寸の長さだといいます。そのくらいの大きさの月輪のなかに梵字の「𑖀」（阿＝ア）を描き、観察を深めると、素光つまり白光が明らかに現れるというのです。次の禅智とは左右の親指のことで、金剛縛という印を結んで、この行を行じるべきだというのです。

また、「五相成身観」（『金剛頂経』に出る）については、高井観海『秘蔵宝鑰講義』（名著出版刊、一九七六年）に若干の解説がありますので、参考までにそれを紹介しておきましょう。

＊通達菩提心＝我らが本来具有している浄菩提心の実理を、はっきりと見出す第一の観法をいう。しかし我らの浄菩提心の月は無明《むみょう》煩悩の雲に蔽《おお》われて、未だその円光を顕しえないから、ここでは自心はあたかも軽霧の中の月輪の如しと観想するのである。

＊修菩提心＝第一の通達菩提心観をさらに深く実修して、無明煩悩の迷霧を払い、ついに本有浄菩提心の実相を修証せんとする観である。故にこの位では自心は清浄にして満月の如しと観念修行するのである。第一の通達菩提心は本有性徳の菩提心を顕得するにあるのに対し、第二修菩提心観は修生修徳の菩提心を修証する所にその観点がある。

＊成金剛心＝すでに菩提心の実相に徹照した行者が、その菩提心観をさらに堅固ならしめ、実動せしめんがために、象徴的にその本尊の三摩耶形を観ずるをいう。観修の方法

として浄月輪の上に蓮華あるいは金剛杵あるいは刀剣等その部属にしたがって種々の三摩耶形を観ずるのである。これに広金剛観と斂《れん》金剛観とがある。前者は自己の菩提心を広大して法界に遍ぜしむる観である。後者は法界を巻いて自心の中に帰入せしむる観である。

＊証金剛身＝第三成金剛心観が心の上の覚知であるに対して、この証金剛身は身の上の体証を観修するにある。本尊の三摩耶形と自身との不二を観じて、具体的に行者の金剛身を証するのである。

＊仏心円満＝自証成道の究極にしてまさしく仏身の成就された境地である。前の証金剛身の三摩耶形変じて本尊の身となると観想す。本有浄菩提心を開顕し、これを修証《しゅしょう》し、これを実証し、普賢の身心を具現して、ついに金剛堅固身を体証して、ここに相好具足の本尊身を具現するに至ったのである。

以上、「五相成身観」の一端をうかがいました。いずれにせよ、密教の行法は独特のものであり、その行法に拠れば即身成仏できるというのです。

ところで、こうした空海の密教を、なぜ真言宗というのでしょうか。もちろん密教が真言（マントラ）と密接な関係を有しているからにほかならないでしょうが、同時に独特の言語観を展開することも大いに関わっていると思われます。まず、『秘密曼荼羅十住心論』第九極無自性心には、『守護国界主陀羅尼経』の一節を引きつつ、「今此等《これら》の文によるに、𑖌𑖼《オン》字はこれ法身なり。法身は則《すなわ》ち真如なり。真如法身はことごとく皆な唵《おん》字の一声より出づ。何《いか》に況や諸余の法門をや。まさに知るべし、真言は一切法の母なり、一切法の帰趣なり」（同・第一輯・三九三頁）と説いています。

また、『声字実相義』は、興味深い言語哲学を展開しています。声とは音のことであり、字とはそれに基づく母音・子音のこと、つまり音素のことです。その音素はさらに語や句・文章になっていくわけですが、単独の音素であれ、語であれ、文章であれ、すべて多彩・無限の意味を有しているといいます。しかもこのことは、音（聴覚の対象）の世界のみにとどまらず、色・声・香・味・触・法（五感・意識の対象）のどの存在においても同じことで、今の六境のどの領域にも字（音素）の意義があり、さらには言語の意義があって、しかもそれらの一つ一つが無限の意味を持っているというのです。ここを、

五大にみな響《ひびき》あり、
十界に言語《ごんご》を具す、
六塵ことごとく文字なり、
法身はこれ実相なり。　（同・第一輯・五二四頁）

と謳《うた》っています。題名の「声字実相」の深い意味は、「声字」即「実相」であるとも明かされていますが、このことはまた、「実相」即「声字」、すなわち事物の一つ一つは仏のいのちの象徴的存在であるということでもあるでしょう。

このほか、阿に対する吽《ウン》の字を、訶《カ》・阿《ア》・汙《ウ》・麼《マ》に分解してそのおのおのの深義を明かしていく『吽字義《うんじぎ》』という作品もあります。このような解説法は古代インドのウパニシャッド以来の伝統を引き継ぐものですが、しかも空海はここできわめて深い解釈を展開していきます。ともあれ、密教がいかに独自の言語哲学を有しているかが、空海の著作には如実にうかがわれます。

3　平安後期の仏教思想

天台宗の動向

平安時代の仏教は、最澄の天台宗と空海の真言宗が双璧でしたが、この二人の開祖はいずれも平安時代初頭に活躍した僧です。しかし平安時代はおよそ四百年近く続いたのであり、最澄や空海のあとすぐに鎌倉時代が来たわけではありません。この間、両宗ともにそれぞれの展開がありました。天台宗では、密教化が進む一方、天台本覚《ほんがく》思想と言われる法門が発達していきます。真言宗では、その後、覚鑁《かくばん》が出てやや新たな説を唱え、やがて高野山と袂を分かって根来《ねごろ》（和歌山県岩出市）に拠点を築きます。両宗のその間の事情等を、ここでごく簡単に見ておきたいと思います。

天台宗では、最澄のあと、円仁《えんにん》・円珍《えんちん》・五大院安然《ごだいいんあんねん》、良源《りょうげん》、源信《げんしん》らが出て法灯を担っています。特に円仁（慈覚《じかく》大師。七九四〜八六四）・円珍（智証《ちしょう》大師。八一四〜八九一）は入唐して密教を比叡山に将来し、のちの台密《たいみつ》と呼ばれる密教の基盤を形成します。法華と密教の関係について、最澄は「円密一致《えんみついっち》」の立場でしたが、円仁は、両者の立場は同じでも、法華には三密の修行は説かれていないのでその点は異なるという、「理同事別」の立場に立ちました。なお、円仁は、比叡山に常行三昧堂《じょうぎょうざんまいどう》を建立し、そこを中国五台山で学んだ五会《ごえ》念仏の儀礼を取り入れた念仏道場としました。五会念仏とは、独自の節回しで念仏する、一種の音楽法要のような形になるもので、それは僧侶や貴族に極楽往生を願う心を喚起していき、のちの念仏の隆盛につながっていきました。一方、のちの五大院安然（八四一〜？）は円仁の弟子でしたが、さらに密教への傾倒を深め、ついには密教のほうが理論的にも実践的にも勝れているという立場に立ったほどでした。ただしその傾向はすでに円珍にもあったものです。安然は、蔵・通・別・円・密の五教判を立てたほどで、以後の比叡山は教理のうえでも密教化していったのです。安然の代表的な著作に、『真言宗教時義』『菩提心義抄』などがあります。

その後、実は比叡山は教学的に必ずしもふるわず、また二度の大火（九三五年と九六六年）に見舞われるなどして、むしろ荒廃・衰退していくのですが、これを再興し、さらに発展させたのが、良源（慈恵大師または元三大師《がんざん》。九一二～九八五）です。良源は、学問を興隆し、諸堂を再建し、横川《よかわ》には法華三昧堂を建て、恵心院を開いてその地での修学を再興し、多くの弟子を育成して、のちの比叡山の活動の基盤を築きました。源信（恵心僧都《えしんそうず》。九四二～一〇一七）は、この良源の弟子であり、恵心院に住し、大小顕密を研究しつくした学匠です。周知のように、源信は法然の専修念仏《せんじゅ》に大きな影響を与えました。源信については、のちに取り上げてみたいと思います。一方、同じく良源の弟子に覚運《かくうん》（九五三～一〇〇七）がいて、檀那院を開いています。源信の教学と多少異なる部分があり、のちの天台教学は、この恵心流と檀那流に分かれ、さらに細分化されていきますが、この流れのなかにいわゆる天台本覚思想（天台本覚法門）が発達していくのです。

天台本覚思想とは、天台の立場から、現実がそのまま真実・絶対であることを語るもので、そこに深い哲学的な思索もあるものです。もちろん、そのくずれた解釈には問題があると思いますが、空《くう》・仮《け》・中《ちゅう》の三諦《さんたい》の思想と『法華経』の本門の立場とをさらに展開したとき、そのような思想となっていくことも、理の当然という面があることを見据えておく必要もあるでしょう。

この天台本覚思想が本格的になるのは、一一〇〇年ごろからのようです。それらは当初、口伝や切紙《きりがみ》で相承され、のちに書物にまとめられていきました。重要な書物として、『修善寺決』（伝最澄）、『真如観』（伝源信）、『三十四箇事書《さんじゆうしかのことがき》』（『枕双紙《まくらのそうし》』伝源信）、『漢光類聚』（伝忠尋）などがありますが、ほとんどすべては後世の作が有名な祖師方に仮託されたものです。『漢光類聚』などは、忠尋（一〇六五〜一一三八）作と伝えられていますが、実際の成立は一二五〇年以後まもなくくらいのようです。

先にも述べたように、この思想は、現実の一つ一つの事象がそのままで絶対であり、仏そのものでもある、と説くものです。そこを表す言葉に、事実相（事即実相）・事常住（事即常住）などがあります。『三十四箇事書』「生死即涅槃の事」には、

世間相常住と云うは、堅固不動なるを常住と云うには非《あら》ず。世間とは、非常の義なり、差別の義なり。無常は無常ながら常住を失せず、差別は差別ながら、常住を失せざるなり。もしこれを意得《こころえ》ざれば、僻見《びやつけん》に堕せん。譬えば、波は動ずといえども、動じながら三世常住にして、動の始めもなく、動の終りもなく、無始無終なるが如くなり。本より十界所具《じつかいしよぐ》の法なるが故に、此死生彼すといえども、十界を離れず。十界は法界なり。一界、実ならば、余界、偽なりと云うべからず。故に諸仏の境界、何《いず》れの界にも住したもう。何れの界に住するも不二凝然に住す……もししからずんば、仮諦常住の法門、立《りつ》せず。仮諦常住とは、十界不同にして、此死生彼しながら、しかも此れ常住なる意なり。よくよく、これを思量すべし。

（『恵心僧都全集』・三巻・四九六頁）

とあります。事常住とは、現に生滅する事物がしかも仏と一つであることを言うもののようです。こうした考え方を、のちには「咲く咲く常住、散る散る常住」と言ったのでした。

この天台本覚思想に発する一つの有名な言葉に、「草木国土《そうもくこくど》悉皆成仏《しっかいじょうぶつ》」の句があります。この句は、すでに五大院安然の著作『斟定《しんじょう》草木成仏私記《そうもくじょうぶつしき》』に出るといいます（末木文美士『草木成仏の思想　安然と日本人の自然観』、株式会社サンガ、二〇一五年）。そこにすでに、「中陰経云、一仏成道、観見法界、草木国土、悉皆成仏、身（長）丈六、光明遍照、悉能説法、其仏皆名、妙覚如来」と出ています。『中陰経』の句とされていますが、実際には同経にこの句は存在しません。ただ、妙覚如来の名前は出てきます。末木先生は、この句は安然が『中陰経』の文句を巧みに言い換えたものだろうと推察されています（同書）。したがって、これは日本で造られたのであり、ゆえにその思想は日本的な思想と考えられるわけです。

この思想の淵源は、天台智顗の『摩訶止観』に出る、「一色一香、無非中道」（一色一香、中道に非ざる無し）です。それが、非情にも仏性があるという思想として受け止められていくのです。のちの荊渓湛然《けいけいたんねん》は、『止観輔行伝弘決』において、非情にも仏性があるということを強調しました。ここから、日本では草木国土の成仏いかんが、盛んに議論されるようになったのです。この「草木国土悉皆成仏」の思想の背景にある哲学・論理について、たとえば『漢光類聚』には、「……草木成仏に七重の不同有り。①諸仏の観見、②法性の理を具す、③依正不二、④当体の自性、⑤本より三身を具す、⑥法性の不思議、⑦中道を具す。中道とは、一念三千、七種の理由から、草木も亦た闕《か》かざるが故に云う」(『大正蔵経』・七四巻・二三七一頁上段)とあり、草木成仏ということが言えると示しています。そのなか、たとえば第四の「当体の自性」には、「四、自性の草木成仏とは、法法塵塵、自体当体仏なり。仏とは覚の義なるが故に。三千の諸法、当体常住、無染不動なり。清浄なる処を仏と名づく。草木成仏と云うは、別に三十二相等を具すべからず。草木の根茎枝葉の当体、己己本分、是れ成仏の義なり」(『大正蔵経』・七四巻・二三七一頁中段)とあり、根茎枝葉の当体がただちに仏にほかならないところを「草木成仏」と言うのだと示されています。ここだけでなく、②法性の理を具す、⑤本より三身を具す、⑥法性の不思議、⑦中道を具す、など、いずれもそれ自身が仏であることを、さまざまな角度から述べているものでしょう。ですから「草木国土悉皆成仏」の句には、草木等も成仏できるということよりも、「草木国土は、悉皆、成仏している」という意味を主にとるべきです。

参考までに、『三十四箇事書』「草木成仏の事」は、次のように説いています。

草木は依報《えほう》、衆生は正報《しょうほう》なり。依報は依報ながら、十界の徳を施し、正報は正報ながら、依報の徳を施すなり。もし草木成仏せば、依報滅ず。三千世界の器世間に減少あらんや。

故に、草木成仏とは巧に似て、還って浅に似たり。……その体を捨てずして、しかも己心所具の法を施設するが故に、徳を法界に施すなり。もし当体を改むれば、只だ仏界の一界なり、常住の十界まったく無き故に。草木も常住なり、衆生も常住なり、五陰も常住なり。よくよく、これを思うべし。

（『恵心僧都全集』・三巻・四八一頁）

この考え方によれば、草木等（衆生・国土・五蘊《ごうん》の三世間）はすでにそのままで常住（仏）なのであり、その意味ではむしろ草木不成仏（もはや仏なのであらためて仏に成らない）だとさえ言うべきでしょう。

天台本覚思想の整理された教理としては、「三重七箇法門」や「四重興廃」などがあります。「三重七箇法門」の七箇とは、広伝四箇と略伝三箇のことで、広伝四箇は、一心三観・一念三千・止観大旨・法華深義のこと、略伝三箇は法華深義を開いての蓮華因果・円教三身・常寂光土のことです。そして一心三観・一念三千・止観大旨については、教・行・証の三重を見ています。また「四重興廃」は、爾前・迹門・本門・観心の四段階で重層的に権実《ごんじつ》を見ていくもので、最勝なのは、本門の教理（言葉）すら超えて、今の自己の一念上に根本法華の内証の真実を見出していく観心の立場だとするものです。この四重興廃の説により、天台本覚思想の特質は、畢竟《ひっきょう》、観心においてもとよりあらゆる二元対立を離れた主客未分の内証に徹し、平等の大慧に住するところ（天真独朗の止観）にあることが知られます。

天台宗の比叡山では円珍が座主《ざす》になって以降、その系統の者が座主を独占したのですが、円仁系統の尊意が第十三代座主になって以降は、良源・尋禅に至るまで、その系統の者が座主になりました。尋禅が五年で座主を退いたあと、余慶《よけい》（九一九〜九九一）が座主となったのですが、余慶は円珍系の者であり、ここに円仁系の者らとの抗争が起こり、結局、円珍の系統の者らは山を下りて三井の園城寺《おんじょうじ》に入ったのです。およそ九九〇年頃のことでした。

真言宗の動向と覚鑁の思想

空海には、実恵《じち（じつえ）》・真済・真然・真雅《しんが》ら多くの弟子がいましたが、なかでも実恵（七八五〜八四七）と真雅（八〇一〜八七九）の系統が後世に伝わっていきます。実恵は東寺に、真雅の弟子・真然は高野山に拠りました。実恵に学んだ源仁《げんにん》（八一八〜八八七）の弟子に、益《やく》信《しん》（八二七〜九〇六）と聖宝《しょうぼう》（八三二〜九〇九）とが出ます。益信は東寺の興隆に努め、法をのちに仁和寺に入る宇多天皇に伝え、さらには寛朝へと伝わります。この系統を広沢流と言います。聖宝はもと真雅・真然に学んだ者ですが、源仁にも奥義を受けています。東大寺に東南院を開き、三論・密教の兼学の道場とし、さらに醍醐寺を開創、当山派の修験道の本山ともしました。聖宝の弟子の観賢《かんげん》（八五三〜九二五）は、東寺を中心に一宗をまとめた実力者で、弘法大師の大師号を得た（九二一年）のも観賢の申請によるものです。また、空海の「入定留身」説も観賢の時から起こりました。この聖宝の系統に小野流と呼ばれる法流が展開します。両系統ともその後、六系統に分かれたので、「野沢《やたく》十二流」と言われます。こうした門流の分化は、教義上の違いというより、作法・儀式上のことが多く、口授や秘伝の相承のなかで広がったものでした。

こうしたなか、広沢流の流れに、覚鑁《かくばん》（一〇九五〜一一四三）が出て、高野山の再興をめざします。覚鑁は仁和寺の寛助《かんじょ》の弟子で、南都の仏教も広く学び、のち真言行法に励みました。二十歳のとき、ひとり高野山に登り、高野山別所聖の一人、往生院の青蓮に知遇を得、さらに真言念仏により往生した明寂に求聞持《ぐもんじ》の秘法を受け、これをたびたび修しました。明寂さらには中別所の聖・西谷の長智の感化によるのか、二十七歳のとき、「臨終の尅《とき》、……成仏を果たすこと無くば、また正念を得て定んで倒想を離れ、たちまちに大日の来迎に預かり、速やかに遍照の引接《いんじょう》を感ぜん」（『述懐詞』＝『興教大師著作全集』・六巻・一一三頁）という一願を加えています。この年、いったん高野山を下り、寛助より伝法灌頂《でんぼうかんじょう》を受けます。一方で小野流も相承し、覚鑁独自の法流（伝法院流《でんぼういんりゅう》）の祖となります。

空海以来の正統密教の復興を志していた覚鑁は、大治《だいじ》五年（一一三〇）、高野山に大伝法堂を建立、空海が創始した教学研究のための伝法会《え》の復興を果たしました。鳥羽上皇の支援を受けて、長承元年（一一三二）、大伝法院を建立、ついには同院の座主、高野山金剛峯寺座主にもなります。しかし、それまで高野山を支配していた東寺や従前の高野山勢力はこの動きに反発し、覚鑁の排斥に向かい、結局、保延《ほうえん》六年（一一四〇）、覚鑁は根来に移ることになります。覚鑁は根来でも学徒の育成に努めましたが、康治《こうじ》二年（一一四三）、四十九歳で生涯を閉じています。主な著作に、『真言宗即身成仏義章』『心月輪秘釈』『五輪九字明秘密釈』『一期《いちご》大要秘密集』などがあり、そのほか小品が数多くあります。なお、伝法会における論議の記録である『打聞集《うちぎきしゅう》』というものがあり、ここにも覚鑁の思想がうかがわれます。

覚鑁以後、頼瑜《らいゆ》（一二二六～一三〇四）のときに大伝法院を根来に移し、このとき以来、根来に拠った真言宗は新義真言宗と呼ばれ、それ以外の高野山・東寺等の真言宗は古義真言宗として区別されるようになります。のち、新義の流れは二分され、一つは専誉《せんよ》（一五三〇～一六〇四）に始まる豊山派《ぶざんは》（大和長谷寺に拠る）、もう一つは玄宥《げんゆう》（一五二九～一六〇五）に始まる智山派《ちさんは》（京都智積院に拠る）となりました。

以下、覚鑁の思想を少々見ておきたいと思います。よく新義真言と古義真言の違いは、教主（密教の説法者）を大日如来の加持身と見る（新義）か、本地身と見る（古義）かにあると言われます。しかしこの説は頼瑜から確立されたものらしく、覚鑁自身は「能加持無相法身」などと説いて、本地身と能加持身とを区別していません。その他の説を考え合わせても、覚鑁自身は本地身説法の立場に立っていたと見ることは十分できるようです。覚鑁独自の教学としては、むしろ従来の四法身説、四曼荼羅説に対し、それに法界身、法界曼荼羅を加えた五法身説、五曼荼羅説を説いたことに見られるでしょう。『五輪九字明秘密釈』には、「また次に、法身に五種あり。前の四身に法界身を併するが故に。曼荼羅に五種あり。前の四曼に法界曼荼羅を加うるが故に」（『興教大師著作全集』・五巻・一九二頁）とあります。

覚鑁は、広く顕密の教理を学ぶと同時に、事相（密教の修行）も諸流を遍学し、また求聞持法や阿字観・月輪観・五輪観等を真剣に行じました。覚鑁はそれらに関する多くの著作を残していますが、たとえば『心月輪秘釈』には、月の意義に関して、円満具足・最上潔白・清浄無垢・離熱清涼《しょうりょう》・明照破暗等々、三十ものあり方を示しています。その月と心とは不二であるとし、「色心ともに本有《ほんぬ》なり、誰か能所の別執を生ぜん。事理、同じく深秘なり、あに優劣の異見を起こさんや。色心不二なり、これを諸仏内証の法門と名づく。性相即一《しょうそうそくいつ》なり、これを四身自覚の境界と称す」（同・五巻・八〇頁）等と説いています。

ところで、覚鑁は高野山別所《べっしょ》の念仏聖《ひじり》と交わったこともあって、浄土教を密教にとりこむような教義を展開していることが注目されます。『五輪九字明秘密釈』は、大日如来の、𑖀（a＝ア）、𑖪（va＝ヴァ）、𑖨（ra＝ラ）、𑖮（ha＝カ）、𑖏（kha＝キャ）の五字真言と、阿弥陀仏の、𑖌𑖽（oṃ＝オン）、𑖀（a＝ア）、𑖦𑖴（mṛ＝ミリ）、𑖝（ta＝タ）、𑖝𑖸（te＝テイ）、𑖕𑖸（je＝ゼイ）、𑖮（ha＝カ）、𑖨（ra＝ラ）、𑖮𑖳𑖽（hūṃ＝ウン）、の九字真言（一般に阿弥陀仏の真言は、Oṃ amṛta-teje hara hūṃ であるが、ただし覚鑁はここで、Oṃ amṛta-tese hara hūṃ としている）の秘儀を説くものですが、まず大日如来と阿弥陀仏の関係として、「顕教には釈尊の外《ほか》に弥陀あり、密蔵には大日すなわち弥陀、極楽の教主なり。まさに知るべし、十方浄土は皆これ一仏の化土、一切如来は悉《ことごと》く是《こ》れ大日なり。毘盧・弥陀は同体の異名、極楽・密厳は名異にして一処なり」（同・五巻・一四七頁）と説いています。一方、密教は本来、三密加持を説くわけですが、覚鑁は一密のみでもよいとし、その五字もしくは九字（語密）の誦持・観字・解字を通じて、即身成仏できると言います。即身成仏には、「随於一密至功行」（同・五巻・二〇六頁）もあり、「余行無けれども、ただ一明一字を誦して成仏」（同・五巻・二〇七頁）するとも説くのです。その際、観智がなくても信さえあれば、その所得の功徳は顕教で無量劫を経て得る所の功徳をも超えるとしています。

なお、この法門にも二種の機があり、「一には上根上智。即身成仏を期す。二には但信行浅。順次往生を期す」（同・五巻・二一二頁）としているのは、あの二十七歳のときに加えた一願とも関係していそうです。往生を期す行者には「正しくは密厳浄土に往生し、兼ねては十方浄土に期するあり」（同）と述べ、極楽往生を期する者の最後については、「五輪九字を念誦し、兼ねて臨終の四印明《しいんみよう》を結誦して志を極楽に懸《か》け、相続の心を止めてまさに断末摩水の時を待つべし。往生、この時なり。臨終の四印明とは、金剛合掌・金剛縛・開心・入智、各々真言往生の秘事なり」（同・五巻・二〇〇頁）と示しています。

一方、『一期大要秘密集』はまさに臨終時にいかに正念《しようねん》を実現すべきかを説くものですが、「七、極楽を観念する用心門」では、阿弥陀仏の観察行《かんざつぎよう》において、弥陀即大日であるがゆえに、「かくのごとく観ずる時、娑婆を起《たた》ずして忽《たちま》ちに極楽に生《しょう》ず。我が身、弥陀に入りぬ。弥陀を替えずして、すなわち大日と成る。吾が身、大日より出づ。これすなわち即身成仏の妙観なり」（同・五巻・二五〇頁）と説いています。さらに「八、決定《けつじょう》往生の用心門」においては、源信《げんしん》著『往生要集』の臨終行儀にも匹敵するような、次のような臨終の用心が示されています。

もしこの時に当たらば、出入の息を見て、目、暫《しばら》くも捨てずして病者の息の延《の》び促《つづ》まるを知識の息の延促《えんそく》と合わせて、病者と知識と息を同時に出入して、必ず出る息毎《ごと》に合わせて念仏を唱え、我に代って我を助けよ。往生深く憑《たの》む、一日二日ないし七日、息を断えんを期《ご》となして、捨て去ることを得ざれ。人の死する作法は必ず出る息に終わる。終らん度《たび》の息を待って、まさに唱え合わせんと欲《おも》うべし。もし唱え合わすることを得れば、四重五《しじゅうご》逆《ぎゃく》等の罪を消滅して、必ず極楽世界に往生することを得。ゆえいかんとなれば、病者余《のこ》りの気《いき》を断えて虚《むな》しく命を捨てる時に、弥陀を呼んで、実《まこと》に利生《りしょう》を請う。本願、縁に趣いて引接《いんじょう》を垂《た》れたもう。また、まさに観念すべし。口より南無阿弥陀仏（原文梵字）の六字を唱え出す。病者の引く息に従ってすなわち病者の口に入って、皆、日輪の相を現じて各々《おのおの》六根の処《ところ》に出で、紅頗梨《こうはり》の光を放って、六根の罪障《ざいしょう》の闇を破る。この時、病者、無始より以来《このかた》、生死長夜《じょうや》の闇《やみ》晴れて、日想を見て、すなわち往生を得。（同・五巻・二五二頁）

この『一期大要秘密集』には、中川の実範《じっぱん(じちはん)》（?～一一四四）の『病中修行記』の一文が引用されていますが、当時は浄土教への関心が各宗に広まっており、密教でも後世の問題を重視するようになっていたのでした。『病中修行記』は、源信の『往生要集』の影響が色濃く見られるものです。

市聖・空也の活動

この頃、ほかにも浄土思想を追求する者がさまざまに見られます。たとえばすでに空也（九〇三～九七二）は、民間に踊り念仏によって念仏を広めていました。鴨長明《かものちょうめい》は空也について、『発心集《ほっしんしゅう》』において「我が国の念仏の祖師と申すべし」と記しています。空也は、青年時代、在家の仏教徒として各地を遊行し、道路工事や水路の開発などにも尽力しました。二十有歳の時、尾張の国分寺で沙弥となり、自ら空也と名乗ります。三十六歳の頃、平安京に入り、念仏を説いて市聖《いちのひじり》とも呼ばれるようになったとのことです。『空也上人誄《るい》』に、「尋常《つね》の時、南無阿弥陀仏と称えて間髪を容れず、天下また呼んで阿弥陀聖となす」（石井義長『空也』、ミネルヴァ書房、二〇〇九年、三四四頁）とあるように、街中でいつも念仏を称えていたのでしょう。四十六歳の時、比叡山で大乗戒を受けたのですが、生涯、空也の名で通すのでした。『大般若経』の供養も実践し、十一面観音への信仰も厚いものがありました。

後の一遍はこの空也を遠く慕い、空也の言葉という「名を求め衆を願いとすれば身心疲る、功を積み善を修せんとすれば希望多し。しかず、孤独にして境界なきには、しかず、称名して万事を抛《なげうた》んには。閑居の隠士は貧を楽とし、禅観の幽室は閑を友とす。藤衣紙衾はこれ浄服、求め易くして盗賊の恐れなし」（『一遍上人全集』、六二頁）を口ずさんだこともあったといいます。一遍はまた、空也の次の文を持していたとあります。「心に所縁なければ、日の暮るるに随って止《とま》り、身に住所なければ、夜の暁くるに随って去る。忍辱の衣厚ければ、杖木瓦石をも痛しとせず、慈悲の室深ければ、罵詈《めり》誹謗をも聞かず、口称に任せたる三昧なれば、市中も是道場、声に順っての見仏なれば、息精《いき》は即ち念珠、夜夜に仏の来迎を待ち、朝朝に最後の近づくを喜ぶ、三業を天運に任せ、四儀を菩提に譲る」（同前、三二頁）。

この文の背景には、『念仏三昧宝王論』の、「吾即ち出入の息をもって念珠となす。仏の名号を称うるは、これを息に随ってす」「余は行住坐臥、常にこの念珠を用う。……」があったようです（前掲『空也』、三〇九頁参照）。なお一遍は、「むかし、空也上人へ、ある人、念仏はいかが申《もうす》べきやと問《とい》ければ、捨ててこそとばかりにて、なにとも仰《おおせ》られずと、西行法師の撰集抄に載《のせ》られたり。是誠に金言なり。……極楽を願う心をもすて、また諸宗の悟《さとり》をもすて、一切の事をすてて申《もうす》念仏こそ、弥陀超世の本願に尤《もっとも》かない候え」（『一遍上人全集』、一二二頁）と、空也の念仏の心を述べています。

この空也に、「一たびも南無阿弥陀仏という人の蓮《はちす》のうえにのぼらぬはなし」という歌があります。一回の口称念仏によって、極楽往生はまちがいないというのです。その背景にも、唐の飛錫《ひしやく》（八世紀。生没年不詳）の『念仏三昧宝王論』の一念往生を認める説があったと考えられています。『梁塵秘抄』には、「阿弥陀仏の誓願ぞ、返すがえすも頼もしき、一度御名を称うれば、仏《ほとけ》に成るとぞ説い給う」「弥陀の誓いぞ頼もしき、十悪五逆の人なれど、一度《ひとたび》御名を称うれば、来迎引接疑わず」の歌がありますが、あるいは空也の歌の意を汲んだものなのでしょうか。このいわば一念義の教理的な背景は必ずしも明らかではありませんが、源信にも先だってこのような簡潔な立場を表明していたことは、注目に値します。さらに空也には、「極楽はるけきほどときしかどつとめていたるところなりけり」の歌があったということですが、これは、おそらく念仏のただなかに往生を認めようとするもので、やはり注目に値するものです。このように空也は、まことに鴨長明が「我が国の念仏の祖師」と述べたにふさわしい人物で、日本の浄土教の展開にとって非常に重要な人物であり、今後さらに見直されていくべきです。

このほか、東大寺三論宗の浄土教家に、永観《よう(えい)かん》（一〇三三〜一一一一）、珍海《ちんかい》（一〇九一〜一一五二）らがいます。永観は東大寺別所の光明山寺《こうみようせんじ》に拠り、『往生拾因《じゆういん》』『往生講式』などを著しています。珍海は『決定往生集』『菩提心集』などを著し、菩提心を重視するとともに本願に対する信心を説きました。中国・唐の善導《ぜんどう》の『観経疏《かんぎようしよ》』をよく読み込んでいることが注目されます。

一方、天台系では、融通念仏を説いたとされる良忍《りょうにん》（一〇七三?～一一三二）がいます。融通念仏宗は、「一人一切人、一切人一人、一行一切行、一切行一行」の念仏を説いたとされています。こうした状況のなかで、法然（一一三三～一二一二）も出てくるのでした。

源信の浄土思想①——臨終の行儀

この当時、釈尊滅後二千年の末法《まっぽう》の到来が、永承《えいしょう》七年（一〇五二）と考えられており、娑婆を離れて浄土往生の救いを求める思いが、時代を覆《おお》っていたことでしょう。これらの動向の根本に、恵心僧都《えしんそうず》源信がいます。

源信は、天慶《てんけい》五年（九四二）、奈良の当麻《たいま》に生まれました。九歳のとき、比叡山に登って出家し、良源に師事します。良源は前にも述べたように比叡山の復興に尽力した学匠ですが、著作としてはわずかに『極楽浄土九品往生義』が残されているのみです。源信は五年後、得度《とくど》受戒《じゅかい》し、その後、学問と観行に打ち込んだものと思われます。やがていつの年か横《よ》川《かわ》に隠棲《いんせい》し、寛和《かんわ》元年（九八五）、『往生要集』三巻が成りました。翌年、念仏結社のための『二十五三昧式《にじゅうござんまいしき》』（「起請《きしょう》八箇条」）を作り、さらにその翌々年には、『二十五三昧式』（「起請十二箇条」）を作っています。この頃（正暦年中）霊山院《りょうぜんいん》を作らせ、また華台院《けたいいん》に阿弥陀三尊を安置し、迎講《むかえこう》を始めました。

長保《ちょうほう》五年（一〇〇三）、寂照《じゃくしょう》（九六二?～一〇三四）の入宋に際し、時の中国の第一級の天台学者・四明知礼《しめいちれい》（九六〇〜一〇二八）に『天台宗疑問二十七条』を見てもらうべく、寂照にそれを託します。翌年、いったん権少僧都《ごんしょうそうず》に任ぜられるもしばらくして辞退し、華台院に隠棲します。この間、『大乗対倶舎抄』『倶舎疑問』を著し、寛弘《かんこう》三年（一〇〇六）には『一乗要決』、長和《ちょうわ》三年（一〇一四）には『阿弥陀経略記』を著しています。寛仁《かんにん》元年（一〇一七）の六月十日、この世を去りました。

以下、源信の主著とも言うべき『往生要集』の内容をうかがってみましょう。

この書の名前『往生要集』とは、浄土往生のための要文を集めたもの、という意味です。それは、「山の念仏」と称された音楽法要的な五会《ごえ》念仏などではない、まさに浄土往生のための修行としての観行を詳しく説いたものです。しかし、その冒頭に、

それ往生極楽の教行は、濁世末代《じょくせまつだい》の目足《もくそく》なり。道俗貴賤《どうぞくきせん》、誰か帰せざる者あらん。ただし顕密の教法、その文《もん》、一にあらず。事理の業因《ごういん》、その行これ多し。利智精進《りちしょうじん》の人は、いまだ難《かた》しとなさざるも、予が如き頑魯《がんろ》の者、あに敢えてせんや。この故に、念仏の一門に依りて、いささか経論の要文《ようもん》を集む。これを披《ひら》いてこれを修するに、覚り易く行じ易し。

……

（『恵心僧都全集』・一巻・一頁）

とあり、愚かな凡夫の出離《しゅつり》のための行が追求されている一面もあり、このことは後の法然の

念仏につながっていくのでした。

本書の内容は、次のとおりです。

第一　厭離穢土《えんりえど》、第二　欣求浄土《ごんぐじょうど》、第三　極楽の証拠、第四　正修《しょうじゅ》の念仏、第五　助念の方法、第六　別時の念仏、第七　念仏の利益《りやく》、第八　念仏の証拠、第九　往生の諸行、第十　問答料簡《もんどうりょうけん》。

このなか、最初の「厭離穢土」に、地獄の様子が『倶舎論《くしゃろん》』に基づいてリアルに描かれていることは有名です。第四の「正修の念仏」には、「礼拝門《らいはいもん》・讃嘆門《さんだんもん》・作願門《さがんもん》・観察門《かんざつもん》・廻向門《えこうもん》」の五念門《ごねんもん》が説かれますが、とりわけ「観察門」に、「別相観・総相観・雑略観《ぞうりゃくかん》」が説かれ、ここに心中の観察による観念の念仏の方法が示されるのです。第六の「別時の念仏」には、特別の集中的な念仏修行等について説かれ、九十日にわたって行う常行三昧《じょうぎょうざんまい》を説く智顗《ちぎ》『摩訶止観《まかしかん》』の全文がそっくり引用されていたりします。源信がいかに天台の本来の念仏修行を重んじていたかがしのばれます。

実はこの「別時の念仏」の章に、「臨終の行儀」も記されています。それは今日、末期の患者の人間的な治療活動の一つとして進められている、キリスト教精神を基盤としたホスピス運動に触発されて、仏教側でも促進しようとしている「ビハーラ運動」の原点になるものとして、注目されているものです。そこで今、この「臨終の行儀」の内容を先に述べておきますと、この箇所には、「行事」と「勧念」の二つがあります。「行事」ではまず、『四分律行事鈔資持記』（巻四下）の「瞻病送終《せんびようそうじゆう》」篇にある、次の一節が引用されています。

祇洹《ぎおん》の西北の角、日光の没する処に、無常院を為《つく》れり。もし病者あれば安置して中に在《お》く。およそ貪染《とんぜん》を生ずるは、本房の内の衣鉢《えはつ》・衆具《しゆぐ》を見て、多く恋著《れんじやく》を生じ、心に厭背《おんぱい》することなきを以ての故に、制して別処《べつしよ》に至らしむ。堂を無常と号《なづ》く。来る者は極めて多く、還反《げんたん》するものは一、二なり。事に即《つ》きて専心に法を念ずるを求めんとして、その堂の中に、一の立像《りゆうぞう》を置けり。金薄《こんぱく》を以てこれに塗り、面《おもて》を西方に向けたり。その像の右手は挙げ、左手の中に一の五綵《ごしき》の幡《はた》を繫《つな》げ、脚を地に垂曳す。当《まさ》に病者を安んぜんとして、像の後に在《お》き、左手に幡の脚を執らせ、仏に従いて仏の浄刹《じようせつ》に往くの意《おもい》を作《な》さしむべし。瞻《せん》病《びよう》の者は、香を焼《た》き、華を散らして病者を荘厳《しようごん》す。乃至、もし屎尿《しによう》・吐唾《とだ》あらば、あるに随いてこれを除け。（同・一巻・一七〇頁）

病者がこの世への執着を起こす要因となるものを除き、あたりを清めるよう、看病の者に細かい指示が与えられています。阿弥陀仏と病者とを五色の幡（細長い布）でつなぐことは、「十方《じつぽう》の衆生、菩提心を発し、もろもろの功徳《くどく》を修め、至心に願を発《おこ》して、わが国に生まれんと欲せば、寿《いのち》の終わる時に臨みて、大衆とともに囲繞《いによう》して、その人の前に現」じようという阿弥陀仏の本願の第十九願によるものでしょう。また、これに続いて善導『観念法門』の次の文も引用しています。

> 行者等、もしは病み、病まざらんも、命終《みようじゆう》せんと欲する時、一《もは》ら上《かみ》の念仏三昧の法に依りて、身心を正当にし、面《おもて》を廻らして西に向け、心もまた専注して阿弥陀仏を観想し、心と口と相応して、声々《しようしよう》絶ゆることなく、決定して往生の想、華台《けたい》の聖衆《しようじゆ》の来《きた》りて迎接《こうしよう》するの想《おもい》を作《な》せ。病人、もし前の境《あらわれたせかい》を見れば、則ち看病人に向いて説け。既に説くを聞き已《おわ》らば、即ち説に依りて録記せよ。また病人、もし語ることあたわずは、看病して、必ずすべからくしばしば病人に問うべし、何の境界を見ると。もし罪相《ざいそう》を説かば、傍らの人、即ち為に仏に念じて、助けて同じく懺悔《さんげ》し、必ず罪をして滅せしめよ。もし罪を滅することを得ば、華台の聖衆、念に応じて現前せん。前に準じて鈔記せよ。
>
> （同・一巻・一七一頁）

看病の者は、臨終の者に、お迎えがあるかないかを尋ね、もしも苦しく、あるいは怖いような姿が現れたときには、いっしょに念仏して懺悔滅罪をはかってあげなさいというのです。

さらに、同じく大文第六「別時の念仏」の「臨終の勧念」の項では、最初に「善友《ぜんぬ》・同行《どうぎよう》にして、その志あらん者は、仏教に順ぜんが為に、衆生を利せんが為に、（善根の為に、結《けち》縁《えん》の為に〕患《やまい》に染《そ》みし初《はじめ》より病牀に来問して、幸《さいわい》に勧進《かんじん》を垂れよ」（同・一巻・一七二頁）とあり、「浄土往生を念ずべきことを勧めること」をなすよう説いています。その「勧念」には「十事」が説かれていますが、今はその最後のみを紹介してみましょう。

十には、正《まさ》しく終りに臨む時には、応《まさ》に云うべし、仏子《ぶつし》よ、知るやいなや。ただ今、即ちこれ最後の心なり。臨終の一念は百年の業《ごう》に勝る。もしこの刹那《せつな》を過ぎなば、生処《しょうしょ》まさに一定《いちじょう》すべし。今正しくこれその時なり。当《まさ》に一心に念仏し、決定《けつじょう》して西方の極楽微妙《みみょう》浄土の、八功徳《はっくどく》の池の中の、七宝《しっぽう》の蓮台《れんだい》の上に往生すべし。応にこの念を作すべし、如来の本《ほん》誓《ぜい》は一毫《いちごう》も謬《あやまり》なし。願わくは、仏、決定して我を引摂《いんじょう》せしめよ（南無阿弥陀仏）と。或いは漸々《ぜんぜん》に略を取りて、応に念ずべし、願わくは、仏必ず引摂せしめよ（南無阿弥陀仏）と。かくの如く病者の気色《けしき》を瞻《み》て、その応ずる所に随順《ずいじゅん》して、ただ一事を以《もっ》て最後の一念となし、衆多なることを得ざれ。その詞《ことば》の進止《しんし》は殊《こと》に意を用うべし。病者をして攀縁《はんえん》を生ぜしむることなかれ。（同・一巻・一七八頁）

このように、『往生要集』の「臨終行儀」には、重い病気にかかって臨終を迎えようとする人に対し、同志の者がまわりに集まって看取る仕方が詳しく説かれています。その精神は、たしかに今日の時代においても生かされるべきものでしょう。

源信の浄土思想②——観想念仏と称名念仏

さて、源信の『往生要集』に十章あるなか、もっとも重要な章は、やはり大文第四の「正《しょう》修《じゅ》念仏」でしょう。

この章には、前にも述べたように、往生浄土を遂げるための実践として「礼拝門《らいはいもん》・讃嘆《さんだん》門・作願《さがん》門・観察《かんざつ》門・廻向《えこう》門」の五念門《ごねんもん》が説かれ、とりわけ極楽の荘厳《しょうごん》を観想する「観察門」に、「別相観・総相観・雑略観」が説かれて、ここに観念の念仏の方法が示されます。

「別相観」は、阿弥陀仏の相好《そうごう》を個別に観察し、「総相観」は三身即一《さんじんそくいつ》の阿弥陀仏を観察し、「雑略観」は特に白毫《びゃくごう》を観察するものです。

そのなか、「総相観」の説明には、次のように示されています。

この故に当《まさ》に知るべし、所観の衆相《しゅそう》は、即ちこれ三身即一の相好・光明なり、諸仏同体の相好・光明なり、万徳円融《まんどくえんにゅう》の相好・光明なり。色《しき》は即ちこれ空《くう》なり、故にこれを真如実相《しんにょじっそう》と謂《い》い、空は即ちこれ色なり、故にこれを相好・光明と謂う。一色《いっしき》・一香《いっこう》、中道《ちゅうどう》に非《あら》ざることなし。受《じゅ》・想《そう》・行《ぎょう》・識《しき》もまたかくの如し。我が所有の三《さん》悪道《どう》と、弥陀仏の万徳と、本来空寂《くうじゃく》にして一体《いったい》、無礙《むげ》なり。願わくは、我、仏を得て、聖法王に斉《ひと》しからんことを。

（同・一巻・一〇八頁）

やはりこの観法《かんぼう》の根本に、天台の「一色一香、無非中道」の見方が置かれていることがわかります。と同時に、自己と三身即一の阿弥陀仏とが本来、一体であることが説かれています。だからこそ、仏と等しくさせてくださいとの祈りが出てくるというのです。

また、「雑略観」を説くなかには、次のようにあります。

三に、雑略観とは、かの仏の眉間《みけん》に一の白毫あり。右旋《うせん》に宛転《おんでん》せること、五須弥《ごしゅみ》の如し。中に於て、また八万四千《はちまんしせん》の好《こう》あり。一々の好に八万四千の光あり。その光《ひかり》微妙《みみょう》にして、衆宝《しゅほう》の色を具す。総じてこれを言えば、七百五倶胝《くてい》六百万の光明なり。十方に赫奕《かくやく》として、億千の日月《にちげつ》の如し。その光の中に一切の仏身を現じ、無数の菩薩、衆会《しゅえ》して囲遶《いにょう》す。また微妙《みみょう》の音を出して、もろもろの法海を宣暢《せんちょう》す。またかの一々の光明、遍く十方の世界を照し、念仏の衆生を摂取して捨てず。我もまたかの摂取の中にあり。煩悩、眼を障《さ》えて見ることあたわずといえども、大悲、倦《う》むことなく常に我が身を照す。……（同）

阿弥陀仏の白毫の観察が、光の海の観察まで広がっていくわけですが、しかもその光のなかに摂取されている自己の自覚も含まれています。ここに、「煩悩、眼を障えて見ることあたわずといえども、大悲、倦むことなく常に我が身を照す」という、きわめて印象的な言葉が語られています。このことは、浄土教全体のまさに根本でありましょう。

さらにこの「雑略観」を説くなかに、次の説が見られます。

もし極略《ごくりゃく》を楽《ねが》う者は、応《まさ》に念ずべし。かの仏の眉間の白毫相は、旋転して、猶《なお》し頗梨珠《はりしゅ》の如し、光明は遍く照して我等を摂す。願わくは、衆生と共にかの国に生ぜん、と。もし相好を観念するに堪えざるものあらば、或いは帰命《きみょう》の想に依り、或いは引摂《いんじょう》の想に依り、或いは往生の想に依りて、応に一心に称念すべし。……（同・一巻・一〇九頁）

このように、観念の念仏のどんな簡略なものにも耐えられない者は、称名念仏をするのがよいというのです。ですから源信は、観念の念仏を説くとともに、機根の劣った者には称念の念仏こそが救いとなることを明かしているわけです。

このことと関連して、最終的に往生の要を明かすことになる大文第五「助念の方法」のなかの「第七、総結行要」（総結要行のテキストあり）には、次のようにあります。

第七に、総結行要とは、問う、上《かみ》の諸門の中に陳《の》ぶる所《ところ》既《すで》に多けれども、いまだいずれの業か往生の要《よう》となることを知られず。

答う。大菩提心《だいぼだいしん》なり。三業《さんごう》を護りて、深く信じ誠を至して常に仏を念ぜば、願に随い決定《けつじょう》して極楽に生ぜん。いわんやまた、余のもろもろの妙行《みょうぎょう》を具するをや。

問う。何が故に、これ等を往生の要とするや。

答う。菩提心の義は、前に具《つぶ》さに釈するが如し。三業の重悪は能《よ》く正道《しょうどう》を障《さ》う。故にすべからくこれを護るべし。往生の業《ごう》は、念仏を本《もと》となす。その念仏の心は、必ずすべからく理の如くすべし。故に深く信ずると、誠を至すと、常に念ずるとの三事を具す。常に念ずることに、三の益《やく》あり、迦才《かざい》の云うが如し。一には諸悪の覚観《かくかん》、畢竟《ひっきょう》じて生ぜずんば、また業障《ごっしょう》を消すことを得ん。二には、善根増長《ぜんごんぞうじょう》せば、また見仏の因縁を種《う》うることを得ん。三には、熏習《くんじゅう》熟利《じゅくり》せば、命終《みょうじゅう》の時に臨みて、正念現前《しょうねんげんぜん》せんと。已上《いじょう》。業は願に由りて転ず。故に願に随い往生すと云うなり。

総じてこれを言わば、三業を護るはこれ止善《しぜん》なり。仏を称念するはこれ行善なり。菩提心及び願は、この二善を扶助《ふじょ》す。故にこれ等の法を往生の要となす。その旨、経論に出でたり。これを具さにすることあたわず。（同・一巻・一六〇頁）

はじめの問答の答えの「常に仏を念ずる」ことが、観念（仏の姿をありありと心に思い描く）か称念（南無阿弥陀仏と唱える）か必ずしも明記されていませんが、後の問答の答えの終わりのほうには、「仏を称念するはこれ行善なり」とありますから、結局、往生の要としての念仏は称名念仏でよいということになるでしょう。このとき『往生要集』は、本当は称名念仏の救いこそを明かしている書物であるということになります。

ちなみに、『観心略要集《かんじんりやくようしゅう》』について日本思想大系6巻『源信』（岩波書店）の「解説」（四五三頁）では、次のように述べています（なお、今日ではその真撰が疑われていますので、参考までです）。

『観心略要集』は観心理観をもって「出離《しゅつり》の正因《しょういん》」とし、「妄想の雲霧を払いて、心性《しんしょう》の月《がち》輪《りん》を顕わす、これを即身成仏と名づけ、（中略）これを直至《じきし》道場と名づく。実に髻中《けいちゅう》の明珠、また無上の宝聚《ほうじゅ》なり。弥陀名号の所詮、往生極楽の指南なり」と論ずるが、ここにおける口称《くしょう》念仏の位置はどのようなものか、という問題である。この書もまた「予が如き愚暗《（マヽ）》の者」という立場を根底に置く以上、念仏における口称を等閑視することはできないからである。したがって、かれはとくに問答を設けて、これを次のように論じている。

問う。理観を修せず、ただ一仏の名号を称する人、往生を得るやいなや、いかん。

答う。また往生を得べきなり。かの繋念定生《けねんじょうしょう》の願（第二十願のこと）に、いまだ理観を修せよと云わず。聖衆来迎《しょうじゅらいこう》願（第十九願）に、いまだ理観を修せよと云わず。聖衆来迎の誓《ちかい》は、ただこれ至心の称名なり。それ名号の功徳は莫大なるを以ての故に。所以《ゆえ》に空《くう》仮中《けちゅう》の三諦《さんたい》、法報応《ほうほうおう》の三身《さんじん》、仏法僧の三宝、三徳、三般若《さんはんにゃ》、かくの如き等の一切の法門、悉く阿弥陀の三字に摂す。故にその名号を唱えば、八万の法蔵を誦し、三世の仏身を持《たも》つなり。纔《わず》かに弥陀仏を称念せんに、冥《はる》かにこのもろもろの功徳を備うること、猶《なお》し丸香の一分を焼いて衆香悉く熏じ、大海の一渧《いってき》に浴して衆河の水を用いるが如きのみ。

このほか『阿弥陀経略記』でも、三諦・三観の理を説き、観心を最勝とする天台教学の立場を明確に示してはいますが、称名念仏もかなり重視されています。『阿弥陀経』のなかの「執持名号《しゅうじみょうごう》」の句に関して、「ただし行住坐臥《ぎょうじゅうざが》、彼《か》の国を繫念し、仏、無縁の慈威光を以て十方を照すを観じて、名を称すること、一心に念じて、深く信じて、彼《かしこ》に生ぜんと願ず、これを往生極楽の綱要となす」(『恵心僧都全集』・一巻・四一三頁)とあり、さらに「但信《たんしん》称念」でもよいとするのです。

こうしてみると、やはり源信は、観念の念仏を多く語りながらも、実は称名念仏による往生の救いがむしろ最要であると、十分に認めていたことが知られるでしょう。以下は真実かどうかわかりませんが、『首楞厳院二十五三昧結縁過去帖《しゅりょうごんいんにじゅうござんまいけちえんかこちょう》』に見える話です。

往年、ある人、偸《ひそ》かに問うて云く、和上《わじょう》の智行《ちぎょう》、世に等しき倫《たぐい》なし。修するところの行法、何をもって宗と為すや。答う、念仏を宗となす。また問う、諸行の中、理を以て勝と為す。念仏の時は法身を観ずるやいなや。答う、ただ名号を唱う。また問う、何ぞ理を観ぜざるや。答う、往生の業《ごう》は、称名にて足るべし、本よりこの念を存せしが故に、理を観ぜず。ただしこれを観ぜんと欲せば、また難しとなさず。我《われ》理を観ずる時は、心明らかに通達して、障碍《しょうげ》あることとなし、云々。（同・一巻・六七九頁）

さらに源信には、『横川法語《よかわほうご》』なるものがあります。そこには、つぎのようにもあるのです。

信心あさくとも本願ふかきがゆえに、頼《たよ》ばかならず往生す。念仏ものうけれども、唱《とな》ればさだめて来迎にあずかる。功徳《くどく》莫大なり。此《この》ゆえに本願にあう事をよろこぶべし。又、妄念はもとより凡夫《ぼんぶ》の地体《じたい》なり。妄念の外《ほか》に別の心もなきなり。臨終の時までは、一向に妄念の凡夫にてあるべきぞとこころえて、念仏すれば来迎にあずかりて蓮台にのるときこそ、妄念をひるがえしてさとりの心とはなれ。妄念のうちより申しいだしたる念仏は、濁にしまぬ蓮《はち》すのごとくにして、決定往生《けつじょうおうじょう》うたがい有《ある》べからず。妄念をいとわずして信心のあさきをなげき、こころざしを深くして常に名号を唱《となう》べし。

（『恵心僧都絵詞伝』所収、『恵心僧都全集』・五巻・七三五頁）

「法語」というものは、民衆のための教えであって、自分自身の本来の立脚地とは異なるかもしれませんが、こうした教えを説く必要性を思ううちに、自分自身の立場もこの立場そのものともなったであろうことは、十分推察できることではないかと思われます。実際、『往生要集』の序には、前述のように「予が如き頑魯《がんろ》の者、あに敢えてせんや。この故に、念仏の一門に依りて」云々とありました。自身を「頑魯」（道理をわきまえない愚か者）と省察した点にそれがうかがえます。ここから法然へは、たしかに近いことでしょう。

第五章　鎌倉新仏教の思想

1　日本浄土教の思想(1)——法然

鎌倉仏教の形成

これより、鎌倉時代の仏教思想を見ていきます。平安時代も末になると、貴族の実力が衰え、在地領主らの地方豪族や武士勢力の台頭のなかで、やがて政治の実権は鎌倉に移るという、大変革期を迎えます。源頼朝が鎌倉に幕府を開いたのは、元暦《げんりやく》二年（一一八五）。この頃は、洪水・飢饉・疫病・戦乱等々があいつぐ、きわめて不安定な時代でもありました。それに末法思想が拍車をかけたことは容易に推察できます。そうしたなか、民衆は救いと希望とを切実に求めていたことでしょう。

仏教には、天台や真言の難解な教理の研究のみでなく、素朴な観音信仰や地蔵信仰などもあり、また修験道《しゆげんどう》の布教などもあって、この頃になると仏教信仰が地方の民間にも浸透してきます。一方、南都の大寺や比叡山・高野山等では僧兵が跋扈《ばっこ》するようにもなり、中央の仏教は荒廃した様相を見せていました。もちろん、そうしたなかで仏教の再生に尽力した僧らもいます。前に見た覚鑁などはそのよき一例でしょう。いわゆる旧仏教の貞慶《じょうけい》（一一五五～一二一三・法相宗）や凝然《ぎょうねん》（華厳宗）らは、戒律復興を通じて仏教の復興をめざしました。一方、叡尊《えいぞん（そん）》や忍性《にんしょう》らの社会福祉運動の展開も、仏教の活性化に大きな力を発揮したと思われます。

そしてもっとも注目されるのは、日本人自身の感性と霊性に基づき新たに唱導された仏教の動向でしょう。いわゆる鎌倉新仏教の誕生です。平安末の源信からの浄土教の流れに、法然（一一三三～一二一二）、証空《しょうくう》（一一七七～一二四七）、親鸞《しんらん》（一一七三～一二六二）、一遍（一二三九～一二八九）らが出ます。禅宗には、栄西《えい（よう）さい》（一一四一～一二一五）や道元《どうげん》（一二〇〇～一二五三）が出ます。さらに日蓮《にちれん》（一二二二～一二八二）は『法華経』および天台思想に基づき、新たな仏教を訴えました。興味深いことに、これらの祖師方はほぼいずれも比叡山に上ったのち、広く民衆への布教をめざしたのでした。ここには、ありのままですべてをよしとする天台本覚《ほんがく》法門の思想的な隘路《あいろ》を打開しようとする動機が、共通のものとして存在していたことがうかがわれます。その意味では、鎌倉新仏教の形成は、日本仏教の思想運動の自律的な展開として見ていくことができるでしょう。

これら鎌倉新仏教の思想を見ていくにあたり、初めに日本浄土教の根本の存在となった法然の思想について見てまいります。

法然の生涯

法然は長承《ちょうしょう》二年（一一三三）の四月七日、美作国久米《みまさかのくにくめ》南条稲岡《なんじょういなおか》の庄に生まれました。九歳（数え年。以下同）の春、久米郡の押領使《おうりょうし》であった父・漆間時国《うるまのときくに》が、稲岡の荘園を管理していた預所《あずかりどころ》・明石定明《あかしのさだあきら》の夜討ちにあって亡くなります。このとき父は、敵を恨まず、寺に入って自分の菩提を弔うとともに、立派な僧になるよう諭《さと》したと言われます。そこで、この後、叔父の観覚《かんがく》が院主を務めていた菩提寺に入り、その弟子となります。十三歳になって比叡山に上り、源光《げんこう》に師事し、久安《きゅうあん》三年（一一四七）、十五歳の四月、碩学《せきがく》・皇円阿闍梨《こうえんあじゃり》（一〇七四?〜一一六九）の室に入り、出家受戒しました。翌年、十六歳の春、天台三大部（天台大師智顗の『摩訶止観』『法華玄義』『法華文句』）を読み始めたといいます。さらにその翌々年九月、名利を離れて仏道への志を貫くために、黒谷の慈眼房叡空《じげんぼうえいくう》（?〜一一七九）の室に入ります。このとき、法然房源空《げんくう》と名づけられました。黒谷は延暦寺の中心から北北西の方角にある深い谷で、寒さと湿気が厳しいところでしたが、以後、落ち着いた環境のもとで一心に学道に励んだのでしょう。

保元《ほうげん》元年（一一五六）、二十四歳の春、さらなる求法のためにいったん比叡山を下りて、京都・嵯峨の清涼寺に参籠しています。この清涼寺には、どんな仏にも見捨てられたような罪悪生死《ざいあくしょうじ》の凡夫《ぼんぶ》を救いとるという生身《しょうしん》の釈迦牟尼仏像（東大寺の奝然《ちょうねん》〈?〜一〇一六〉が宋より将来）が本尊として祀られており、多くの人々の信仰を集めていました。そういう仏に祈りをこらした法然の心中はどのようなものだったのでしょうか。すでにこの頃から、「いずれの行も及びがたき身」である自己がいかにすれば救われるかが、深い悩みとなっていたのかもしれません。こののち南都（奈良）に諸師を歴訪して、唯識や華厳などの教理に関する問法等に努めました。このとき、東大寺と深い縁を結んだのかもしれません。また、東大寺三論宗系統に展開していた、善導の『観経疏』を重視する浄土教の流れ（永観、珍海ら）にも触れたことでしょう。

その後、比叡山に戻って、さらに究極の安心《あんじん》を求め教理の研鑽に努めていたことと思われますが、ついに承安《じょうあん》五年（一一七五）の春、四十三歳のときに専修念仏《せんじゅねんぶつ》の立場に立つことを決心し、黒谷を出て京都・西山《にしやま》の広谷《ひろたに》に移り、ついで東山の吉水《よしみず》に住することにしたのでした。法然が称名念仏の一道で救われるという確信を得たのは、善導『観経疏』をくりかえし拝読して、ついにある一文に出会ったからでした。法然の伝記である『法然上人行状絵《ほうねんしょうにんぎょうじょうえ》図《ず》』（以下、『行状絵図』）は、このことについて、次のように描いています。

> 彼《か》の釈には、乱相《らんそう》（想）の凡夫、称名《しょうみょう》の行《ぎょう》によりて、順次《じゅんじ》に浄土に生《しょう》ずべき旨《むね》を判《はん》じて、凡夫の出離《しゅつり》を容易《たやす》く勧《すす》められたり。蔵経《ぞうきょう》披覧《ひらん》の度《たび》に、これを窺《うかが》うといえども、取《と》り分《わ》き見給《みたま》うこと三遍《べん》、遂《つい》に「一心専念弥陀名号《いっしんせんねんみだみょうごう》、行住坐臥不問時節久近《ぎょうじゅうざがふもんじせっくごん》、念念不捨者《ねんねんふしゃしゃ》、是名正定之業《ぜみょうしょうじょうしごう》、順彼仏願故《じゅんぴぶつがんこ》（一心に専《もっぱ》ら弥陀の名号を念じ、行住坐臥に時節の久近を問

わず、念念に捨てざる、是《これ》を正定の業と名付く。彼《か》の仏《ほとけ》の願に順《じゅん》ずるが故《ゆえ》に）」の文《もん》に至りて、「末世《まつせ》の凡夫、弥陀の名号を称せば、彼の仏の願に乗じて、確かに往生を得《う》べかりけり」という理《ことわり》を、思い定め給いぬ。これによりて承安五年の春、生年四十三《しじゅうさん》。立ちどころに余行《よぎょう》を捨てて、一向に念仏に帰し給いにけり。（『浄土宗聖典』・六巻・五六頁）

なお、同じく『行状絵図』によると、法然の仏道の核心は、凡夫が阿弥陀仏の報土《ほうど》に生まれ得るということにあったようです。すなわち、次のようにあります。

我、浄土宗を立《た》つる心《こころ》は、凡夫の報土に生まるることを、示さむためなり。もし天台によれば、凡夫浄土に生まるることを許すに似たれども、浄土を判《はん》ずること浅《あさ》し。もし、法相《ほっそう》によれば、浄土を判ずること深《ふか》しといえども、凡夫の往生を許さず。諸宗《しょしゅう》の所談《しょだん》、異《こと》なりといえども、凡《すべ》て凡夫報土に生まるることを許さざる故に、善導《ぜんどう》の釈義によりて、浄土宗を立つる時、すなわち凡夫報土に生まるること現《あら》わるるなり。（同・六巻・六五頁）

法然の仏教は称名念仏するとき、凡夫であるにもかかわらず、阿弥陀仏の本願によって、しかも阿弥陀仏の報土に往生できるというところに、その真髄があったのです。この年、専修念仏に帰入して以後は、ひたすらこの凡夫の〝本当の浄土への往生〟という救いを約束する、本願に基づく専修念仏を広めるのみの生活となったことでしょう。

ちなみに、法然は自力聖道門《じりきしょうどう》と他力浄土門《たりき》との違いについて、次のように言っています。醍醐本《だいごぼん》『法然上人伝記』の「三心料簡《さんじんりょうけん》の事」に出る一節です。

凡《おおよ》そ聖道門は智恵を極めて生死《しょうじ》を離れ、浄土門は愚癡《ぐち》に還《かえ》りて極楽に生まる。所以《ゆえん》は聖道門に趣くの時、智恵を瑩《みが》き禁戒《ごんかい》を守り、心性《しんしょう》を浄《きよ》むるを以て宗と為す。然るを浄土門に入るの日、智恵をも憑《たの》まず、戒行をも護らず、心器をも調《ととの》えず、只々甲斐無き無智の者と成り、本願を憑《たの》みて往生を願うなり。

(『昭和新修法然上人全集』・四五一頁)

養和《ようわ》元年(一一八一)、東大寺の大仏再建にあたり、その大勧進《だいかんじん》の職に就くよう依頼されますが、辞退して重源《ちょうげん》(一一二一〜一二〇六)を推挙しています。翌々年七月、木曾義仲《きそよしなか》の軍勢が洛中に乱入したことがありましたが、その日一日だけ、経論を見なかったといいます。専修念仏に徹底してのちも、さらに研鑽を積んでいたことが知られます。その翌年、大仏炎上の張本人とされる平重衡《たいらのしげひら》に対して教戒し、重衡はすっかり心服したと伝えられています。なお、のち建久《けんきゅう》四年(一一九三)には、関東の武士である熊谷直実《くまがいなおざね》が弟子となったといいます。

文治《ぶんじ》二年(一一八六)、五十四歳のとき、のち天台座主《ざす》となった顕真《けんしん》(一一三〇〜一一九二）主催の、京都・大原の別所における教理論争（大原談義）に臨みました。実はこの前に、顕真はたまたま比叡山のふもとの坂本で法然に出会ったとき、「このたび、いかがして生死を離るべきや（どうしたら、この生死をくりかえす迷いの世界を離れ出ることができますか）」と日頃の疑問をぶつけたのでした。そのときの法然の答えは、「成仏は難《かた》しといえども、往生は得やすし。道綽《どうしゃく》・善導の心によれば、仏の願力《がんりき》を強縁《ごうえん》として、乱相（想）の凡夫、浄土に往生す」というものでした。

顕真はこの言葉の深い意味を捉えきれなかったのですが、後にその意義に思い至り、百日間、浄土教の研究をしてのち、大原に法然を招いて討論に及んだのでした。このとき明遍・貞慶・重源・証真《しょうしん》等々、南都北嶺《ほくれい》の一流の学者が集うなか、公開で浄土教の正邪を議論したのですが、法然の説くところにはみな承服せざるをえず、随喜しておのずから称名念仏するほどであったといいます。その様子を、やや長くなりますが、法然の伝記『拾遺古徳伝絵《しゅういことくでんえ》』によって紹介してみましょう。

源空《げんくう》（法然）発心已後《ほっしんいご》、聖道門の諸宗に付てひろく出離の道を訪《とぶらう》に、かれもかたく、これもかたし。……然《しか》れば則ち有智《うち》・無智《むち》を論ぜず、持戒《じかい》・破戒《はかい》をきらわず、時機相応して順次に生死をはなるべき要法は、ただ浄土の一門、念仏の一行也と、一日一夜、理をきわめ、詞《ことば》をつくして述べたまう。座主僧正《そうじょう》これを聞きて始《はじめ》には問難をいたすといえども、後には嘉納信伏《かのうしんぶく》のいろ深《ふか》くして、かつて疑殆《ぎたい》の一言におよばず。いいくちとさだめたる本生坊も黙然としてものいわず。みな人、感情を動《うごか》し帰敬《ききょう》をいたすほか他なし。その形容にむかえば、源空上人、智恵高妙也。その述義をきけば、弥陀如来応現したまうかとおぼゆ。論談すでにおわりて、随喜のあまり、僧正みずから香炉を取て入堂して、旋遶《せんにょう》行道《ぎょうどう》して、高声《こうしょう》念仏す。南北の明匠、顕密の諸徳、異口同音に称名すること、三日三夜、無間無《むけんむ》余《よ》也。

（『拾遺古徳伝絵』・三一五頁）

文治五年（一一八九）八月一日、九条兼実《くじょうかねざね》（一一四九～一二〇七＝摂政と太政大臣を兼ねた。日記『玉葉《ぎょくよう》』の作者。弟・慈円《じえん》は天台座主となる）に浄土教を説き、同月八日には、兼実に授戒しています。兼実は法然にすっかり信頼を寄せたのでしょう。やがてこの兼実に近い者たち（宜秋門院《ぎしゅうもんいん》〈一一七三～一二三九〉九条兼実の長女・後鳥羽天皇の中宮。兼実の女房ら）も、法然に帰依します。なお、兼実が法然を戒師として出家したのは、建仁《けんにん》二年（一二〇二）でした。その数年前、建久七年（一一九六）の十一月には、関白を退いています。

建久元年（一一九〇）、法然は東大寺で『浄土三部経』を講義しました。どうも南都のすべてが念仏弾圧に走ったわけではなく、東大寺は法然をたいへん尊重していたようです。実際、法然は華厳宗の相承を受けたという話もあるほどです（本書六二頁参照）。

建久九年（一一九八）、六十六歳のとき、一月一日より念仏三昧を修して三昧発得《さんまいほっとく》し、夢のなかで善導と対面するという体験を得ました。このとき善導は、上半身は墨染めの僧形《そうぎょう》、下半身は金色の仏身の様子であり、「よく専修念仏のことを言《もうす》。はなはだもて貴《とうとし》とす。ためのゆえにもて来《きたれる》也（汝＝法然が念仏の教えを広めているのを尊いと思い、現れたのである）」等と述べたといいます（『西方指南抄《さいほうしなんしょう》』＝『昭和新修法然上人全集』八六一頁。なお、異説あり）。この年、『選択本願念仏集《せんちゃくほんがんねんぶつしゅう》』を著します。それは、兼実の要請に基づいて書かれたと言われていますが、いずれにせよ、本書こそが浄土宗の根本聖典となるものでしょう。

法然の念仏の教えは、易行《いぎょう》としての称名念仏一行のみをとって、他の行は必要ないというものであったため、急速に民衆に広まっていったようです。そのことに脅威を覚えた南都・北嶺はしきりに法然の活動を抑止しようとはかります。元久《げんきゅう》元年（一二〇四）、比叡山の衆徒が専修念仏停止《ちょうじ》を座主に訴えるということがありました。法然は危機感を強め、十一月七日、七ヵ条からなる誓約書『七箇条制誡《しちかじょうせいかい》』を作って、他宗を軽蔑せず、好んで悪を犯さないよう門弟を誡《いまし》めます。

翌年、今度は興福寺が念仏禁断の奏状を朝廷に提出します。結局、建永《けんえい》元年（一二〇六）十二月、後鳥羽上皇の熊野詣《くまのもうで》の留守中、鹿ヶ谷で念仏布教をしていた弟子、住蓮《じゅうれん》（?〜一二〇七）・安楽《あんらく》（?〜一二〇七）のもとで御所の女房が出家したことを口実に念仏停止が宣下され、さらに翌年二月、住蓮・安楽および他二名は処刑され、すでに七十五歳となっていた法然は土佐へ流罪となり、四国に赴くことになります。しかし実際には、土佐までは行かず、讃岐のあたりに滞在したようです。もっとも、この年八月には、勅免の宣旨が下りました。本州に戻りますがしばらく摂津国（大阪）の勝尾寺《かつおうじ》に逗留し、建暦《けんりゃく》元年（一二一一）十一月に至って、ようやく入洛して東山大谷（現在の総本山知恩院のあたり）に住しました。しかし翌年、八十歳を迎えた一月二日、老衰のなかに高声念仏を励み、一月三日、門弟と問答し、一月二十三日、源智《げんち》（一一八三～一二三八）の要請により『一枚起請文《いちまいきしょうもん》』を書き、ついに一月二十五日、亡くなりました。

『行状絵図』によれば、法然はこの一月三日、弟子・法蓮房信空《ほうれんぼうしんくう》（一一四六～一二二八）と、次のような問答を交わしたと伝えられています。

法蓮房《ほうれんぼう》申さく、「古来《こらい》の先徳《せんとく》、皆《みな》その遺跡《ゆいせき》あり。然《しか》るに今《いま》、精舎一宇《しょうじゃいちう》も建立《こんりゅう》なし。御入滅《ごにゅうめつ》の後《のち》、何処《いずく》をもってか御遺跡《ごゆいせき》とすべきや」と。

上人答《こた》え給《たま》わく、「跡《あと》を一廟《いちびょう》に占《し》むれば遺法《ゆいほう》遍《あまね》からず。予《わ》が遺跡は諸州《しょしゅう》に遍満《へんまん》すべし。故《ゆえ》如何《いかん》となれば、念仏の興行《こうぎょう》は愚老《ぐろう》一期《いちご》の勧化《かんげ》なり。されば、念仏を修《しゅ》せん所《ところ》は、貴賤《きせん》を論ぜず、海人《あま》・漁人《すなどり》が苦屋《とまや》までも、皆これ予《わ》が遺跡なるべし」とぞ仰《おお》せられける。

（『浄土宗聖典』・六巻・五八二頁）

以上、まことに簡略ながら、法然の生涯を辿ってみました。

法然の著作としては、『往生要集釈』『無量寿経釈』などもありますが、なんといっても『選択本願念仏集』が主たる著作でしょう。そこで、次にその『選択本願念仏集』によって、法然の念仏思想を尋ねることにします。

『選択集』に見る法然の思想

法然の主著『選択本願念仏集』は十六章からなり、『無量寿経』『観無量寿経』『阿弥陀経』をめぐる諸問題について論じ、浄土教がいかにたしかな救いの道であるかを論証しようとしています。その結びとなる「第十六章」に、いわゆる「三重の選択」の文があります。

> 計《おもんみ》れば、それ速《すみや》かに生死《しょうじ》を離れんと欲《ほっ》せば、二種の勝法《しょうぼう》の中には、且《しばら》く聖道門《しょうどうもん》を閣《さしお》いて、選んで浄土門に入れ。浄土門に入らんと欲せば、正雑二行《しょうぞうにぎょう》の中には、且く諸《もろもろ》の雑行《ぞうぎょう》を抛《なげう》って、選んで正行《しょうぎょう》に帰《き》すべし。正行を修《しゅ》せんと欲せば、正助二業《しょうじょにごう》の中には、なお助業《じょごう》を傍《かたわら》にし、選んで正定《しょうじょう》を専《もっぱ》らにすべし。正定の業とは、すなわちこれ仏名《ぶつみょう》を称《しょう》するなり。名《みな》を称《しょう》すれば、必ず生《しょう》ずることを得《う》。仏の本願に依《よ》るが故《ゆえ》なり。
>
> （同・三巻・一八五頁）

すなわち、仏教には自力聖道門と他力浄土門とがあるが、すみやかな救いの道は浄土門にこそある。浄土門のなかでも、とりわけ阿弥陀仏に頼るのは正行と言える。阿弥陀仏とその浄土を説く浄土三部経は、まさに浄土往生の道こそもっぱら勧めるからである。その正行には、礼拝《らいはい》・読誦《どくじゅ》・観察《かんざつ》・讃嘆供養《さんだんくよう》・称名の五種正行があるが、なかでも称名念仏によるべきである。それこそが、阿弥陀仏の極楽浄土にたしかに往生できる行だからである、というのです。ここに、法然の、仏教全体に対する独自の教相判釈を見ることができます。

ここで、末法の世の鈍根の者は、他力浄土門によるべきであるということは解りやすいですが、浄土教の修行として一般に五種の正行が説かれたなか、なぜもっぱら称名念仏によるべきなのでしょうか。このことについては、前にも引用した、『行状絵図』の次の一節が有力に物語っていると思います。

彼《か》の釈には、乱相《らんそう》（想）の凡夫《ぼんぶ》、称名《しょうみょう》の行《ぎょう》によりて、順次《じゅんじ》に浄土に生《しょう》ずべき旨《むね》を判《はん》じて、凡夫の出離《しゅつり》を容易《たやす》く勧《すす》められたり。蔵経《ぞうきょう》披《ひ》覧《らん》の度《たび》に、これを窺《うかが》うといえども、取《と》り分《わ》き見給《みたま》うこと三遍《べん》、遂《つい》に「一心専念弥陀名号《いっしんせんねんみだみょうごう》、行住坐臥《ぎょうじゅうざが》不問時節久近《ふもんじせっくごん》、念念不捨者《ねんねんふしゃしゃ》、是名正定之業《ぜみょうしょうじょうしごう》、順彼仏願故《じゅんぴぶつがんこ》」の文《もん》に至りて、「末世《まっせ》の凡夫、弥陀の名号を称せば、彼の仏の願に乗じて、確かに往生を得《う》べかりけり」という理《ことわり》を、思い定め給いぬ。これによりて承安《じょうあん》五年の春、生年四十三《しじゅうさん》。立ちどころに余行《よぎょう》を捨てて、一向に念仏に帰し給いにけり。

（同・六巻・五六頁）

つまり、中国の浄土教家である善導が、「称名こそ正《まさ》しく浄土への往生が定まる行なのである。なぜならそれは阿弥陀仏の本願に順じたものだからである」と明かしていたことによるのです。

その本願のことは、主に『無量寿経』に説かれています。そこで今、その『無量寿経』に基づいて、浄土教の基本を少々明かしておきましょう。

実は阿弥陀仏とは、もと一人の国王だったのです。はるか過去世のことですが、その国王は、世自在王仏《せじざいおうぶつ》という仏の出世に出会って、自分もそのように人々を自在に救済するような仏になりたいと深く思い、国を捨て王位も捨てて出家して、法蔵《ほうぞう》という名の修行者となり、世自在王仏の指導を受け、修行に入る前に四十八の願を立てました。それには五劫《ごこう》という長い時間をかけて考え抜いたといいます。「劫」とは途方もなく長い時間の単位で、たとえば『雑阿含経』という経典には、一辺が約七キロメートルの立方体を芥子粒で満たし、それを百年に一度、一粒ずつ取り去っていき、すべてなくなってもまだ一劫は終わらない、と記されています（他説もあります）。この、修行の根本（本初）に立てた願のことを、本願と言います。

その後、法蔵菩薩は長遠の時間の修行を完成して阿弥陀仏という名の仏となり、今は西方の極楽浄土にいらっしゃるというのです。成仏された時は、もはやすでに十劫の昔だといいます。その浄土の様子は『無量寿経』に、「自然《じねん》の七宝《しっぽう》、金《こん》・銀《ごん》・瑠璃《るり》・珊瑚《さんご》・琥珀《こはく》・硨《しゃ》磲《こ》・碼碯《めのう》をもって合成《ごうじょう》して地《じ》とせり。恢廓曠蕩《けかくこうとう》として、限極《げんごく》すべからず。(また七宝)悉《ことごと》く相雑廁《あいざっし》し、転《うたた》相入間《あいにゅうけん》せり。光赫焜耀《こうかくこんにょう》として、微妙奇麗《みみょうきらい》なり。……また、四時《しじ》、春秋冬夏《しゅんじゅうとうげ》なし。不寒不熱にして、常和調適《じょうわじょうちゃく》なり」(同・一巻・二三六頁)等と描かれています。

なお、浄土というものは一般に、常に微風がそよいでいて、宝樹は心地よい音を奏で、清涼の水をたたえた池もある等と描かれるものです。単にきらびやかなだけでなく、まことに快適そのものの世界なのです。

さらにこの阿弥陀仏は自由自在に世界を照らす光の仏であることも明かされ、「無量光《むりょうこう》仏《ぶつ》・無辺《むへん》光仏・無礙《むげ》光仏・無対《むたい》光仏・燄王《えんのう》光仏・清浄《しょうじょう》光仏・歓喜《かんぎ》光仏・智慧《ちえ》光仏・不断《ふだん》光仏・難思《なんじ》光仏・無称《むしょう》光仏・超日月《ちょうにちがつ》光仏」とも号すことが示されています。そこには、「それ衆生あって、この光に遇《あ》う者は、三垢消滅《さんくしょうめつ》し、身意柔軟《しんににゅうなん》なり。歓喜踊躍《かんぎゆやく》して、善心生《ぜんじんしょう》ず。もし、三塗勤苦《さんずごんく》の処《ところ》に在《あ》って、この光明を見たてまつれば、皆《みな》休息《くそく》を得《え》て、また苦悩なし。寿《じゅ》終《じゅう》の後《のち》、皆《みな》解脱《げだつ》を蒙《こうむ》る」(同・一巻・二三七頁)ともあり、阿弥陀仏の光明に触れれば、あらゆる苦悩が消滅するといいます。

さらにまた、「無量寿仏の光明顕赫《けんかく》にして、十方を照耀《しょうよう》す。諸仏の国土に、(光明の偉大なる徳性の)聞こえずということなし。……もし衆生あって、その光明の威神功徳《いじんくどく》を聞きて、日夜《にちや》に称説《しょうぜつ》して至心《ししん》不断《ふだん》なれば、意《こころ》の所願《しょがん》に随《したが》って、その国に生まれんことを得て、諸《もろ》もろの菩薩・声聞大衆《しょうもんだいしゅ》に、共《とも》に歎誉《たんにょ》して、その功徳を称せられ、……」（同・一巻・二三七頁）

等とも説かれています。

さて、その阿弥陀仏の本願に誓われたことは、すでに成仏を果たした以上必ず成就するはずです。その本願には四十八もあったわけですが、そのなかでももっとも重要な願は、やはり第十八願でしょう。『無量寿経』には次のようにあります。

もし我《わ》れ仏《ほとけ》を得《え》たらんに、十方《じっぽう》の衆生《しゅじょう》、至心《ししん》に信楽《しんぎょう》して、我が国《くに》に生《しょう》ぜんと欲《ほっ》して、乃至《ないし》十念せんに、もし生ぜずんば、正覚《しょうがく》を取《と》らじ。ただ五逆《ごぎゃく》と誹謗正法《ひぼうしょうぼう》とを除《のぞ》く。（同・一巻・二二七頁）

後段の「ただ五逆と誹謗正法とを除く」というのは、そういう行為をしないように抑止するためであって、本当はそれらの者たちも救われるのだといいます。いずれにせよ、すでに法蔵菩薩は阿弥陀仏になっているのですから、本願に誓ったことは成就しているはずであり、したがって「乃至十念せん」によって、必ず極楽浄土に往生できるはずになります。この、「十念」の「念」は、念仏だとしても、浄土教の歴史のなかでは観念の念仏、観相・憶念の念仏でありうることでした。しかし善導は、この「念」を称念（口称）でよいとはっき

りと語ったのです。念と声とは一つであるから、などの解釈を展開し、『往生礼讃』に、

又た無量寿経に云うが如し、もし我《わ》れ成仏《じょうぶつ》せんに、十方《じっぽう》の衆生《しゅじょう》、我が名号《みょうごう》を称《しょう》して、下十《しもじっ》声《しょう》に至《いた》るまで、もし生《しょう》ぜずば正覚《しょうがく》を取《と》らじ、と。彼《か》の仏《ほとけ》、今《いま》現《げん》に世《よ》に在《まし》まして成仏《じょうぶつ》したまえり。まさに知《し》るべし、本誓《ほんぜい》の重願《じゅうがん》虚《むな》しからず、衆生《しゅじょう》称念《しょうねん》すれば必ず往生することを得《う》。

（『浄土宗全書』・四巻・三七六頁）

と示しています。こうした善導の立場を承けて、法然はただ称名念仏によるのみで救われるのだとすっかり得心し、専修念仏の道を宣揚したのでした。法然の立場について、「偏依《へんね》善導」（偏《ひと》えに善導に依《よ》る）とも呼ばれる所以です。

それにしても阿弥陀仏はなぜ、称名念仏によって衆生を救うことを本願に誓ったのでしょうか。このことについて、法然は『選択本願念仏集』「第三、念仏往生本願篇」において、二つの観点から説明しています。一つは、勝劣《しょうれつ》の義、もう一つは難易《なんい》の義です。つまり、称名念仏は他のどんな行よりも勝れているから、また易しいから、本願に採りあげたのであるというのです。では、なぜそれが勝れているかというと、次の理由によるといいます。

名号《みょうごう》はこれ万徳《まんどく》の帰《き》する所《ところ》なり。然《しか》ればすなわち、弥陀《みだ》一仏《いちぶつ》の所有《あらゆ》る四智《しち》・三身《さんじん》・十力《じゅうりき》・

四無畏《しむい》等の一切《いっさい》の内証《ないしょう》の功徳《くどく》、相好《そうごう》・光明《こうみょう》・説法《せっぽう》・利生《りしょう》等の一切の外用《げゆう》の功徳、皆《みな》ことごとく阿弥陀仏の名号の中《なか》に摂在《しょうざい》せり。故《ゆえ》に名号の功徳、最も勝《しょう》とす。

（『浄土宗聖典』・三巻・一一八頁）

名号には、阿弥陀仏の身心に具《そな》わっている功徳（内証の功徳）や外に表れた功徳（外用の功徳）の一切が収まって存在していて、ゆえに他の一切よりも勝れているのだというのです。

一方、なぜそれが易しいかというと、「観察は難、称名は易、また、造像起塔《ぞうぞうきとう》・智慧高才《ちえこうざい》・多聞多見《たもんたけん》・持戒持律《じかいじりつ》は難、称名は易」であるからというのです。たとえば、造像起塔によって救うことを誓えば、きわめて裕福な者しか救われないことになりますし、持戒持律によって救うことを誓えば、戒律をよく守る者のみしか救われないことになってしまいます。そこで「然《しか》ればすなわち、弥陀如来、法蔵比丘《ほうぞうびく》の昔《むかし》、平等の慈悲に催《もよお》され、普《あまね》く一切を摂《せっ》せんが為に、造像起塔等の諸行を以《もっ》て、往生の本願としたまわず。ただ称名念仏の一行を以て、その本願としたま」（同・三巻・一二〇頁）うたのであり、阿弥陀仏は誰でもどこでも難しくなくできる称名念仏によって人々を救うことを本願とされたのだというのです。このとき法然は、称名念仏によれば、戒律を守れない者でさえなお救われる道のあることを考えていたということにもなります。

実は、「選択本願念仏」ということは、我々が本願に誓われた念仏を選択するということではありません。阿弥陀仏こそが本願において、他を選捨し、特に念仏を選取された、その本願念仏の救いということを意味するものです。阿弥陀仏、さらには釈尊や諸仏も、一切衆生の救いに称名念仏を選んだのであり、ゆえにその称名念仏のみによって往生は実現するというのです。この仏道こそ、鎌倉時代の新仏教を切り開く根本となったのでした。

念仏一行と多念・少念

法然が〝偏えに依った〟かの善導が、もっぱら念仏の救いを語ったのは、単に阿弥陀仏がそのことを本願に誓ったからというだけでなく、釈尊ないし諸仏がこのことを勧めておられるからでもありました。たとえば、『観無量寿経』の最後には「仏《ほとけ》、阿難《あなん》に告《つ》げたまわく。汝《なんじょ》好くこの語《ご》を持《じ》せよ。この語を持せよとは、すなわちこれ無量寿仏の名《みな》を持せよとなり」(同・一巻・三二四頁)とあるのです。これに対して善導は、自身が書いたその注釈書『観経疏』において、

仏告阿難汝好持是語(仏《ほとけ》、阿難《あなん》に告《つ》げたまわく、汝《なんじょ》好くこの語《ご》を持《じ》せよ)より已下《いげ》は、正《まさ》しく弥陀《みだ》の名号《みようごう》を付属《ふぞく》して、遐代《かだい》に流通《るずう》せしめたまうことを明《あか》す。上来《じようらい》、定散両門《じようさんりようもん》の益《やく》を説きたまうといえども、仏《ぶつ》の本願《ほんがん》に望《のぞ》むれば、意《こころ》衆生《しゆじよう》をして一向《いっこう》に専《もっぱ》ら弥陀仏《みだぶつ》の名《みな》

を称《しよう》せしむるに在《あ》り。（同・二巻・三二三頁）

と解説しています。『観無量寿経』が定善の十三観や散善の三観等を説くことは有名ですが、それらも結局は、すべて称名念仏に帰するというわけです。

このことについて法然は、『選択本願念仏集』の「第十二、仏名を付属する篇」に、

まさに知《し》るべし、釈尊諸行《しやくそんしよぎよう》を付属《ふぞく》したまわざる所以《ゆえ》は、すなわちこれ弥陀《みだ》の本願《ほんがん》に非《あら》ざるが故《ゆえ》なり。また念仏《ねんぶつ》を付属したまう所以は、すなわちこれ弥陀の本願なるが故なり。今《いま》また善導和尚《ぜんどうかしよう》、諸行《しよぎよう》を廃《はい》して念仏に帰《き》せしむる所以は、すなわち弥陀の本願たるの上、またこれ釈尊付属の行なればなり。（同・三巻・一七四頁）

と解説しています。

なお、ここには、持戒・菩提心・解第一義《げだいいちぎ》（理観）・大乗経読誦の四箇の行を「当世の人、殊に欲する所の行なり。これらの行を以て、殆んど念仏を抑《おさ》う」としつつ、しかしそれらは本願にはないので、偏えに念仏のみを釈尊は付属したのだとあります。したがって、念仏の救いには発菩提心も不要であるということになります。この菩提心の問題は、後ほどあらためて考えてみたいと思います。

ともかく、本願に誓われた念仏の救いですから、我々はそれを実践すれば、必ず往生できるはずです。このことについて、やはり善導は『往生礼讃』に、

もし能《よ》く上《かみ》のごとく念念相続して、畢命《ひつみょうご》を期《ご》とする者は、十はすなわち十生じ、百はすなわち百生ず。何を以ての故に。外《ほか》の雑縁《ぞうえん》無く、正念《しょうねん》を得るが故に。仏の本願と相応することを得るが故に。教《きょう》に違わざるが故に。仏語に随順するが故なり。もし専を捨て、雑業《ぞうぎょう》を修せんと欲する者は、百時希《ひゃくじまれ》に一、二を得、千時希《せんじ》に五、三を得。

（『浄土宗全書』・四巻・三五六頁）

等と明かしています。なお、諸行の立場は本願、仏語に沿わないのみならず、「慚愧《ざんき》懺悔《さんげ》の心有ること無きが故に。……また相続して彼の仏恩《ぶっとん》を念報せざるが故に。心に軽慢《きょうまん》を生じて、業行を作すといえども、常に名利と相応するが故に」（同・四巻・三五七頁）等々の諸問題がつきまとうとも言っています。こうして善導は、

すでに能《よ》く今身に彼《か》の国に生ぜんと願ずる者は、行住坐臥《ぎょうじゅうざが》に必ずすべからく心を励まし己を剋《せ》めて、昼夜に廃すること莫《な》く、畢命《ひつみょう》を期《ご》とすべし。上一形《かみいちぎょう》（一生涯）に在るは少苦なるに似たれども、前念に命終して後念にすなわち彼《か》の国に生じて、長時永劫《じょうじょうごう》に常に無為

の法楽を受く。乃至成仏まで生死を経ず。あに快きに非ずや。（同）

と、生涯にわたって念仏を廃すべきでないと諭しています。

しかし、すでに述べたように『無量寿経』の第十八願には、「もし我れ仏を得たらんに、十方の衆生、至心に信楽して、我が国に生ぜんと欲して、乃至十念せんに、もし生ぜずんば、正覚を取らじ。……」とありました。ここには、十回の念仏で往生がかなうことが約束されています。さらに、同経の巻下には、「十方恒沙《じっぽうごうじゃ》の諸仏如来《しょぶつにょらい》、皆共《みなとも》に無量寿仏の威神《いじん》功徳《くどく》の不可思議《ふかしぎ》なることを讃歎《さんだん》したまう。あらゆる衆生、その名号を聞きて、信心歓喜《しんじんかんぎ》して、乃至《ないし》一念《いちねん》、至心《ししん》に廻向《えこう》して、かの国に生《しょう》ぜんと願《がん》ずれば、すなわち往生を得《え》て、不退転に住《じゅう》す。……」（願成就の文、『浄土宗聖典』・一巻・二四九頁）とあります。ここには実に「一念」とあるのです。さらに、「仏、阿難に告《つ》げたまわく、その下輩《げはい》の者は」とあって、そこには「……一向に意《こころ》を専《もっぱ》らにして、乃至十念、無量寿仏を念《ねん》じて、その国《くに》に生ぜんと願ずべし。もし深法《じんぼう》を聞きて歓喜《かんぎ》信楽《しんぎょう》して疑惑《ぎわく》を生《しょう》ぜず、乃至一念、かの仏を念じて至誠心《しじょうしん》をもって、その国に生ぜんと願ずれば、……」（同・一巻・二五〇頁）往生を得るともあります。

このように、経典においては、むしろ十念ないし一念の救いが強調されています。善導も『往生礼讃』に、「それ彼の弥陀仏の名号を聞くことを得ることと有って、歓喜して一念に至るまで、皆まさにかしこに生ずることを得べし」（『浄土宗全書』・四巻・三六二頁）と述べて、一念の往生を認めています。

では念仏は、一回あるいは十回でよいのでしょうか。それともっと多く唱えるべきなのでしょうか。このことに関して、善導が経に「乃至十念」とあるところを『観念法門』や『往生礼讃』において「下至十声」等と解説していることにつき、法然は『選択本願念仏集』「第三、念仏往生本願篇」に、乃至は多より少に向かう用例に準じたものであること、多は上一形、少は十声一声を意味していることを明かし、善導によれば、この「乃至十念」および「下至十声」は、ただ単に十回の念仏を意味するのではなく、「上一形を取り、下一念を取る」ことであることを説明しています（実際、『往生礼讃』には、しばしば「下至十声一声」等とある）。ですから善導とともに法然もまた、一念での往生も認め、多念での往生も認めていたということになるでしょう。実際、法然は一念での往生の疑うべからざることをしばしば語っています。

ただし法然は、やはり多くの念仏を唱えることが上品《じょうぼん》往生につながると、多念を尊重・評価していたようです。『無量寿経』巻下には、「仏《ほとけ》、弥勒《みろく》に語《つ》げたまわく、それ、かの仏《ほとけ》の名号《みょうごう》を聞くことを得《う》ることあって、歓喜踊躍《かんぎゆやく》して乃至一念せんに、まさに知《し》るべし、この人、大利《だいり》を得《え》たりとす。すなわちこれ無上《むじょう》の功徳《くどく》を具足《ぐそく》す」（同・一巻・二八四頁）とあるのですが、この句をめぐって、『選択本願念仏集』「第五、念仏利益篇」に、次の文が見られます。

次に多少《たしょう》とは、下輩《げはい》の文《もん》の中《なか》に、すでに十念乃至一念の数《かず》有《あ》り。上中《じょうちゅう》の両輩《りょうはい》、これに准《じゅん》じて随《したが》って増《ぞう》すべし。『観念法門』に云《いわ》く、「日別《にちべつ》に一万遍仏《いちまんべんほとけ》を念じ、またすべからく時《とき》に依《よ》って、浄土の荘厳事《しょうごんじ》を礼讃《らいさん》すべし。大《おお》いに精進《しょうじん》すべし。あるいは三万六万十万を得《う》る者は、皆《みな》これ上品上生《じょうぼんじょうしょう》の人《ひと》なり」と。まさに知るべし。三万已上《さんまんいじょう》はこれ上品上生《じょうぼんじょうしょう》の業《ごう》、三万已去《いこ》は上品已下《いげ》の業なり。すでに念数《ねんじゅ》の多少《たしょう》に随って、品位《ほんい》を分別することこれ明《あき》らけし。今ここに一念と言うは、これ上《かみ》の念仏の願成就《がんじょうじゅ》の中に言う所の一念と、下輩の中に明《あか》す所の一念とを指す。願成就の文の中に、一念と云うといえども、いまだ功徳《くどく》の大利《だいり》を説かず。また下輩の文の中に、一念と云うといえども、また功徳の大利を説かず。この一念に至って、説いて大利と為し、歎《たん》じて無上《むじょう》と為す。まさに知るべし、これ上《かみ》の一念を指すなり。この大利とは、これ小利《しょうり》に対するの言《ごん》なり。然《しか》ればすなわち菩提心等《ぼだいしんとう》の諸行を以て小利と為し、乃至一念を以て大利と為す。また無上功徳《むじょうくどく》とは、これ有上《うじょう》に対する言《ごん》なり。余行を以て有上と為し、念仏を以て無上と為す。すでに一《ひとつ》念を以て一の無上と為す。まさに知るべし。十念を以て十の無上と為し、また百念《ひゃくねん》を以て百《ひゃく》の無上と為し、また千念《せんねん》を以て千《せん》の無上と為す。かくのごとく展転《てんでん》して、少《しょう》より多《た》に至り、念仏恒沙《ごうじゃ》ならば、無上の功徳もまた恒沙なるべし。かくのごとくまさに知るべし。然《しか》れば諸《もろもろ》の往生を願求《がんぐ》せん人、何《なん》ぞ無上大利の念仏を廃《はい》して、強《し》いて有上小利の余行を修《しゅ》せんや。

（同・三巻・一三一頁）

一念の念仏に大利がある以上、その念仏が多ければ多いほど、その無上の功徳も多くなる。どうしてこの念仏を廃すべきであろうかというのです。

また、「四箇条問答」（『西方指南抄』所収）には、お香の薫じた衣を着た人にはもとのお香そのものがしみるように、本願が薫じた名号をとなえればその人に本願そのものがしみとおって決定往生する、だから『観無量寿経』に、念仏する人は「人中の芬陀利華《ふんだりけ》」であると記されているのだ、等と説明して、「かるがゆえに、一念に無上の信心を得てむ人は、往生の匂の薫ぜる名号の衣を、いくえともなくかさねきむとおもうて、歓喜の心に住して、いよいよ念仏すべし」（『昭和新修法然上人全集』・七〇三頁）とあります。「芬陀利華」は泥中に咲く白蓮華のこと、つまり念仏を唱える人は、煩悩にまみれた人々のなかにあって白蓮華のように気高く美しい、という喩えです。

なお、「禅勝房にしめす御詞」（『和語燈録』）には、法然の言葉として、

またいう、一念十念にて往生すといえばとて、念仏を疎相《そそう》に申せば、信力《しんりき》が行《ぎょう》を妨《さまた》ぐるなり。念念不捨《ねんねんふしゃ》といえばとて、一念十念を不定《ふじょう》に思えば、行が信を妨ぐるなり。かるが故《ゆえ》に、信をば一念に生《む》まると取《と》り、行をば一形《いちぎょう》励むべし。またいう、一念を不定に思う者は、念念の念仏ごとに不《ふ》信《しん》の念仏になるなり。その故《ゆえ》は阿弥陀仏は一念に一度の往生を宛《あ》

て置《お》きたまええる願《がん》なれば、念念ごとに往生の業《ごう》となるなり。

（『浄土宗聖典』・四巻・四三三頁）

の文があります。一念で往生するのはたしかなことであり、しかしその信にとどまるのみでは、行が欠けてしまう。信・行はやはりともに具足されるべきなのだというのです。このように、一念の念仏による往生を信じ、またその無上の功徳を信じつつ、だからこそさらに、その本願力功徳をいただける念仏を心から重ねて、より高い境地に進ませていただく道を行くのが、法然の浄土教であったと言えるでしょう。

法然における「信」の問題――三心と菩提心

法然は、各宗の菩提心の意義を十分に認めるものの、念仏の救いに関しては、阿弥陀仏の本願にはないがゆえに、菩提心もまったく不要であると説きました。このことに対して、明恵《みょうえ》（一一七三～一二三二）が『摧邪輪《ざいじゃりん》』（一二一二年十一月）を書いて批判したことは有名です。しかし、たとえこの批判に直面したとしても、法然の考えはまったく揺らぐものではなかったことでしょう。それだけ、阿弥陀仏の本願を偏えに信頼していたのです。

この菩提心と関連したものとして、浄土に往生するための三心《さんじん》の問題があります。『観無量寿経』に、もし衆生あって、かの国に生《しょう》ぜんと願《がん》ぜば、三種《さんじゅ》の心《しん》を発《おこ》すべし。すなわち往生す。何等《なんら》をか三《さん》とす。一つには至誠心《しじょうしん》、二つには深心《じんしん》、三つには廻向発願心《えこうほつがんじん》なり。三心《さんじん》を具《ぐ》する者は、必ずかの国に生ず。　（同・一巻・三〇五頁）

とあることから、浄土往生のためには、この三心を具することが不可欠だと考えられたのです。また、第十八願には、「もし我れ仏を得たらんに、十方の衆生、至心に信楽して、我が国に生ぜんと欲して、乃至十念せんに、もし生ぜずんば、正覚を取らじ。……」とあったように、この本願の救いにあずかるには、本当は称名念仏とともに「至心・信楽・欲生」の三つの心が必要不可欠だったのです。この第十八願の三心と、前の『観無量寿経』の三心とは、同じものと見てよいでしょう。こうして、実は浄土に往生させていただくには、ただ念仏すればよいのではなく、菩提心はともかく、必ず至誠心・深心・廻向発願心という三心を発し具えることが要請されているのです。

では、この三心とはいったい、どのような心なのでしょうか。このことについては、善導『観経疏』に詳しい説明があり、法然もその部分をすべて『選択本願念仏集』「第八、三心篇。念仏の行者必ず三心を具足すべきの文」に引用しています。それを簡単に言えば、至誠心とは、真実の心、深心とは、自身は救われない煩悩深重の身であり、阿弥陀仏の救いは確実であることを深く信じる心、廻向発願心とは、真に浄土往生を願う心、と言えるでしょう。

たとえば、至誠心すなわち真実心《しんじつしん》の説明には、

外《そと》に賢善精進《げんぜんしょうじん》の相《そう》を現《げん》じて、内《うち》に虚仮《こけ》を懐《いだ》くことを得《え》ざれ。貪瞋邪偽《とんじんじゃぎ》、奸詐百端《かんさひゃくたん》にして、悪生《あくしょうや》侵め難《がた》く、事《こと》、蛇蝎《だかつ》に同《おな》じきは、三業《さんごう》を起《おこ》すといえども、名づけて雑毒《ぞうどく》の善と為《な》し、また虚仮の行《ぎょう》と名づけ、真実の業と名づけず。（同・三巻・一三九頁）

とあります。

また、深心には、

一《ひとつ》には決定《けつじょう》して、深く自身《じしん》は現《げん》にこれ罪悪生死《ざいあくしょうじ》の凡夫《ぼんぶ》、曠劫《こうごう》より已来《このかた》、常《つね》に没《もつ》し、常に流《る》転《てん》して、出離《しゅつり》の縁有《えんあ》ること無しと信ず。二《ふたつ》には決定して、深く彼《か》の阿弥陀仏、四十八願《しじゅうはちがん》をもって、衆生《しゅじょう》を摂受《しょうじゅ》したまう。疑《うたが》い無く慮《うらおも》い無く、彼の願力《がんりき》に乗《じょう》じて、定《さだ》んで往生を得《う》と信ず。（同・三巻・一四〇頁）

とあり、さらに廻向発願心には、

……この自他《じた》の所修《しょしゅ》の善根《ぜんごん》を以《もっ》て、ことごとく皆真実深心《みなしんじつじんしん》の心《こころ》の中《なか》に、回向《えこう》して、彼《か》の国に生ぜんと願ず。故《ゆえ》に「廻向発願心」と名づく。（同・三巻・一四六頁）

等とあります（この廻向発願心の説明の箇所に、いわゆる「二河白道《にがびゃくどう》の喩《たとえ》」も出ます。なお、『七箇条《しちかじょう》の起請文』には、この真実心を「浄土の菩提心というなり」と言っています）。さらに法然はこのあと、同じく善導の『往生礼讃』の文も引用します。こちらの三心の説明は比較的短く、簡潔にまとまったものとなっており、たとえば深心の説明には、

二《ふたつ》には深心、すなわちこれ真実の信心《しんじん》なり。自身はこれ煩悩《ぼんのう》を具足《ぐそく》せる凡夫《ぼんぶ》、善根薄少《ぜんごんはくしょう》にして、三界《さんがい》に流転《るてん》して、火宅《かたく》を出《い》でずと信知《しんち》し、今弥陀の本弘誓願《ほんぐぜいがん》、名号を称すること、下《しも》、十声一声《じっしょういっしょう》等に至るに及ぶまで、定《さだ》んで往生を得《う》と信知して、乃至一念も疑心《ぎしん》有《あ》ること無し。故《ゆえ》に深心と名づく。（同・三巻・一五一頁）

とあり、『往生礼讃』はその三心の説明のあと、「この三心を具すれば、必ず生ずることを得。もし一心をも少《か》けぬれば、すなわち生ずることを得ず。『観経』につぶさに説くがごとし。まさに知るべし」と説くのです。

これらの善導の教説に対し、法然はやはり偏《ひと》えに順《したが》っており、自身でもその私釈において、「明《あき》らかに知んぬ。一《ひとつ》も少《か》けぬれば、これ更《さら》に不可《ふか》なることを。これに因《よ》って極楽に生《しょう》ぜんと欲《ほっ》せん人《ひと》は、全《まった》く三心を具足すべし」（同・三巻・一五二頁）と明瞭に示しています。とすれば、実は易行《いぎょう》の念仏の救いには、ただ称名念仏するのみでなく、三心を具《そな》えることが絶対条件であるということになるわけです。

では、私たちは、そうした心を本当に具えることはできるのでしょうか。たとえば、真実心とは、結局、内心と外相とが相違しないこととなるのですが、法然の『御消息』には、「この心《しん》につきて四句《しく》の不同《ふどう》あるべし。一《ひと》つには外相《げそう》は貴《とうと》げにて、内心《ないしん》は貴からぬ人《ひと》あり。二《ふた》つには外相も内心もともに貴からぬ人あり。三《み》つには外相は貴げもなくて内心貴き人あり。四《よ》つには外相も内心もともに貴き人あり。されば詮《せん》ずるところは、前の二人は至誠心を欠いており、後の二人は至誠心を具した人だとして、「されば詮《せん》ずるところは、ただ内心にまことの心《こころ》を発《おこ》して、外相は善《よ》くもあれ悪《あ》しくもあれ、とてもかくてもあるべきにやと覚《おぼ》えそうろうなり。大方《おおかた》この世を厭《いと》わん事《こと》も、極楽を欣《ねが》わん事も、人目《ひとめ》ばかりを思《おも》わで、まことの心《しん》を発すべきにてそうろうなり。これを至誠心と申しそうろうなり」（同・四巻・五三六頁）と結んでいます。そうだとして、ではこの至誠・真実のまことの心を発し具することは、たやすいことなのでしょうか。

このことを心配した民衆は、決して少なくなかったのでしょう。法然は、そうした人々に、きっと阿弥陀仏が救ってくださると信じて念仏していれば、おのずから三心が具わる、だからことさら三心を具えるにはどうすればよいかなどと心配する必要はない、とたびたび諭すのでした。そのような言葉を、一、二、挙げてみます。

三心を具《ぐ》する事《こと》は、ただ別《べつ》の様《よう》なし。阿弥陀仏《ほとけ》の本願に、わが名号を称念《しょうねん》せば、必ず来迎《らいこう》せん、と仰《おお》せられたれば、決定《けつじょう》して引接《いんじょう》せられまいらせんずるぞと深く信じて心《こころ》に念じ口《くち》に称《しょう》するに物憂《ものう》からず、すでに往生したる心地《ここち》して最後《さいご》一念《いちねん》に至るまで弛《たゆ》まざる者は、自《じ》然《ねん》に三心は具足するなり。　（『十二問答』＝『浄土宗聖典』・四巻・四三八頁）

醍醐《だいご》の二十八問答に云《いわ》く、往生の業《ごう》を相続すれば、自然に三心は具足するなり。たとえば葦《あし》のしげき池《いけ》に、十五夜の月の宿りたるは、よそにては月やどりたりとみえねども、よくよくたちよりてみれば、あしの間を分《わか》ちてやどるなり。妄念《もうねん》の葦はしげけれども、三心の月《つき》はやどる也《なり》と。　（『澄円上人伝聞の御詞』＝『昭和新修法然上人全集』・七七一頁）

三心をしれりとも念仏せずばその詮《せん》なし。たとい三心をしらずとも念仏だにもうさばそらに三心は具足して極楽には生ずべし。
（『後世物語聞書』＝『続浄土宗全書』・九巻・五八頁下段）

なお、『常《つね》に仰《おお》せられける御詞』には、次のようにも示されています。

故法然上人の常に仰せられ候《そうら》いしは、三心を安《やす》く具《そな》うる様《よう》ある也。決定《けつじょう》往生《おうじょう》せんずる也《なり》と思い取りて申す念仏は、誠《まこと》の心《こころ》を至《いた》さんと教《おし》うる至誠心《しじょうしん》も此《こ》の心《こころ》に納まりぬ。又、此の阿弥陀仏の本願に疑いを成《な》さず、決定往生すべきぞと思えと教うるに、深心も此の内《うち》に納まりぬ。第三の廻向発願心も、申したらん念仏を、一脈《いちみゃく》に決定往生せんずるぞと願《ねが》えと教うるに、廻向発願心も此の内に納まる也。明《あき》らかに知んぬ、決定往生せんと思い切りて申す念仏に、三心は皆納《みなおさ》まる也と云う事を。されば習わざる物なれども、決定往生せんずるぞと思い切りて申し居る程に、三心を具ることは安き也、と。

（『昭和新修法然上人全集』・四九一頁）

又云《いわ》く、南無阿弥陀仏というは、別《べつ》したる事《こと》には思うべからず。阿弥陀ほとけ我《われ》をたすけ給《たま》えという言葉と心得《こころえ》て、心にはあみだほとけ、たすけ給えとおもいて、口《くち》には南無阿弥陀仏《ぶつ》と唱《とな》うるを、三心具足《さんじんぐそく》の名号と申すなり。

（同・四九二頁）

こうして、念仏の救いには、三心の一心も欠くべからざることが絶対ではあるものの、それは凡夫のままに、弥陀の救いをひたすら信じて念仏するところに自然に具わるものなのだ、何も難しいことはないと説くのでした。以上の趣旨をよくまとめてあるものが、『七箇条の起請文』にありますので、最後にそれを紹介しておきましょう。

……これは阿弥陀ほとけの法蔵菩薩《ほうぞうぼさつ》のむかし、五劫《ごこう》のあいだ、よるひる心《こころ》をくだきて案じたてて成就せさせ給いたる本願の三心なれば、あだあだしくいうべき事にあらず。いかに無智《むち》ならん者もこれを具し、三心の名をしらぬ者までも、かならずそらに具せんずる様をつくらせ給いたる三心なれば、阿弥陀をたのみたてまつりて、すこしもうたがう心なくしてこの名号をとなうれば、あみだほとけかならずわれをむかえて、極楽にゆかせ給うときて、これをふかく信じて、少しもうたがう心なく、迎えさせ給えとおもいて念仏すれば、この心がすなわち三心具足の心にてあれば、ただひらに信じてだにも念仏すれば、すずろに三心はあるなり。　（同・八一一頁）

この意は、臨終の際に示された、かの『一枚起請文』に、

ただし三心四修《さんじんししゅ》など申《もう》すことの候《そうろ》うは、皆決定《みなけつじょう》して南無阿弥陀仏にて往生するぞと思《おも》ううちに籠り候うなり。　（『浄土宗聖典』・六巻・六八八頁）

と集約されています。ここに、法然の教えの究極があるものと思います。

2　日本浄土教の思想(2)――親鸞

親鸞の生涯

親鸞（一一七三～一二六二）は承安《じょうあん》三年、京都・日野に生まれました。父は日野有範《ありのり》といい、貴族の身分でしたが、必ずしも高い位ではなかったようです。治承《じしょう》五年（一一八一）春、九歳のとき、のちの天台座主慈円のもとで出家しました。その後、比叡山においてどのような生活を送っていたのか、ほとんど知られていませんが、親鸞の妻となった恵信尼《えしんに》の消息（手紙）に、「この文《もん》ぞ、殿《との》の比叡《ひえい》の山《やま》に堂僧《どうそう》つとめておわしましけるが、山《やま》を出《い》でて、六角堂《ろっかくどう》に百日《ひゃくにち》籠《こも》らせたまいて後世《ごせ》の事《こと》いのりもうさせたまいける九十五日《くじゅうごにち》のあか月《つき》の御示《ごじ》現《げん》の文《もん》なり」（『浄土真宗聖典』・八一四頁）とあり、叡山の堂僧であったことが推察されます。堂僧というのは、常行三昧堂において、不断念仏に奉仕する役僧のことのようです。「山を出でて」云々というのは、建仁《けんにん》元年（一二〇一）、比叡山を下りて、京都の六角堂に百日の参籠を行ったことを示しています。比叡山の仏道修行では、自己および人々を真に救済できるのか、ひそかに考え悩んでいたのかもしれません。六角堂の本尊は、救世《くせ》観音菩薩で、聖徳太子の本地《ほんじ》であると信じられていました。この参籠のとき、もうすぐ百日にもなろうという頃（九十五日の暁）、ある夢告を得たわけで、そのことを記す文書がその恵信尼の手紙に付いていたわけですが、それは現在、残っておりません。

一説に、その文の内容は、次に出る偈文《げもん》等であったろうと推測されています。

建仁三年　癸亥《みずのとい》四月五日《しがついつかのひ》の夜《よ》寅《とら》の時、上人（親鸞）夢想の告げましましき。かの『記《き》』（『親鸞夢記』と推定される）にいわく、六角堂の救世菩薩、顔容端厳《げんようたんごん》の聖僧《しょうそう》の形《かたち》を示現《じげん》して、白衲《びゃくのう》の袈裟を着服《ちゃくぶく》せしめ、広大の白蓮華に端坐《たんざ》して、善信《ぜんしん》（親鸞）に告命《ごうみょう》してのたまわく、「行者宿報設女犯《ぎょうじゃしゅくほうせつにょぼん》、我成玉女身被犯《がじょうぎょくにょしんぴぼん》、一生之間能荘厳《いっしょうしけんのうしょうごん》、臨終引導生極楽《りんじゅういんどうしょうごくらく》（行者、宿報にてたとい女犯すとも、われ玉女の身となりて犯せられん。一生のあいだ、よく荘厳して、臨終に引導して極楽に生ぜしめん）」といえり。救世菩薩、善信にのたまわく、「これはこれ、わが誓願なり。善信この誓願の旨趣《しいしゅ》を宣説《せんぜつ》して、一切群生《いっさいぐんじょう》にきかしむべし」と云々《うんぬん》。そのとき善信、夢《ゆめ》のうちにありながら、御堂《みどう》の正面にして東方《とうぼう》をみれば、峨々《がが》たる岳山《がくさん》あり。その高山《こうざん》に数千万億《すせんまんおく》の有情群集《うじょうくんじゅう》せりとみゆ。そのとき告命《ごうみょう》のごとく、この文《もん》のこころを、かの山にあつまれる有情《うじょう》に対して説《と》ききかしめおわるとおぼえて、夢さめおわりぬと云々。（覚如《かくにょ》『御伝鈔』〈『親鸞伝絵』〉の詞書集）＝『浄土真宗聖典』・一〇四四頁）

この記の伝えるところは、観音さまが、美しい女性となって現れてあなたを受けとめ、仏道の生活を共に送り、臨終時には極楽浄土に往生させてあげましょう、と言ったというのです。しかもそれだけでなく、観音さまは、この私の誓願を一切群生に聞かせなさい、とも言ったというのです。とすれば、このお告げを得たことは、民衆の救いとなる在家仏教の可能性があるのだということ、それこそ人々に勧めるべき仏教であるということを、自覚させられたということでしょう。なお、今の『御伝鈔』の記事には、建仁三年のこととありましたが、それは建仁元年の誤りと考えられています。

この夢告がたしかに恵信尼の消息に付いていた文と一致するものであるのかどうか、議論はあると思いますが、ともかく親鸞は六角堂百日参籠を経て、結局、比叡山を捨て、法然のもとに走るのでした。

その後、法然に弟子入りし、その浄土の教えを一心に学び、短期間のうちにその極意をも修得したようです。元久《げんきゅう》二年（一二〇五）、親鸞は師より『選択本願念仏集』の書写と肖像の図写とを許されますが、このことは禅宗でいう印可《いんか》が与えられたということを意味しているでしょう。こうして、親鸞は法然の高弟の一人として、念仏を広める活動をしていくことになります。

この頃、すでに法然の浄土教に対する、南都北嶺の圧迫はますます強まっていました。法然は弟子たちに制誡への署名をさせるなど、教団の引き締めに努めましたが、ついに建永《けんえい》二年（一二〇七）、さまざまな弾圧が実行され、数人が死罪とされたほか、法然は土佐に（実際には讃岐）、親鸞は越後に配流になりました。

　親鸞は越後において生活するようになるのですが、その後、建暦《けんりゃく》元年（一二一一）、流罪を解かれます。しかし親鸞は京都に帰ることなく、翌年には信濃善光寺に移り、さらに建保《けんぽう》二年（一二一四）には、上野国佐貫《こうずけのくにさぬき》（ここで自力の虚しさに徹底する一つの体験を得ます）を経て常陸国笠間郡稲田郷《ひたちのくにかさまのこおりいなだのごう》に達しました。こうして、今の笠間地方の西念寺あたりに、定着します。親鸞がなぜこの地方に来たのか、はっきりしたことはわかりませんが、一説に、当時の笠間地方の領主は宋版の一切経を所有しており、それを見たかったのではないかという説があります。たしかにここで親鸞は、さまざまな文献を参照しつつ、自らの教学を練っていったのでした。その結果、元仁《げんにん》元年（一二二四）の頃、『教行信証《きょうぎょうしんしょう》』の草稿が成ったと言われています。浄土真宗の各宗派は、この年をもって立宗の年としています。

　この『教行信証』は、正式には『顕浄土真実教行証文類《けんじょうどしんじつきょうぎょうしょうもんるい》』といい、法然が説いた浄土教こそが真実の仏教であることを証する多くの経論の文を集めたもので、そこに親鸞自身の解釈がところどころ付せられているという様式のものです。真実である証拠となる教証（聖《しょう》教量《ぎょうりょう》）を集め提示して、法然教団の弾圧に走った朝廷や旧仏教勢力に抗議する、という性格をも持ったものと評することができるでしょう。かつての弾圧のとき、還俗《げんぞく》させられて流罪となったわけですが、この『教行信証』の「後序」において、自分は官が与えた姓は採らない、非僧非俗の身ゆえ禿《とく》を姓とする、と言っていることも、その表れでしょう。この『教行信証』において、親鸞の浄土教は、もっぱら信の立場での救い（信心為本《しんじんいほん》）に集約されたものとして確立されたのでした。なお、親鸞はこの『教行信証』には、晩年にも筆を入れていたようです。

常陸に移住して二十年ほどした六十歳の頃、親鸞は京都に帰ってしまいます。すでに親鸞に教えを受ける農民等も多く存在し、一定の教団も形成されていたと考えられますが、なぜか親鸞はその者らと別れて、京都に帰ってしまったのでした。いったいそれはどういうわけであったのか、そのことも明らかではありません。一説には、師の法然の言葉を収拾するためと言われます。京都に住むことになった親鸞は、和讃やその他の著作活動などをしながら暮らしていたようです。関東の信者には、手紙を通じて指導するなどしてその要請に応えたのでした。

しかし親鸞がいなくなってのち、関東の信者の間では、さまざまな異義が唱えられていくようになりました。ついには信者間の動揺を抑えるために、自分の子供の善鸞《ぜんらん》を派遣しなければならないほどになります。しかし善鸞を派遣したところ、かえって混乱が増し、ついには善鸞を義絶するという事態にもなりました。それは康元《こうげん》元年（一二五六）、親鸞八十四歳のことです。晩年の痛ましい事件ですが、ただこの間の経緯により、京都の親鸞と東国の弟子らとの精神的な結びつきは、かえってますます深まったことでしょう。

翌康元二年、『正像末和讃《しょうぞうまつわさん》』を著しますが、その最初に置かれた和讃は、親鸞にとって特別に意味深いものだったようです。その詞書に、「康元二《こうげんに》歳丁巳《さいひのとみ》二月九日夜寅時《とらのとき》、夢に告げていわく」とあり、

弥陀の本願信ずべし
本願信ずるひとはみな
摂取不捨《せっしゅふしゃ》の利益《りやく》にて
無上覚《むじょうかく》をばさとるなり

（同・六〇〇頁）

という和讃が示されています。本願への信によって、その本願の力により、どんな凡夫も無上の覚りを得るのだというのです。ここに、親鸞の浄土教の核心が示されているでしょう。

やがて、弘長《こうちょう》二年（一二六二）、亡くなりました。数えで九十歳の生涯でした。親鸞の著作としては、主著の『教行信証』のほか、『愚禿鈔《ぐとくしょう》』『一念多念文意《いちねんたねんもんい》』『唯信鈔文意《ゆいしんしょうもんい》』『浄土和讃』『高僧和讃』等々があります。また親鸞の門弟らへの手紙を集めた『末燈《まっとう》鈔《しょう》』等も、親鸞の思想を尋ねるうえで有力な資料です。なお、有名な『歎異抄《たんにしょう》』は、関東の信徒の一人が、当時はびこってきた異義を嘆き、自分が親鸞から直《じか》に聞いたところを、二十年ほどして文字に表したもので、親鸞自身の著作ではありません。その信徒（『歎異抄』の

著者）は、唯円《ゆいえん》（一二二二～一二八九）であると目されています。

親鸞の教えは、その初め、当然、高弟らが伝道していったのでした。そこに、真宗高田派などの教団が形成されました。しかし親鸞から三代目の覚如《かくによ》（一二七〇～一三五一）が親鸞の廟《びょう》を本願寺として、親鸞の血統の者が代々、教えを伝えるようになり、さらにのちに蓮如《れんによ》（一四一五～一四九九）が出て教線を飛躍的に延ばして、その後、真宗教団としては本願寺教団が主流となったのでした。徳川家康は本願寺教団の威力を恐れ、教団を退いていた教如《きょうによ》（一五五八～一六一四）に別の本願寺を与えて、本願寺教団の分割をはかりました。それが東本願寺であり、もとの本願寺のほうが西本願寺です。

親鸞の思想――『歎異抄』と『教行信証』

親鸞の思想というとき、人々にもっとも知られているのは『歎異抄』の説ではないかと思われます。たしかに『歎異抄』には、どんな人々をも感動させるような、宗教的に深いものがあることは事実でしょう。その最初のほうには、次のようにあります。

念仏は、まことに浄土に生《うま》るるたねにてやはんべらん、また地獄におつべき業《ごう》にてやはんべるらん。総じてもって存知《ぞんじ》せざるなり。たとい法然聖人《しょうにん》にすかされまいらせて、念仏して地獄におちたりとも、さらに後悔すべからず候《そうろ》う。そのゆえは、自余《じよ》の行《ぎょう》もはげみて仏《ぶっ》に成るべかりける身《み》が、念仏を申して地獄にもおちて候《そうら》わばこそ、すかされたてまつりてという後悔も候わめ。いずれの行もおよびがたき身なれば、とても地獄は一定《いちじょう》すみかぞかし。……　（同・八三二頁）

自らは地獄に堕ちること必定《ひつじょう》であるとの自覚には、まったくごまかしのない自己凝視があります。そしてだまされたとしても何も後悔はない、というところには、かえって法然への全面的な信頼が吐露されていて、読む人の胸を打ちます。

そのように『歎異抄』には感動的な句がいくつも見られるのですが、なかでももっとも有名な句は、次の「悪人正機《あくにんしょうき》」を語る一節でしょう。

善人《ぜんにん》なおもって往生をとぐ。いわんや悪人をや。しかるを世《よ》のひとつねにいわく、「悪人なお往生す、いかにいわんや善人をや」。この条《じょう》、一旦そのいわれあるに似《に》たれども、本《ほん》願《がん》他力《たりき》の意趣《いしゅ》にそむけり。そのゆえは、自力作善《じりきさぜん》のひとは、ひとえに他力をたのむこころかけたるあいだ、弥陀の本願にあらず。しかれども、自力のこころをひるがえして、他力をたのみたてまつれば、真実報土《しんじつほうど》の往生をとぐるなり。煩悩具足《ぼんのうぐそく》のわれらは、いずれの行《ぎょう》にても生死《しょうじ》をはなるることあるべからざるを、あわれみたまいて願をおこしたまう本意《ほんい》、悪人成仏のためなれば、他力をたのみたてまつる悪人、もっとも往生の正因《しょういん》なり。よって

善人だにこそ往生すれ、まして悪人はと、仰《おお》せ候《そうら》いき。　（同・八三三頁）

ここの最後の「仰せ候いき」の主語は法然であるとの説があり、実際、醍醐本『法然上人伝記』にある法然の言葉のなかに「善人尚お以て往生す。況や悪人をやの事は口伝これ有り」（『昭和新修法然上人全集』・四五四頁）と、この説があることも確認されます。ただ、親鸞がこの立場をとりわけ重視したことも事実でしょう。この説によれば、善人とは自力作善を求める者のことであり、悪人とはいずれの行によっても生死の問題を解決できないと深く自覚して、他力をたのむ者のことです。自力をたのまず、ただひとえに阿弥陀仏の本願に自らをあずける者であってこそ、救われるのだというのです。

そのように、『歎異抄』には、深い宗教的境地が説かれますが、しかしこれは親鸞の直接の著作ではなく、弟子の唯円（と目されている）が、親鸞寂後、二十年ほども経ってのち、当時はびこり出した異義を嘆いて、親鸞から直接聞いた説として示したものなのです。とすれば、やはり親鸞の思想を知るには、親鸞自身の著作から直《じか》に学ぶべきでしょう。親鸞の主たる著作は『教行信証』ですから、まずはそこから親鸞の思想をうかがわなければならないと思われます。

では、『教行信証』には、どのようなことが書かれているのでしょうか。初めの「教巻」にはまず、浄土教の世界には往相回向《おうそうえこう》と還相《げんそう》回向とがあることが、指摘されています。この往相・還相という言葉は曇鸞《どんらん》の『往生論註』に出るもので、親鸞は善導から曇鸞に足場を移しているようでもあります。『往生論註』は世親《せしん》の『往生論』の註釈書であり、親鸞の名は世親の親と曇鸞の鸞を取ったものと言われています。そしてこの「教巻」には、真実の教は『無量寿経』であることが示されます。

次の「行巻」には、その冒頭に次のようにあります。

つつしんで往相の回向を案ずるに、大行《だいぎょう》あり、大信《だいしん》あり。大行とはすなわち無礙光如来《むげこうにょらい》の名《みな》を称《しょう》するなり。この行はすなわちこれもろもろの善法《ぜんぼう》を摂《せっ》し、もろもろの徳本《とくほん》を具《ぐ》せり。極速《ごくそく》円満す。真如一実《しんにょいちじつ》の功徳宝海《くどくほうかい》なり。かるがゆえに大行と名《な》づく。しかるにこの行は大悲の願（第十七願）より出《い》でたり。すなわちこれ諸仏称揚《しょぶつしょうよう》の願と名づく、また諸仏称名の願と名づく、また諸仏咨嗟《ししゃ》の願と名づく、また往相回向の願と名づくべし、また選択《せんじゃく》称名《しょうみょう》の願と名づくべきなり。（『浄土真宗聖典』・一四一頁）

これによると、ここでいう「行」とは、基本的に、第十七願に基づくものだとされています。第十七願は「たといわれ仏《ぶつ》を得たらんに、十方世界の無量の諸仏、ことごとく咨嗟して、わが名を称せずは、正覚を取らじ」というもので、「咨嗟して」とは、ほめたたえてということです。つまり、諸仏が阿弥陀仏の名を称《たた》えることが、ここでの「行」の根本なのです。

一方、その次の「信巻」においては、冒頭に次のようにあります。

> つつしんで往相《おうそう》の回向《えこう》を案ずるに、大信《だいしん》あり。大信心《じん》はすなわちこれ長生不死《ちょうせいふし》の神方《しんぽう》、欣《ごん》浄厭穢《じょうえんね》の妙術《みょうじゅつ》、選択《せんじゃく》回向の直心《じきしん》、利他深広《じんこう》の信楽《しんぎょう》、金剛不壊《ふえ》の真心《しんしん》、易往無人《いおうむにん》の浄信《じょうしん》、心光摂護《しんこうしょうご》の一心《いっしん》、希有最勝《けうさいしょう》の大信、世間難信《せけんなんしん》の捷径《せっけい》、証大涅槃《しょうだいねはん》の真因《しんいん》、極速円融《ごくそくえんにゅう》の白道《びゃくどう》、真如一実《しんにょいちじつ》の信海《しんかい》なり。この心《しん》すなわちこれ念仏往生の願（第十八願）より出《い》でたり。この大願《だいがん》を選択《せんじゃく》本願と名づく。また本願三心《さんしん》の願と名づく。また至心信楽《しんぎょう》の願と名づく、また往相信心の願と名づくべきなり。（同・二一一頁）

信は、第十八願に基づくといいます。第十八願は、次のようなものでした。「たとい、われ仏《ぶつ》を得たらんに、十方の衆生、至心信楽して、わが国に生ぜんと欲《おも》いて、乃至十念せん。もし、生ぜずは、正覚を取らじ。ただ、五逆と誹謗正法《ひほうしょうほう》とをば除く」（すでに何度か記載してきましたが、浄土宗と浄土真宗とでは読み方が違うことに注意が必要です）。この願は、十回の念仏で浄土に引き取るということを謳《うた》うものと思われるわけですが、親鸞はこの願は信心を謳うものだと解釈しています。いったいこのことは、どういうわけなのでしょうか。

ここには、親鸞独自の思想が認められます。一般に仏道というものは、教を学んだあと、「信→行→証」と進むべきものでしょう。経典等を理解して信が確立されれば、行を修し、やがて仏果に至るというのが、ごく普通の考え方です。しかし親鸞は教のあと、「行↓信↓証」と進むのだとするのです。この背景には、『無量寿経』巻下冒頭の、「本願成就の文」とされる、次の句があるものと思われます。

十方恒沙《じっぽうごうじゃ》の諸仏如来《しょぶつにょらい》は、みなともに無量寿仏の威神功徳《いじんくどく》の不可思議なるを讃歎《さんだん》したまう。あらゆる衆生《しゅじょう》、その名号《みょうごう》を聞きて、信心歓喜《しんじんかんぎ》せんこと乃至《ないし》一念せん。至心《ししん》に廻向《えこう》したまえり。かの国に生《うま》れんと願《がん》ずれば、すなわち往生を得《え》、不退転《ふたいてん》に住せん。……

(同・四一頁)

この前半は、まさに前に見たあの第十七願が成就した姿です。そして後半には、第十八願が成就した姿が描かれていると見ることができます。つまり、第十七願が成就して、諸仏の称名行が我々に届き、そこで信が確立されると、「即得往生、住不退転」となるというわけです。そこで、行から信、信から証へという次第になるのです。ですからこの『教行信証』にいう行は、本来、もっぱら第十七願の諸仏の行のことなのです。

一方、その巻下冒頭の句には、「信心歓喜せんこと乃至一念せん」ともあったわけですが、実は親鸞によれば、この「一念」も我々の行としての一回の念仏ということではありません。「信巻(『教行信証』信文類)」によれば、この句は、しかるに『経《きょう》』(『無量誦経』下)に「聞《もん》」というは、衆生《しゅじょう》、仏願《ぶつがん》の生起本末《しょうきほんまつ》を聞きて疑心《ぎしん》あることなし、これを聞《もん》というなり。「信心《しんじん》」というは、すなわち本願力回向《ほんがんりきえこう》の信心なり。「歓喜《かんぎ》」というは、身心《しんしん》の悦予《えつよ》を形《あらわ》すの貌《かおばせ》なり。「乃至《ないし》」というは、多少を摂《せつ》するの言《ことば》なり。「一念《いちねん》」というは、信心二心《しんじんにしん》なきがゆえに一念という。これを一心《いっしん》と名づく。一心はすなわち清浄報土《しょうじょうほうど》の真因《しんいん》なり。金剛の真心《しんしん》を獲得《ぎゃくとく》すれば、横《おう》に五趣八難《ごしゅはちなん》の道《どう》を超え、かならず現生《げんしょう》に十種《じっしゅ》の益《やく》を獲《う》。

(同・二五一頁)

と説明されています。「一念」とは、決して一回の念仏のことでもなく、一心の信心のことだというのです。こうして、弥陀の名号すなわち本願のいわれを聞いて、一心の信心を得れば、横様《よこざま》に救いに至り、現生には十益、死後には報土への往生を約束されるとするのです。

このことを別に語るものが、「行巻」の次の句でしょう。

まことに知《し》んぬ、徳号の慈父《じぶ》ましまさずは能生《のうしょう》の因闕《いんか》けなん。光明の悲母《ひも》ましまさずは所《しょ》生《しょう》の縁乖《えんそむ》きなん。能所《のうじょ》の因縁和合《いんねんわごう》すべしといえども、信心《しんじん》の業識《ごっしき》にあらずは光明土《こうみょうど》に到ることなし。真実信《しんじつしん》の業識、これすなわち内因《ないいん》とす。光明・名《みょう》の父母《ぶも》、これすなわち外縁《げえん》とす。内外《ないげ》の因縁和合して報土の真身《しんしん》を得証《とくしょう》す。

(同・一八七頁)

ここにも、諸仏が称《たた》え我々に聞かせてくださる阿弥陀仏の名号（および光明）が縁、真実信が因となって、報土往生が得証されるとあります。
ですから、親鸞においては、往生のために我々が念仏を唱えるという行の視点はおよそないと言ってよいでしょう。

親鸞にとっての「信」

一方、信心についてはたとえば、「本願力回向の信心」「金剛の真心」のようなものだと言われていました。では、そのような信心とは、いったいどのようなものなのでしょうか。このことを尋ねて行く際に、非常に重要と思われるのが、かの「三心」の解釈です。

この三心の問題については、すでに法然の思想を見たときにも触れましたが、『観無量寿経』に、「上品上生《じょうぼんじょうしょう》というは、もし衆生《しゅじょう》ありてかの国に生《しょう》ぜんと願ずるものは、三種の心《しん》を発《おこ》して、即便《すなわち》往生す。なんらをか三《み》つとする。一《ひと》つには至誠心《しじょうしん》、二《ふた》つには深心《じんしん》、三つには回《え》向《こう》発願心《ほつがんしん》なり。三心を具《ぐ》するものは、かならずかの国に生ず」（同・一〇八頁）とあることに発するものでした。しかも第十八願、「たといわれ仏《ぶつ》を得《え》たらんに、十方《じっぽう》の衆生《しゅじょう》、至心《ししん》信楽《しんぎょう》して、わが国《くに》に生《しょう》ぜんと欲《おも》いて、乃至《ないし》十念《じゅうねん》せん。もし生《しょう》ぜずは、正覚《しょうがく》を取《と》らじ」（同・一八頁）の、至心・信楽・欲生（我国）は、まさに『観無量寿経』の三心と同じものと考えられることもすでに述べたとおりです。ですから、第十八願の十念の念仏で救われるにも、この三心を具えることが欠かせないことになるわけです。

では、この三心を、我々凡夫は、あるいはこの自己は、本当に心に具えることができるのでしょうか。親鸞はこの問題を徹底して追求したと言えます。そこで『教行信証』において、この三心について、善導『観経疏』「散善義」の解説を引用しつつ、さらに独自の解釈を展開しています。その「散善義」には、「外《そと》に賢善精進《げんぜんしょうじん》の相《そう》を現《げん》じて、内《うち》に虚仮《こけ》を懐《いだ》くことを得《え》ざれ。貪瞋邪偽《とんじんじゃぎ》、奸詐百端《かんさひゃくたん》にして、悪生《あくしょう》侵《や》め難《がた》く、事《こと》、蛇蝎《じゃかつ》に同《おな》じきは……」（『浄土宗聖典』・三巻・一三九頁、大正・三七・二七〇頁下）とあるのですが、この冒頭の部分を「外《ほか》に賢善精進《けんぜんしょうじん》の相《そう》を現《げん》ずることを得《え》ざれ、内《うち》に虚仮《こけ》を懐《いだ》いて、……。事《こと》、蛇蠍《じゃかつ》に同《おな》じ。」（『浄土真宗聖典』・二一六頁）と読みかえていることは有名です。

さらに第十八願の三心について、以下のように説明していきます。まず、「至心」の解釈には、「一切衆生は穢悪汚染にして清浄の心がない、ただ如来のみ、一切苦悩の衆生海を憐れんで、不可思議兆載永劫《ちょうさいようごう》にわたり、偏えに清浄な真心で修行され、それによって仏としての功徳を成就された。そして、「如来の至心をもって、諸有《しょう》の一切煩悩悪業邪智の群生海《ぐんじょうかい》に回《え》施《せ》したまえり。すなわちこれ利他の真心を彰《あらわ》す」（同・二三一頁）と示します。至心（至誠心）とは、如来の、この私を救おうとする真心のことなのだと読むのです。

また、「信楽《しんぎょう》」についても、我々一切衆生は無明・煩悩に覆われ苦しんでいるのみで、とうてい清浄の信楽、真実の信楽はあり得ない。そこで、修行時もひとえに衆生救済のために一心であった如来が、「苦悩の群生海を悲憐《ひれん》して、無碍《むげ》広大《こうだい》の浄信《じょうしん》をもって諸有海《しょうかい》に回施《えせ》したまえり」（同・二三五頁）なのであり、ゆえにこの信楽とは、「利他真実の信心」なのである、それは、「利他回向《りたえこう》の至心《ししん》をもって信楽の体《たい》とする」（同・二三四頁）ものだといいます。つまり信とは、この私が発起する心なのではなく、如来が一心に我々を救おうとされている、その心が届けられているもののことだというのです。そこで、「すなわちこれ如来の満足大悲《まんぞくだいひ》円融無碍《えんにゆうむげ》の信心海《しんじんかい》なり」（同）等と解釈しています。要は、仏の心そのものだというのでしょう。したがって、「この心《しん》はすなわち如来の大悲心なるがゆえに、かならず報土《ほうど》の正定《しょうじょう》の因《いん》となる」（同・二三五頁）ともいうのです。自力の信でなく、如来の心をいただくがゆえに、必ず報土に往生できると言っています。

また、「欲生《よくしょう》」についても、この私が往生したいと思う心のことではなく、「すなわちこれ如来、諸有の群生を招喚《しょうかん》したまうの勅命《ちょくめい》なり」（同・二四一頁）といいます。如来が、極楽浄土においでなさいと呼びかける言葉だというのです。それは、大悲心によって、如来がその救済したいという一心を回向してくださっていることにもほかならないといいます。「……利他真実《りたしんじつ》の欲生心《よくしょうしん》をもって諸有海《しょうかい》に回施《えせ》したまえり」（同）なのです。

こうして、至心・信楽・欲生の三心のいずれもが、阿弥陀仏の我々を、否この自己を救わんという純粋な、疑いや煩悩のまざらない（疑蓋《ぎがい》雑《まじ》わることなき＝同）一心のことにほかならないと解します。そのうえで、この結論が以下のように述べられています。

まことに知《し》んぬ、至心《ししん》・信楽《しんぎょう》・欲生《よくしょう》、その言異《ことばこと》なりといえども、その意《こころ》これ一《ひと》つなり。なにをもってのゆえに、三心《さんしん》すでに疑蓋《ぎがい》雑《まじ》わることなし、ゆえに真実《しんじつ》の一心《いっしん》なり。これを金剛の真心《しんしん》と名づく。金剛の真心、これを真実の信心《しんじん》と名づく。真実の信心はかならず名号《みょうごう》を具《ぐ》す。名号はかならずしも願力《がんりき》の信心を具せざるなり。このゆえに論主《ろんじゅ》（天親）、建《はじ》めに「我一心《がいっしん》」（浄土論）とのたまえり。（同・二四五頁）

如来の純粋な大悲心は、金剛の真心なのであり、それをいただいていた自己であったと知らされて、その真心そのものが信心と呼ばれるものともなる。それが真実の信心なのであり、この如来より賜りたる信心によってのみ、報土に往生できる。この真心＝信心をいただけば、おのずから称名念仏もなされるが、ただ（自力的に）名号をとなえてもこの真心に出会わなければ信は成立しない、というわけでしょう。

以上のように、三心の独特の解釈のなかで、親鸞独自の信のあり方が明らかにされているのです。この立場をふまえるとき、前にも多少引用した『教行信証』信巻の冒頭の一節も、だいぶ理解しやすくなるでしょう。

つつしんで往相《おうそう》の回向《えこう》を案ずるに、大信《だいしん》あり。大信心《じん》はすなわちこれ長生不死《ちょうせいふし》の神方《しんぼう》、欣《ごん》浄厭穢《じょうえんね》の妙術《みょうじゅつ》、選択《せんじゃく》回向の直心《じきしん》、利他深広《りたじんこう》の信楽《しんぎょう》、金剛不壊《ふえ》の真心《しんしん》、易往無人《いおうむにん》の浄信《じょうしん》、心光摂護《しんこうしょうご》の一心《いっしん》、希有最勝《けうさいしょう》の大信、世間難信《せけんなんしん》の捷径《せっけい》、証大涅槃《しょうだいねはん》の真因《しんいん》、極速円融《ごくそくえんにゅう》の白道《びゃくどう》、真如一実《しんにょいちじつ》の信海《しんかい》なり。この心《しん》すなわちこれ念仏往生の願（第十八願）より出《い》でたり。この大願《だいがん》を選択《せんじゃく》本願と名づく。また本願三心《さんしん》の願と名づく。また至心信楽の願と名づく。また往相信心《しんじん》の願と名づくべきなり。しかるに常没《じょうもつ》の凡愚《ぼんぐ》、流転《るてん》の群生《ぐんじょう》、無上妙果《むじょうみょうか》の成《じょう》じがたきにあらず、真実の信楽まことに獲《う》ること難《かた》し。なにをもってのゆえに、いまし如来の加《か》威力《いりき》によるがゆえなり。博く大悲広慧《こうえ》の力によるがゆえなり。たまたま浄信を獲《え》ば、この心顚倒《しんてんどう》せず、この心虚偽《しんこぎ》ならず。ここをもって極悪深重《ごくあくじんじゅう》の衆生《しゅじょう》、大慶喜心《だいきょうきしん》を得《え》、もろもろの聖尊《しょうそん》の重愛《じゅうあい》を獲《う》るなり。　（同・二一一頁）

なお、この親鸞の信の境地は、以下のように描かれています。

おおよそ大信海《だいしんかい》を案《あん》ずれば、貴賤緇素《きせんしそ》を簡《えら》ばず、男女《なんにょ》・老少をいわず、造罪《ぞうざい》の多少を問わず、修行《しゅぎょう》の久近《くごん》を論《ろん》ぜず、行《ぎょう》にあらず善《ぜん》にあらず、頓《とん》にあらず漸《ぜん》にあらず、定《じょう》にあらず散《さん》にあらず、正観《しょうかん》にあらず邪観《じゃかん》にあらず、有念《うねん》にあらず無念《むねん》にあらず、尋常《じんじょう》にあらず臨終《りんじゅう》にあらず、多念《たねん》にあらず一念《いちねん》にあらず、ただこれ不可思議不可称不可説《ふかしぎふかしょうふかせつ》の信楽《しんぎょう》なり。たとえ

ば阿伽陀薬《あかだやく》のよく一切の毒を滅するがごとし。如来誓願《にょらいせいがん》の薬《くすり》は、よく智愚《ちぐ》の毒を滅《めっ》するなり。（同・二四五頁）

ここに、一切の分別、はからいが放下されてしまった安心の境地がうかがわれます。親鸞においては、この他力回向の信によって、行を経ることなくただちに証に入るのでしたが、それは、『無量寿経』巻下冒頭の、「十方恒沙《じっぽうごうじゃ》の諸仏如来《しょぶつにょらい》、皆共《みなとも》に無量寿仏の威神功徳《いじんくどく》の不可思議《ふかしぎ》なることを讃歎《さんだん》したまう。あらゆる衆生《しゅじょう》、その名号を聞きて、信心歓喜《しんじんかんぎ》して、乃《ない》至一念《しいちねん》、至心《ししん》に廻向《えこう》して、かの国《くに》に生《しょう》ぜんと願ずれば、すなわち往生を得《え》て、不退転《ふたいてん》に住《じゅう》す」（『浄土宗聖典』・一巻・二四九頁）の句に基づくものです。ここでも親鸞は、「至心に廻向して」とあるのを、「至心に廻向したまえり」（『浄土真宗聖典』・四一頁）と読みかえるのですが、ともかくここに、信が定まれば「すなわち往生を得、不退転に住」（即得往生、住不退転）することが実現するというのです。この不退の位とはどういう位かについて、もちろん仏教思想上さまざまな解釈があり得ますが、親鸞はある手紙に、次のように説明しています。

如来の誓願《せいがん》を信《しん》ずる心《しん》の定《さだ》まるときと申《もう》すは、摂取不捨《せっしゅふしゃ》の利益《りやく》にあずかるゆえに不退《ふたい》の位《くらい》に定まると御《おん》こころえ候《そうろ》うべし。真実信心《しんじつしんじん》の定まると申すも、金剛信心《こんごうしんじん》の定まると申すも、摂取不捨のゆえに申すなり。さればこそ、無上覚《むじょうかく》にいたるべき心《しん》のおこると申すなり。これを不退の位とも正定聚《しょうじょうじゅ》の位に入《い》るとも申し、等正覚《とうしょうがく》にいたるとも申すなり。このこころの定《さだ》まるを、十方諸仏《じっぽうしょぶつ》のよろこびて、諸仏の御《おん》こころにひとしとほめたまうなり。このゆえに、まことの信心の人《ひと》をば、諸仏とひとしと申すなり。また補処《ふしょ》の弥勒《みろく》とおなじとも申すなり。……

（『親鸞聖人御消息』＝『浄土真宗聖典』・七七八頁）

このように親鸞は、不退の位を等正覚に達したことであると説明しています。しかも親鸞は、等正覚は等覚のことであると見なし、それは妙覚としての仏の直前の位であり、一生補《いっしょうふ》処《しょ》の弥勒菩薩の位であるとも解します。ここから、親鸞は『教行信証』「信巻」に、次のようにも説くのです。

まことに知《し》んぬ、弥勒大士《みろくだいじ》は等覚《とうがく》の金剛心《こんごうしん》を窮《きわ》むるがゆえに、竜華三会《りゅうげさんね》の暁《あかつき》、まさに無《む》上覚位《じょうかくい》を極《きわ》むべし。念仏の衆生は横超《おうちょう》の金剛心を窮むるがゆえに、臨終一念《りんじゅういちねん》の夕《ゆう》べ、大般《だいはつ》涅槃《ねはん》を超証《ちょうしょう》す。ゆえに便同《べんどう》というなり。

（同・二六四頁）

これを、「弥勒便同《みろくべんどう》」と言います。すなわち、信心の定まった者は、等覚の位にある弥勒と同じというのです。

浄土往生ということ

さらに親鸞は「如来等同」とも言っています。親鸞は信決定した人について、弥勒と同じと言うのみならず、さらに如来と等しいとも言うのです。このことについて親鸞は、ある手紙に、「浄土の真実信心《しんじつしんじん》の人《ひと》は、この身《み》こそあさましき不浄造悪《ふじようぞうあく》の身なれども、心《こころ》はすでに如来とひとしければ、如来とひとしと申すこともあるべしとしらせたまえ」（同・七五八頁）と書いています。

「如来とひとし」とは、『教行信証』「信巻」に、「『華厳経《けごんきよう》』にのたまわく、〈この法《ほう》を聞きて信心《しんじん》を歓喜《かんぎ》して、疑《うたがい》なきものはすみやかに無上道《むじようどう》を成《な》らん。もろもろの如来と等《ひと》し〉となり」（同・二三七頁）とあることからも知られるように、まずは『華厳経』「入法界品」の末尾にある、「此の法を聞いて歓喜し、心に信じて疑うこと無き者は、速やかに無上道を成じて、諸の如来と等しからん（聞此法歓喜、信心無疑者、速成無上道、与諸如来等）」（『大正蔵経』・九巻・七八八頁）の偈に拠るものなのでしょう。ただし親鸞はそのふつうの読み方を変えて、「信心を歓喜して」と読んで、その偈を自らの立場と調和させています。

さらに別の手紙には、このことについて、以下のように説明しています。

『華厳経』にのたまわく、「信心歓喜者与諸如来等《しんじんかんぎしやよしよにょらいとう》」というは、「信心よろこぶひとはもろもろの如来とひとし」というなり。「もろもろの如来とひとし」というは、信心をえてことによろこぶひとは、釈尊のみことには、「見敬得大慶則我善親友《けんきょうとくだいきょうそくがぜんしんぬ》」（『無量寿経』下）と説《と》きたまえり。また弥陀の第十七《じゅうしち》の願には、「十方世界《じっぽうせかい》、無量諸仏《むりょうしょぶつ》、不悉咨嗟《ふしつししゃ》、称我名《しょうがみょう》者《しゃ》、不取正覚《ふしゅしょうがく》」（『無量寿経』上）と誓《ちか》いたまえり。願成就《がんじょうじゅ》の文《もん》（『無量寿経』下）には、「よろずの仏《ぶつ》にほめられ、よろこびたまう」とみえたり。すこしも疑《うたが》うべきにあらず。これは「如来とひとし」という文どもをあらわししるすなり。

（『親鸞聖人御消息』＝『浄土真宗聖典』・七五九頁）

ちなみに、『浄土和讃』にも、「信心《しんじん》よろこぶそのひとを　如来とひとしとときたまう　大《だい》信心《しんじん》は仏性《ぶっしょう》なり　仏性すなわち如来なり」（同・五七三頁）とあります。前半は、『華厳経』、後半は『涅槃経』に拠ったものでしょうか。親鸞の思想の基盤がうかがわれます。

このように親鸞によれば、信決定すると仏の直前の境地と同じくなり（弥勒便同）、さらには仏と一つになる（如来等同）というのです。ただし、実際はこの世にありながら仏となることはないわけで、結局、死後、往生すると即成仏するというのが、真宗の一般的な立場のようです。

では、極楽浄土に往生するということは、どのようなことなのでしょうか。親鸞の師・法然が専修念仏の一宗を開いたのは、ひとえにその道が、凡夫も報土に往生できる道にほかならないからでした。

一般に大乗仏教の仏身・仏土論から言って、報土というのは、法身《ほっしん》・報身《ほうじん》・化身《けしん》の三身説における報身仏の国土です。法身は法性土に住むとされますが、実は法身も法性土も、真如＝法性＝空性そのものであり、それが人格的に捉えられると法身、依処として捉えられると法性土ということになるわけで、実は一つのものです。この法性は、仏から凡夫をも貫いている究極の普遍です。智慧としての報身は個であるのに対し、法身は超個と言えるものです。法性（諸法の本性）は諸法なしにあり得ず、超個としての法身も具体的な個を離れてはあり得ません。その個とは、いまだ煩悩を脱していなければ凡夫、完全に煩悩を離れれば仏（報身）ということになります。その報身の住む世界すなわち報土は、智慧（大円鏡智）のなかに実現している、本当の仏国土です。これに対し、化身も、それが住む国土（化土）も、ともに化現のものであり、こちらはいわば実在性を欠いているものです。

以上に対して、親鸞の場合、凡夫でも往生できるはずの真実報土とは、どのように受けとめられていたのでしょうか。『教行信証』の「真仏土《しんぶつど》」巻の冒頭には、「つつしんで真仏土を案ずれば、仏《ぶつ》はすなわちこれ不可思議《ふかしぎ》光如来《こうにょらい》なり、土《ど》はまたこれ無量光明土《むりょうこうみょうど》なり」（同・三三七頁）とあります。光明というのは、智慧のことでもあるのでしょう。さらにその仏身・仏土に関して、『涅槃経』の「如来はすなわちこれ涅槃《ねはん》なり、涅槃はすなわちこれ無尽《むじん》なり、無尽はすなわちこれ仏性《ぶっしょう》なり、仏性はすなわちこれ決定《けつじょう》なり、決定はすなわちこれ阿耨《あのく》多羅三藐三菩提《たらさんみゃくさんぼだい》なり」(同・三四二頁)等を挙げて、結局、如来について、大涅槃とも仏性とも、無為・常住ともいい、虚空のようであるともしています。あるいは曇鸞《どんらん》の『浄土論註《じょうどろんちゅう》』の句、「安楽浄土《あんらくじょうど》はもろもろの往生のひと、不浄《ふじょう》の色《しき》なし、不浄の心《しん》なし、畢竟《ひっきょう》じてみな清浄平等無為法身《しょうじょうびょうどうむいほっしん》を得《え》しむ。安楽国土清浄の性《しょう》、成就《じょうじゅ》したまえるをもってのゆえなり」(同・三五八頁)や、さらに善導の『観経疏』「定善義」の「西方寂静無為《さいほうじゃくじょうむい》の楽《みやこ》は、畢竟逍遥《ひっきょうしょうよう》して有無《うむ》を離れたり」(同・三六九頁)、同じく善導『法事讃』の「極楽は無為涅槃《むいねはん》の界《かい》なり」(同)、「仏《ぶつ》に従《したが》いて逍遥《しょうよう》して自然《じねん》に帰《き》す。自然はすなわち弥陀《みだ》の国《くに》なり。……」(同)等をも挙げています。

こうして、この巻の結びの箇所には、

> 真土《しんど》というは、『大経《だいきょう》』(『無量寿経』)には「無量光明土《むりょうこうみょうど》」(『平等覚経』)とのたまえり、あるいは「諸智土《しょちど》」(『如来会』)とのたまえり。『論《ろん》』(『浄土論』)には「究竟《くきょう》して虚空《こくう》のごとし、広大《こうだい》にして辺際《へんざい》なし」というなり。往生というは、『大経』には「皆受自然虚無之身無極之体《かいじゅじねんこむしししんむごくしたい》」とのたまえり。『論』には「如来浄華衆正覚華化生《にょらいじょうけしゅしょうがくけしょう》」といえり。また「同一念仏無別道故《どういつねんぶつむべつどうこ》」(『論註』)といえり。また「難思議《なんじぎ》往生」(『法事讃』)といえるこれなり。(同・三七二頁)

と示されています。

　どうも親鸞の場合、報土がいわゆる法性土と一つのように語られているように思われてなりません。正確には、第十七・十八願によって報土に往生すると、第十一願（必至滅度の願）によって法身＝法性を体証する（仏性を見る、仏性を顕す）ということなのかもしれませんが、報土については無量光明土以外、その様子は描かれていないのです。しかもその報身の報土と法身の法性土との区別が、必ずしも定かでありません。これに対し、何らか感覚的な荘厳のある世界は、すべて化土となるようです。この背景には、法性法身と方便法身の二身に基づく仏身論もあります。この見方によれば、形あるものはすべて方便法身となるわけです。そこで、「かたちもましまさぬようをしらせんとて、はじめに弥陀仏《みだぶつ》とぞききならいて候《そうろ》う。弥陀仏は自然《じねん》のようをしらせんりょう（料）なり」（『正像末和讃』「自然法爾章」＝同・六二二頁）ということにもなります。自然とは、法性法身＝涅槃のことです。

　ともあれ、真実報土に往生するということは、大涅槃（＝真如）と一体化することにほかならないという見方を導きそうですが、元来、真如＝法性というものは、諸法を離れて独立に存在しているものではあり得ません。すなわち超個がそれだけでどこかにあるのではなく、それは必ず個の現象（有為）と一つのはずです。では、仏における超個と個との不二の真実とは、どのようなものと考えられるのでしょうか。

　たとえば、法性法身から方便法身が出るということは、法身の根源的な智は必ず悲心であり、大悲であるということを意味していると考えられます。そこで、我々が阿弥陀仏の本願力によって大涅槃＝如来の法身を証するとき、個は消えるのではなく、むしろ方便を生き抜く個として現成《げんじょう》するはずです。つまり報土に往生するということは、虚空のような涅槃を証するとともに、やはり個として、自在に方便を駆使して、利他に生きるものとなるはずです。とすれば、ここにいわゆる我々の「還相《げんそう》」の事《じ》が成立すべきことになります。

還相というのは、往相《おうそう》に対する言葉で、娑婆《しゃば》から浄土に往くのが往相、浄土から娑婆に還《かえ》るのが還相です。この言葉はもと、曇鸞の『往生論註』に出るものですが、親鸞はこの言葉を用いて、『教行信証』「教巻」の初めに、「つつしんで浄土真宗《じょうどしんしゅう》を案《あん》ずるに、二種《にしゅ》の回向《えこう》あり。一つには往相、二つには還相なり」（同・一三五頁）と記しています。この還相回向を、阿弥陀仏が我々を救済するためにはたらきかけてくださっていることと受けとめることが多いようですが、また我々自身の還相が、阿弥陀仏の回向のなかで成立することをも意味しているでしょう。親鸞によれば、この還相は、第二十二願によって成就するのだということです。ここで親鸞は、その前半に「一生補処《いっしょうふしょ》に至《いた》ら」（同・一九頁。三一六頁参照）んとあるのは、第十一願ですでに仏とさせていただき、そのうえで、仏にとどまらずあえて菩薩に降下させるのだ（従果向因）と解します。ここに、還相の根拠を見出すのです。しかも後半に「普賢《ふげん》の徳《とく》を修習《しゅじゅう》せ」（同）んとあるのは、一切の衆生を自在に救うべくはたらくことを実現させることと読みます。このことも、阿弥陀仏の本願によってこそ実現するのであり、それが還相回向ということなのでしょう。

元来、還相ということは、浄土に往《い》ってから以降に初めて使える言葉ですから、親鸞の立場の場合、往生即成仏以降に実現することなのでしょう。ではこの世において、信決定して弥勒（等覚）便同となった者には、どのように利他行が発揮されてくるのでしょうか。しかし真宗では、この世での利他行などということは、ほぼ言わないようです。ただし少なくとも、信心決定した人には、おのずから自信教人信の活動がなされていくことになるでしょう。さらに、この世の現実のさまざまな問題に関わっていく主体を、どう打ち出すかは、弥勒便同、如来等同を標榜する真宗の、大きな課題ではないかと思われます。

3　日本浄土教の思想(3)——一遍

一遍の生涯

日本の浄土教のなかには、浄土宗、浄土真宗のほかに、もう一つの宗があります。それは、一遍《いっぺん》の時宗《じしゅう》です。神奈川県藤沢市にある清浄光寺《しょうじょうこうじ》（遊行寺《ゆぎょうじ》）が総本山です。中世以来、ひところは大きな勢力を誇っていましたが、今日ではだいぶ小さな宗団になっていいます。しかし、その宗祖・一遍の思想には、たいへん興味深いものがあります。

初めに、一遍の生涯を簡単に素描してみましょう。

一遍は、延応《えんのう》元年（一二三九）、河野通広《こうのみちひろ》の子として、伊予道後（愛媛県）に生まれました。河野家は、河野水軍として世に名高い武家の家柄でした。以下、一遍の弟子聖戒《じようかい》（生没年不詳）が文を、伝記不明の画師円伊が絵を描いた絵巻『一遍聖絵《ひじりえ》』（『一遍上人絵伝』）によって記述します。

宝治《ほうじ》二年（一二四八）、母を亡くし、のち仏門に入ったようで、さらに建長《けんちよう》三年（一二五一）、九州・太宰府の聖達《しようたつ》（生没年不詳。浄土宗西山派祖・証空の門下）に就き、以後十三年間、浄土教を学びます。弘長《こうちよう》三年（一二六三）、今度は父を失い、いったん伊予に戻ります。還俗《げんぞく》して結婚もしたようですが、親類間に難しいことがあったようで、再度、仏道を志し、また聖達のもとを訪れます。このとき、聖戒（前出。実弟か義弟と見られる）と一緒でした。その後しばらく不明なのですが、同八年（一二七一）春、信州善光寺に参詣し、このとき二河白道《にがびやくどう》の図を写して、伊予に帰りました。この年の秋、伊予の窪寺《くぼでら》において念仏三昧の修行をし、そこで得た一つの深い肯き（己心領解《こしんりようげ》の法門）を、「十一不二頌《じゆういちふにじゆ》」に表しました。それは、次のようなものです。

十劫正覚衆生界《じつこうしようがくしゆじようかい》
一念往生弥陀国《いちねんおうじようみだこく》
十一不二証無生《じゆういちふにしようむしよう》

国界平等坐大会《こっかいびょうどうざたいえ》　　　（『一遍上人全集』・八頁）

今ここでの一念の念仏のなかに、十劫の昔の阿弥陀仏の正覚と一体化し、娑婆と極楽も一体化し、まさに無生の生という真理を証する、というのでしょう。

同十年（一二七三）、伊予浮穴郡菅生《うけなぐんすごう》の岩屋寺に参籠します。このとき、聖戒が随侍して給仕しています。翌年二月八日、かつての妻とされる超一房、娘超二房、念仏房を伴って伊予から摂津（大阪）の四天王寺に向かい、ここで参籠、自誓授戒し、以後、念仏札の賦算《ふさん》の旅に出ます。高野山から熊野本宮《ほんぐう》に向かう途中、ある者に念仏札の受領を拒まれ、このことが機縁となって熊野権現《ごんげん》から決定的なお告げを受け、ここに一遍の法門が確立されるのでした。この経緯については、のちほどあらためて見たいと思います。

その後は、一所不住の教化の旅となります。一遍の歌に、「旅衣木のねかやのねいづくにか　身のすてられぬところあるべき」（同・一〇六頁）とあるほどです。その間、次第に一遍について共に旅する者も増えてくるわけです。

熊野からいったん伊予に戻り、それから九州の聖達のもとに行き、以後、九州を周《まわ》ります。聖達にはこのとき、前の「十一不二頌」の内容について説明しています。また、大隅八幡宮（鹿児島県）に詣でて、神示を受けてなった歌に、「とことはに南無阿弥陀仏ととなふればなもあみだぶにむまれこそすれ」（同・二七頁）があります。

弘安《こうあん》元年（一二七八）以後は、中国地方から京都を経て、信州に向かいます。翌年、信州小田切の里（長野県佐久市）で初めて踊り念仏が自然発生的に行われ、以後、生涯にわたってこの踊り念仏を行じています。信州から東北に入り、やがて弘安五年（一二八二）には鎌倉に入ろうとしましたが、時の幕府の方針により果たせませんでした。

その後、三島（静岡）に出て、尾張、近江、京都と周り、さらには山陽地方にも足を伸ばしています。弘安九年（一二八六）四天王寺に参詣、さらに磯長（大阪府）の聖徳太子廟に三日間参籠、不思議の事もあったといいます。

その後、再度、山陽方面に旅をし、翌年には、播磨（兵庫県姫路市）の書写山《しよしやざん》（現在は天台宗の別格本山）に参詣、さらに広島地方を経て伊予に戻りました。正応《しようおう》二年（一二八九）、四国から淡路島、明石に渡りますが、八月十日、持っていた経論をすべて焼き、「釈尊一代の教法は六字名号（南無阿弥陀仏）に尽き果てた」と言うのでした。ついに八月二十三日、往生したということです。

このように、一遍は浄土教の教えを探究し、時に一人参籠してその真意を深く尋ね、さらに熊野権現の託宣《たくせん》によって、自らの思想を確立したと考えられます。したがって、その熊野本宮への参籠は、たいへん大きな意味を持っていたわけですが、それは一体、どのようなことだったのでしょうか。

熊野参詣の意義と一遍における「信」

一遍は熊野本宮参詣の途中で、ある一人の僧に念仏の信心を勧め、念仏札を受け取るよう言ったのですが、その僧は信心が起きないからと言って、断固、受け取りませんでした。しかし周りに人が集まってきたりして、一遍はついに強引に手渡してしまったのです。しかし一遍にとってはこのことが大きな問題となり、ついに熊野本宮に参籠したわけです。

この事思惟《しゆい》するに、ゆえなきにあらず。勧進のおもむき、冥慮《みょうりょ》をあおぐべしと思い給いて、本宮証誠殿《しょうじょうでん》の御前にして願意を祈請し、目をとじていまだまどろまざるに、御殿の御戸をおしひらきて、白髪なる山臥《やまぶし》の長頭巾かけて出で給う。長床には山臥三百人ばかり首を地につけて礼敬《らいきょう》したてまつる。この時、「権現にておわしましけるよ」と思い給いて、信仰しいりておわしけるに、かの山臥、聖のまえにあゆみより給いての給わく、「融通念仏すすむる聖、いかに念仏をばあしくすすめらるるぞ。御房のすすめによりて一切衆生はじめて往生すべきにあらず。阿弥陀仏の十劫正覚に、一切衆生の往生は南無阿弥陀仏と決定するところ也。信不信をえらばず、浄不浄をきらわず、その札をくばるべし」としめし給う。後に目をひらきて見給いければ、十二三ばかりなる童子百人ばかり来たりて、手をささげて、「その念仏うけん」といいて、札をとりて、「南無阿弥陀仏」と申していずちともなくさりにけり。（同・一八頁）

このとき一遍は、信不信を問わず、一切の者がすでに救われているという世界があることを、「冥慮」（神示）のなかに自覚したのでした。『一遍聖絵』には、このあとで一遍が、「大権の神託をさずかりし後、いよいよ他力本願の深意を領解せり」と語ったとあります。

この体験は、一遍にとって画期的なものであり、のちに次のようにも言っています。


又云《いわく》、我法門《わがほうもん》は、熊野《くまの》の御夢想《ごむそう》の口伝《くでん》なり。年来《ねんらい》浄土の法門を十一年まで学《がく》せしに、惣《そう》じて意楽《いぎょう》を習い失なわず。然《しかる》を熊野参籠《さんろう》のとき、御示現《ごじげん》に云、「心品《しんぼん》のさばくりあるべからず。此心はよき時もあしき時も、まよいなるゆえに、出離《しゅつり》の要《よう》とはならず。南無阿弥陀仏が往生する也《なり》」と云々。われ此時より自力の意楽をばすてたり。是よりして善導の釈を見るに、一文《もん》一句《く》も法《ほう》の功能《くのう》ならずという事なし。玄義《げんぎ》のはじめに、「先勧大衆発願帰三宝《せんかんだいしゅほつがんきさんぼう》（先ず大衆に勧めて、願を発して三宝に帰せしむ）」と云《いう》は南無阿弥陀仏なり。是よりおわりにいたるまで、文々句々《もんもんくく》、皆名号なり。（『播州法語集《ばんしゅうほうごしゅう》』三七＝同・一六四頁）

熊野権現《ごんげん》、「信不信《しんふしん》をいわず、有罪無罪《うざいむざい》を論《ろん》ぜず、南無阿弥陀仏が往生するぞ」と示現《じげん》し給いし時、自力我執を打払《はろ》うて法師《ほうし》は領解《りょうげ》したりと云々。常の仰《おおせ》なり。

（『播州法語集』五一＝同・一七五頁）

したがって、一遍の法門は、信によらず、意識の分別によらず、ただ偏《ひと》えに名号によって救われる道であり、その救いは一念の念仏のうちに機法一体となって、阿弥陀仏と成就するという独特のものとなっています。以下、この思想の内容を見て行こうと思いますが、一遍には著作がなく、弟子たちが聞いた法語を記録したものが残っているだけで、詳細はなかなかわかりません。そういう事情がありますが、主に今見た『播州法語集』（『一遍上人語録』よりも古態を示している）によって、一遍の浄土教の理路を辿ってみます。まず、信は不要であるということに関してです。このことに関して、一遍は次のように説いたということです。

又云、決定《けつじょう》往生《おうじょう》の信たたずとて、人毎《ひとごと》になげくは、いわれなき事なり。凡夫の心には決定なし、決定は名号なり。しかれば決定往生の信たたず共《とも》、口に任せて称名《しょうみょう》せば往生すべきなり。所以《このゆえ》に、往生は心品《しんぼん》によらず、名号によりて往生するなり。決定の信心たって後、往生すべしといえば、なお心品にかえるなり。我心を打捨《うちす》て一向《いっこう》に名号によりて往生すと心得《こころう》れば、やがて決定の心はおこるなり。是を決定の信たつというなり。

（『播州法語集』二〇＝同・一五五頁）

このように一遍は、凡夫の信心は決定であり得ず、信決定できないといって悲観することはない、決定は名号のみだと明確に示しています。ここには、あの親鸞の信心為本の浄土教が民衆を救済しきれていない状況に対する、一遍の深い配慮があるように思われます。一遍はただ阿弥陀仏の名号を唱えさえすれば、その名号によってもはや往生が定まると、くりかえし示すのです。

三心の解釈

今、信決定しなければ救われないという立場の浄土教に対して、信が立たずとも名号さえ唱えれば往生できるのだという、単純でしかも力強い救いを一遍が強調していたことを見ましたが、次の法語もこのことを詳しく説明するものとなっています。

又云、或人《あるひと》、浄土宗の流々《りゅうりゅう》の異義《いぎ》を尋申《たずねもう》して、「何《なに》にか付《つく》べき」と云々。上人答ていわく、「異義まちまちなる事は、我執《がしゅう》の前《まえ》の事なり。南無阿弥陀仏の名号には義なし。義によりて往生する事ならば、尤此尋《もっともこのたずね》は有《ある》べし。全《まった》く往生は義によらず、名号によるなり。たとい法師《ほうし》が勧《すす》むる名号を信じたるは往生せじと心には思うとも、念仏申さば往生すべし。いかなるえせ義を口にいうとも、心に思うとも、名号は義によらず、心によらざる法なれば、称すれば決定《けつじょう》往生すると信じたるなり。たとえば、火を物に付んに、心にはやけなとおもい、口にはやけそというとも、此言《このことば》にもよらず、念力《ねんりき》にもよらず、只《ただ》火のおのれなりの徳として物をやくなり。水の物をぬらすも、是に同じ事也。然《しか》のごとく名号もおのれなりに、往生の功能《くのう》をもちたれば、努々《ゆめゆめ》義にもよらず、心にもよらず、言にもよらず、唱《とな》うれば往生するを、他力不思議の行と信ずるなり」。

（『播州法語集』八〇＝同・一九一頁）

一遍はここで、教えの解釈（義）によって往生するのではまったくないといい、人がどのように考え、あるいは言うとしても、名号の「おのれなり」の徳もしくは功能によって、名号を唱えさえすれば往生するのだと強調しています。それは自己の思い・はからいを徹底して放下した、すがすがしい境地でさえあったでしょう。

たしかに、本願の第十八願等によれば、称名念仏によって救われるのでした。しかしながら、従来見てきたように、それには、三心を具えることも条件でした。

三心とは、『観無量寿経』の至誠心《しじょうしん》・深心《じんしん》・廻向発願心《えこうほつがんしん》であり、『無量寿経』第十八願の至心・信楽・欲生の心であって、この両者は同じものと解されるのでした。これらの三心は、きわめて純粋な心であり、凡夫には到底具えることが難しく、浄土往生を願う者にとって一つの大きな関門ともなったのです。ゆえに親鸞は、これらは凡夫が起こすべき心なのではなく、仏の純粋な一心が我々に届けられていることを意味しているのだとして、この関門を透過しようとし、その一心をいただくことが信心の成就なのであり、その他力回向の一心すなわち金剛不壊《こんごうふえ》の信心に徹することで往生が約束されると説いたわけです。

とは言え、そのような信に徹することも凡夫には案外難しいものがあり、そこに「決定往生の信たたずとて、人毎になげく」事態が出てきたということもあるのでしょう。その状況に対して、一遍は名号さえ唱えれば信がなくとも往生できると保証したのであり、このことは多くの民衆にとって大きな救いであったと思われます。しかしながら、浄土往生には称名念仏のみでなく、三心を具えることも求められていたのですから、名号さえ唱えればよいというには、この三心の問題をその立場で解決しておかなければなりません。親鸞はその三心を我々の起こすべき心ではなく仏の一心であると、いわば経文を強引に曲げて解釈して解決したのですが、一遍は果たしてこの問題をどのように解決したのでしょうか。

このことについては、次の法語が、参考になります。

又云、至誠心は、自力我執の心を捨《す》て、弥陀に帰《き》するを真実の体《たい》とす。其《その》ゆえは、「貪《とん》・瞋《じん》・邪《じゃ》・偽《ぎ》・奸《かん》・詐《そ》、百端《ひゃくたん》」と釈するは、衆生の意地《いじ》を嫌《きら》い捨《すつ》る也。所以《このゆえ》に三毒《さんどく》は三業《ごう》の中には、意地具足《ぐそく》の煩悩《ぼんのう》也。深心は「自身現是罪悪生死凡夫《じしんげんぜざいあくしょうじぼんぶ》（自身は現に是れ罪悪生死の凡夫）」と釈して、煩悩具足の身《み》とおもいしりて、本願に帰するを体とす。本願というは名号なり。しかれば、至誠・深心の二心は、衆生の身心《しんじん》の二を捨《すて》て、他力の名号に帰する姿《すがた》なり。廻向《えこう》というは自力我執の時の諸善《しよぜん》と、名号所具《しよぐ》の善と一味《いちみ》するとき、能帰所帰《のうきしよき》一体となりて、南無阿弥陀仏とあらわるるなり。此《この》うえは、上《かみ》の三心は即施即廃《そくせそくはい》して、独一《どくいつ》の南無阿弥陀仏なり。しかれば、三心というは身命《しんみよう》を捨て、念仏申《もうす》より外には別の子細《しさい》なし。其《その》身命を捨たる姿は、南無阿弥陀仏是《これ》なり。（『播州法語集』一五＝同・一五二頁）

善導『観経疏』「散善義」の三心の説明に基づきつつ、至誠心は、自己の心を捨てて阿弥陀仏の本願に帰することであり、深心は、自己の身を捨てて阿弥陀仏の本願に帰することであって、この二心はすなわち自己の身・心を捨てて本願に誓われた名号に帰することだと解します。つまり、「三心」とはあっても実はそれは名号に帰することなのだというのです。

さらに廻向発願心も、名号を唱えるとき、それまで自力修行による多少の善根と名号に具わるあらゆる功徳とが一つとなり、自己と阿弥陀仏が一体になることだといいます。ここも、名号に帰すること以外ではないということが要点でしょう。

こうして、三心を具えるということは、実は名号に帰することなのだと示します。そこを、「即施即廃」と言っています。初めは、三心をおのおの立てておきます。これが「即施」です。しかしその深意を辿っていくと、名号に帰着して心は廃されてしまいます。これが「即廃」です。このような三心の了解によって、「しかれば、三心というは身命を捨て、念仏申より外には別の子細なし」ということになり、凡夫が至純の三心を具えなければならないという問題を解決したのでした。

この意味合いを別の表現で説明しているものが、次の法語でしょう。

又云、浄土を立るは欣慕《ごんぼ》の心を生じ、願往生《がんおうじょう》の心をすすめんが為なり。欣慕の心を勧《すすむ》る事は、所詮、称名の為なり。しかれば、深心には、「使人《しにん》欣慕（人をして欣慕せしむ）」と釈せり。浄土のめでたきありさまをきくにつけて、願往生の心はおこるべきなり。此心《このこころ》おこりぬれば、必《かならず》、名号称せらるるなり。されば、願往生のこころは、名号に帰するまでの初《しょ》発《ほつ》の心なり。此こころは六識分別の妄心なるゆえに、彼土《かのど》の修因《しゅいん》にあらず。名号の位《くらい》ばかり往生するなり。故に他力往生という。打《うち》まかせて人のおもえるは、わがよくねがいの志《こころざし》が切《せつ》なれば往生すべしとおもえり。

（『播州法語集』四一＝同・一六六頁）

最後の「打まかせて……」の文の意味は、「ほとんどの人々は、往生したいという自分の心が切実であると往生するはずだと思っている。しかし自分の心はそのように徹底できるものではあり得ない」ということです。いずれにせよ、一遍は一遍の仕方で、自己の心を頼る立場を徹底的に否定し、すべてをひとえに名号に集約し、それに任せるなかでの救いを確立したのでした。

なお、この一遍の三心の解釈は、必ずしも一遍が独自に主張したことでもないようです。

むしろ法然門下において、さまざまな解釈があるなか、それらを研究したうえで、そのなかで選び取ったもののようです。というのも、次のような法語があるからです。

又云、「長門《ながと》の顕性房《けんしょうぼう》の三心所廃《さんじんしょはい》の法門《ほうもん》はよく立《たて》たり。然《しかれ》ば、往生をとげたり」と、常に称美《しょうび》せらるるものなり。（『播州法語集』五三＝同・一七七頁）

ここにいう「三心所廃の法門」というのは、前にいう「即施即廃」の法門のことなのでしょう。凝然《ぎょうねん》（一二四〇〜一三二一）の『浄土法門源流章』によれば、証空の弟子に覚入《かくにゅう》がいて、その弟子に長門の国の人である見性がおり、三心所廃の義を立て、本願をもってのゆえに唯だ名号を立てたということです（『大正蔵経』・八四巻・一九九頁下段）から、一遍が常にほめていたという顕性房とは、その見性のことであろうと思われます。ちなみに、同書によれば、証空は、「三心と念仏は不即不離である、なぜなら、三心は本願を信ずることであり、本願は称名行であるから、三心と念仏は不離である、しかし三心は行者の心持ちのことであり、念仏は所修の行なので不即である」との説を説いたといいます（同・八四巻・一九八頁下参照）。証空の流れに出た見性は、その「不即」を「即」にまで進めたことになるのでしょう。

いずれにしても一遍は、長門の顕性房の法門に出会って、いわば「名号為本」とも言うべき立場に真実、徹底できたのでした。今の法語に、「然ば、往生をとげたり」とあったのは、これでこそ、信ですらむずかしい凡夫（民衆）の往生も可能となったという、一遍自身の深い感懐と安堵の心がよく表れています。逆にこの三心の問題が、当時いかに広い範囲で浄土教の救いの成否の焦点として、深く問題にされていたかもうかがえるでしょう。

機法不二、能所一体

ところで、前の三心について説明する法語（一五）には、「能帰所帰一体となりて、南無阿弥陀仏とあらわるるなり」「上の三心は即施即廃して、独一の南無阿弥陀仏なり」「其身命を捨たる姿は、南無阿弥陀仏是なり」等とありました。名号を唱えるただなかにおいて、機（衆生）法（教え）一体となり、南無阿弥陀仏となるとまで説かれるのです。

このことに関して、たとえば一遍は、次のように説いています。

……然《しかる》に、能帰《のうき》というは、南無なり、十方衆生《しゆじよう》なり。是則命濁中夭《これすなわちみようじよくちゆうよう》の命なり。然《しかる》を、常住《じようじゆう》不滅の無量寿に帰《き》しぬれば、我執の迷情《めいじよう》を削《けずり》て、能帰所帰《しよき》一体にして、生死本無《ほんむ》なるすがたを、六字の南無阿弥陀仏と成《な》せり。（『播州法語集』五一＝同・一七四頁）

ここには、南無が能帰の衆生、阿弥陀仏が所帰の無量寿仏であり、南無阿弥陀仏と唱えれば、有限の寿命の衆生と無限の寿命の阿弥陀仏とが一体となって、もとより生死のない世界を実現するとあります。

ここでは所帰が常住不滅の世界と言われていますが、そこは単なる無為の世界でもなく、むしろ覚りの智慧そのものの世界であるとも語られます。次のようです。

阿弥陀仏の四字は本願《ほんがん》にあらず。南無が本願なり。南無は始覚《しかく》の機、阿弥陀仏は本覚の法なり。然《しかれ》ば、始本《しほん》不二の南無阿弥陀仏也。称すれば頓《とん》に迷悟《めいご》をはなるるなり。

（『播州法語集』七三＝同・一八八頁）

南無阿弥陀仏について、始覚（後天的に教えを受け、修行して覚る）と本覚（もともと覚りに至っている）とが一つの世界として語られています。ここで興味深いのは、むしろ「南無が本願なり」の句でしょう。我々が南無阿弥陀仏と唱えて、始本不二の覚りと成就するのも、本願の実現した姿だというのです。ともあれこうして、称名のただなかで、常住不滅にしてしかも始本不二の覚りが実現するというのが、一遍の浄土教なのです。

以上は、いわば能所一体・機法不二の世界として語られていたわけですが、その一体・不二の故に、むしろ機・法の別が超えられるのだともあります。

心外《しんげ》に境《きょう》を置《おき》て罪《つみ》をやめ、善を修《しゅ》する面《おもて》にては、曠劫《こうごう》を経《ふる》とも生死は離るべからず。能所《のうじょ》の絶《ぜつ》する位に生死はやむなり。いずれの教《おしえ》も、この位に入て生死を解脱《げだつ》するなり。今の名号は能所一体の法なれば、声の中に三世をつくす不可思議の法なり。

（『播州法語集』六二＝同・一八二頁）

こちら側で阿弥陀仏に対して念仏して、そうして対象としての阿弥陀仏の慈悲によって救われようというのでは、いつまでたっても救われないといいます。むしろ念仏のただなかで能・所を絶する位に入ることが肝要で、そのとき初めて生死を超えると諭すのです。この機法を絶した境地について、もう少し詳しく説くものとして、次のものがあります。

又云、南無とは十方衆生の機、阿弥陀とは法なり、仏とは能覚《のうかく》の人《にん》なり。六字をしばらく機《き》・法《ほう》・覚《かく》の三字に開《かい》して、終《つい》に三重《じゅう》が一体となるなり。然《しかれ》ば、名号の外に能帰《のうき》の衆生もなく、所帰の法もなく、能覚の人もなきなり。是則《これすなわち》、自力他力を絶《ぜつ》し、機法を絶する所を、南無阿弥陀仏といえり。火は薪《たきぎ》を焼《やき》、薪尽《つく》れば火も絶するなり、機情《きじょう》尽れば法は息《そく》するなり。然ば、金剛宝戒章《こんごうほうかいしょう》という文《もん》には、「南無阿弥陀仏の中には機もなく法もなし」といえり。いかにも機法を立《たて》、迷悟《めいご》をおかば病薬対治《びょうやくたいじ》の法にして、真実至極の法体《ほったい》にあらず。迷悟・機法を絶し、自力他力のうせたるを、不可思議の名号とはいうなり。

（『播州法語集』二六＝同・一五九頁）

最初に阿弥陀と仏とを分ける見方も示されていますが、そのあと、むしろ機法一体から機法を絶した境地こそ真実であることが説かれています（ここは証空の文に拠っているもののようです）。しかしそこに何もない、虚空のような世界が残るということではなく、あくまで名号を唱えるといういのちの活動は存在しているでしょう。では、そこではどのような世界が実現しているのでしょうか。そのことに、大きな示唆を与えてくれるのが、次の法語です。

今、他力不思議《たりきふしぎ》の名号は、自受用《じじゆゆう》の智《ち》也。故に、仏の自説《じせつ》といえり。随自意《ずいじい》という心なり。自受用と云《いう》は、水の水をのみ、火が火をやき、松はまつ、竹はたけ、其体《そのたい》おのれなりにして生死なし。然《しかる》に衆生《しゆじよう》、我執《がしゆう》の一念にまよいしより以来《このかた》、常没《じようもつ》の凡夫《ぼんぶ》たり。爰《ここ》に、弥陀の本願他力の名号に帰しぬれば、生死なき本分に帰《かえ》るなり。是を、「努力翻迷還本家《ぬりきほんめいげんほん(ぼん)げ》（努力《つと》めて迷を翻《ひるがえ》して、本家に還る）」というなり。名号に帰せざるより外は、争《いかで》か我《われ》と本分本家《ほんぶんほんけ》に帰るべき。

（『播州法語集』五一＝同・一七三頁）

名号を唱えるただなかにおいて、「其体おのれなり」なる世界が実現します。水が水を飲み、火が火を焼くように、いわば自己が自己を生き、いのちがいのちを生きるそのただなかにおいて、「生死なき本分」を自覚・実現し得ているでしょう。

こうして、称名のただなかで機法一体となり、さらに機法を絶して、独一の名号になるのですが、そこでは、「念仏が念仏する」とか、「名号が名号を唱える」とか表現されるべき世界が現成することになります。ここがまた、かの熊野権現のお告げ（『播州法語集』三七＝同・一六四頁、『播州法語集』・五一＝同・一七五頁）にあったように、「南無阿弥陀仏が往生する」といわれることにもなるのでしょう。

以上のような立場が、一遍の称名観の基本にありますから、機法不二、能所一体等といっても、念仏者のはからいで能所の区別を絶して一体となることが大事だ、というのではありません。もとより名号は能所一体の法なので、心はどうであれ、ただ称名すればその能所を絶した位におのずから入るのであり、そこで生死を超えてしまうのです。

ですから、どのような考え方で念仏するかは、もはや往生には一切、関係ありません。もっぱら名号の不思議のはたらきによって往生が果たされるのです。そのことを、

底下《ていげ》愚縛《ぐばく》の凡夫《ぼんぶ》は、身心を放下《ほうげ》して、唯《ただ》本願を頼《たのみ》て一向称名すれば、是則《すなわち》自性無念の観法なり。無相離念のさとりなり。……名号に帰しぬれば、功徳として成就《じょうじゅ》せずという事なし。是を無上功徳といい、是を他力の称名、万行の情本《じょうほん》、諸仏己証《しょぶつこしょう》といえり。

（『播州法語集』四三＝同・一六八頁）

と示しています。あるいはまた、次のようにもあります。

只、誠の仏語《ぶつご》は南無阿弥陀仏、此《この》念仏三昧は罪悪《ざいあく》生死の凡夫の上《うえ》に、実相所詮《じっそうしょせん》の仏智の名号を持《たも》せて、速《すみやか》に善悪を忘《もう》じ、諸見《しょけん》を離れしむ。甚深不思議《じんじんふしぎ》の法門なる故に、妄心《もうじん》をなげき善法《ぜんぽう》をはげむを自力と嫌《きら》い、妄心をとり善法を捨《すつ》るを悪無悔《あくむげ》と誡《いま》しむ。仍《よっ》て、身のよしあしをえらばず、心《こころ》のすみすまざるを論《ろん》ぜず、唯《ただ》南無阿弥陀仏と唱《となえ》て、取捨《しゅしゃ》の分別《ふんべつ》なければ、彼証者《かのしょうじゃ》の修行に同《おなじく》して往生を遂《とぐ》るなり。……

（『播州法語集』八六＝同・一九七頁）

又云、念仏の下地《したじ》を造《つく》る事なかれ。惣じて、行ずる風情《ふぜい》も往生せず、声《こえ》の風情も往生せず、身の振舞《ふるまい》も往生せず、心の持様《もちよう》も往生せず、南無阿弥陀仏が往生するなり。全《まったく》風情無《なき》也。

（『播州法語集』七六＝同・一八九頁）

そうだとすればまた、一遍においては、念仏の回数はなんら問題になりません。どこまでも、ともかく名号を唱える、そのただなかのみが問題になります。

又云、往生は初一念《しょいちねん》なり。最初《さいしょ》一念というも、尚機《なおき》に付ていうなり。南無阿弥陀仏は本《もと》より往生なり。往生というは無生なり。此法にあえる所をしばらく一念とはいうなり。三世《さんぜ》裁断《さいだん》の名号に帰入《きにゅう》しぬれば、無始無終《むしむじゅう》の往生なり。臨終平生《りんじゅうへいぜい》と分別《ふんべつ》するも、妄分《もうぶん》の機に付ていうなり。南無阿弥陀仏には、臨終なし、平生なし。三世常恒《じょうごう》の法なり。出息《しゅっそく》入息《にっそく》をまたざるゆえに、当体《とうたい》の一念を臨終と定むる也。然《しかれ》ば、念々往生なり。故に「廻心念々生安楽（心を廻らして、念々に安楽に生ず）」と釈せり。凡《およそ》仏法は、当体の一念の外《ほか》には談《だん》ぜざるなり。故に三世即《すなわち》一念なり。（『播州法語集』二九＝同・一六一頁）

この法語に見られる「凡仏法は、当体の一念の外には談ぜざるなり」という立場、すなわち「即今・此処・自己」のみを問題とするという見識は見事なものです。法然門下に、一念・多念の論争があったといいますが、一遍のこの一念は、念仏の回数の一念ではなく、当体の一念、三世を包摂《ほうせつ》する一念であり、それは、ひたすら生死無き主体に徹底した立場を示しているでしょう。こうした一遍の立場をわかりやすくまとめて説いていると思われるものに、次のものがあります。

西園寺《さいおんじ》殿《どの》の御妹《おんいもうと》の准后《じゅごう》の御法名《ごほうみょう》を一《いち》阿弥陀仏と付《つけ》奉る、此御尋《このおんたずね》に付《つい》て御返事《おんへんじ》此事《このこと》は申入《もうしいれ》候《そうら》いしに不違《たがわず》、此体《このたい》に生死無常の理《ことわり》を思い知《しり》て、南無阿弥陀仏と一度《ひとたび》正直に帰命《きみよう》しつる一念の後《のち》は、我《われ》われにあらず。心も南無阿弥陀仏の御心《おんこころ》、身の振舞《ふるまい》も南無阿弥陀仏の御振舞、言《ことば》も阿弥陀仏の御言葉なれば、生《いき》たる命も阿弥陀仏の御命、死ぬるいのちも阿弥陀仏の御命なり。然《しかれ》ば、昔《むかし》の十悪《じゆうあく》・五逆《ごぎやく》ながら請取《うけとり》て、今の一念・十念に滅し給うありがたき慈悲の本願に帰しぬれば、弥《いよいよ》三界・六道の果報《かほう》もよしなく覚え、善悪二つながら業因物《ごういん》うくして、只仏智《ぶつち》よりはからいあてられたる南無阿弥陀仏に帰命するなり。仏こそ命と身とのぬしなれや　わがわれならぬこころふるまい

（『播州法語集』八五＝同・一九四頁）

聖パウロは、「我もはや生くるにあらず、キリスト我がうちにありて生くるなり」（「ガラテヤ書」第二章第二〇節）と言ったといいますが、宗教の原点は、まったく同じのようです。

4　日本禅宗の思想

禅宗の系譜

日本の禅宗には、主として臨済《りんざい》宗と曹洞《そうとう》宗とがありますが、いずれも中国にその源流があ

ります。そこで、まずは中国の禅宗の概要について記しておきましょう。

一般にインドから来た菩提達磨《ぼだいだるま》（六世紀前半）が、中国に禅を伝えたといいます。その禅は、釈尊の菩提樹下の覚りそのものが、釈尊以来、西天《さいてん》二十八祖（西天とはインドのこと）において師資相承されたとされ、その第二十八番目の祖師が菩提達磨だというのです。この菩提達磨は、また中国の初祖となり、以下、二祖慧可《えか》（生没年不詳）・三祖僧粲《そうさん》（五二九～六一三）・四祖道信《どうしん》（五八〇～六五一）・五祖弘忍《ぐ(こう)にん》（六〇二～六七五）と法が伝わって、六祖慧能《えのう》（六三八～七一三）に至ったとされます。六祖慧能の門下には偉大な禅匠が輩出して、その後それらの系統の禅が中国に広まっていったのでした。

よく中国の禅宗として、五家七宗が言われます。五家とは、臨済宗・潙仰《いぎょう》宗・曹洞宗・雲《うん》門《もん》宗・法眼《ほうげん》宗のことで、七宗というのは、このなかの臨済宗に黄龍《おうりょう》派と楊岐《ようぎ》派とがあるのを、今の五家に足したもののことです。

臨済宗は、臨済義玄《ぎげん》（？～八六七）を祖とし、潙仰宗は、潙山霊祐《いさんれいゆう》（七七一～八五三）―仰山慧寂《きょうざんえじゃく》（八〇四～八九〇）の流れ、曹洞宗は、洞山良价《とうさんりょうかい》（八〇七～八六九）―曹山本寂《そうざんほんじゃく》（八四〇～九〇一）の流れとも、曹渓《そうけい》（六祖）―洞山の流れとも言います。雲門宗は雲門文《ぶん》偃《えん》（八六四～九四九）を祖とし、法眼宗は法眼文益《もんえき》（八八五～九五八）を祖としています。これらの宗の違いは、たとえば臨済宗は活発で颯爽としており、曹洞宗は行持綿密であるなど、いわば家風が若干、異なるもので、禅の悟りそのものに違いはないでしょう。臨済宗の黄龍派は、黄龍慧南《えなん》（一〇〇二〜一〇六九）、楊岐派は、楊岐方会《ほうえ》（九九二〜一〇四九）以後の系統です。楊岐派のなかに、看話禅《かんなぜん》（話頭＝公案〈後述〉の究明に集中して修行する禅）で有名な大慧宗杲《だいえそうこう》（一〇八九〜一一六三）が出ています。

さて、日本に最初に禅を将来したのは、奈良時代の道昭《どうしょう》（六二九〜七〇〇）であると言われています。のち、最澄が入唐して牛頭禅《ごずぜん》（本書一〇三頁参照）を受け継ぎ、叡山の仏道の一つとしたことも有名でしょう。その他、いくつかのルートで鎌倉時代以前にも禅が日本に入っているのですが、やがて栄西（明庵千光国師《みょうあんせんこう》。一一四一〜一二一五）が入宋して臨済宗を伝え、さらに道元も入宋して曹洞宗を伝えて、日本の禅宗が確立されていきます。

平川彰『インド・中国・日本　仏教通史』（春秋社）によると、鎌倉時代以来の禅の流伝は四十六伝とも二十四流とも言われるように多様であったものの、鎌倉時代の禅の主流は、概略、次の四つになるということです。

①栄西・聖一国師《しょういつ》（円爾弁円《えんにべんねん》。一二〇二〜一二八〇）・法燈国師（心地覚心《しんじかくしん》。一二〇七〜一二九八）等の流派であり、教禅兼修の家風をもつ禅。円・密・禅等を兼修し、叡山等の圧迫もあって、純粋の禅を挙揚《こよう》できなかった。

②蘭渓道隆《らんけいどうりゅう》（一二一三〜一二七八）・無学祖元《むがくそげん》（一二二六〜一二八六）等の来朝した中国僧が伝えた鎌倉禅。これは禅林の清規《しんぎ》（禅宗独自の生活規則）によって祖師禅を挙揚した（蘭渓道隆は建長寺の、無学祖元は円覚寺の開山）。

③わが国の南浦紹明《なんぽじようみよう》（大応国師。一二三五～一三〇八）が入宋して楊岐派の法を伝え、宗《しゆう》峰妙超《ほうみようちよう》（大燈国師。一二八二～一三三七）・関山慧玄《かんざんえげん》（一二七七～一三六〇）と次第するわが国の臨済禅の主流で、応・燈・関の流れと言われる。

④道元（一二〇〇～一二五三）によって伝来された曹洞禅。

このほか、江戸時代に隠元《いんげん》（一五九二～一六七三）によって伝えられた禅があり、結局、現在の日本の禅宗には、次の三宗があることになります。

臨済宗　栄西…大応国師・大燈国師・関山禅師…白隠――
曹洞宗　道元…瑩山紹瑾《けいざんじようきん》――
黄檗《おうばく》宗　隠元――

臨済宗は、初め栄西が黄龍派の禅を伝えたのですが、その後、その法系は途絶えてしまいます。大応国師が伝えたのは楊岐派の禅であり、栄西の禅とは若干、異なるものでした。この系統も次第に衰微していきますが、江戸時代に白隠慧鶴《はくいんえかく》（一六八五～一七六八）が出て卓越した力量を発揮して多くの弟子を育成し、臨済宗中興の祖となりました。今日、臨済宗の専門僧堂として、京都の建仁寺、南禅寺、天龍寺、大徳寺、妙心寺等々、鎌倉の建長寺、円覚寺、さらに地方の諸寺がありますが、それらに伝わる法はいずれも白隠下のものであると言って過言ではありません。

曹洞宗は道元が伝えたもので、道元は晩年、越前山中の永平寺に拠りました。その厳格な仏道は、広く民衆に伝わる性格のものではありませんでしたが、第四祖に瑩山紹瑾（一二六八～一三二五）が出、その弟子らが密教をも採り入れながら布教活動を展開して、大いに教線を伸ばしたのでした。今日、単独の宗団でもっとも傘下の寺院が多いのは曹洞宗です。瑩山紹瑾は能登に総持寺を開きましたが、明治時代に火事になり、その後、神奈川県横浜市の鶴見に移っています。今日、曹洞宗では、道元を高祖、瑩山紹瑾を太祖と呼び、永平寺と総持寺の二大本山の制を採っています。

なお、臨済宗は公案修行を特徴とし、一方、曹洞宗は只管打坐《しかんたざ》を標榜しています。公案というのは、修行者に課せられる問題で、主に唐・宋の高僧らが弟子等と交わした禅問答が採用されています。この公案については、のちにまた解説することにしましょう。

黄檗宗は、明の時代の禅が伝わったもので、禅浄双修の風も有するなど独特なものもありますが、今日では臨済宗と連携しつつ活動しています。京都・宇治の萬福寺が本山です。

以上はごく簡単な禅宗史の素描でした。以下、まずは日本臨済宗の祖となっている栄西の生涯と思想について見ていくことにしましょう。

栄西の生涯と思想

栄西は、保延七年（一一四一）、今の岡山県に生まれました。十四歳のとき、比叡山に上り、顕密の学問を修め、特に密教を盛んに学んでいます。二十八歳（一一六八）のとき、中国に渡り、天台山や阿育王山《あいくおうざん》などを回りました。その約二十年後の文治《ぶんじ》三年（一一八七）、再度、中国に渡り、さらにインドに行こうとしますが果たせず、結局、天台山万年寺で虚庵《きあん》懐敞《えしょう》（生没年不詳）に出会って以後、懐敞に師事して臨済宗黄龍派の禅を修行し、印可を受けます。四年後の一一九一年に帰国し、しばらく九州で禅宗の布教をしていましたが、比叡山の反対に遇い、ついに禁止の宣旨が下ったため、建久《けんきゅう》五年（一一九四）、弁明のために上洛したのでした。建久九年（一一九八）『興禅護国論《こうぜんごこくろん》』を著し、その後、鎌倉に赴きます。鎌倉では北条政子や源頼家らの外護を受け、正治《しょうじ》二年（一二〇〇）に寿福寺を開き、その二年後には京都に建仁寺を建立することを許されます。しかしこの建仁寺は、真言・天台・禅の三宗併修の施設とされています。実際、栄西は密教をも重用していたのです。のち重源《ちょうげん》のあとをうけて東大寺の造営にも尽力し、建保《けんぽう》三年（一二一五）、七十五歳で遷化《せんげ》しました。

栄西の主著『興禅護国論』は上・中・下三巻から成り、序のあと、十門により構成されています。各門のごく簡単な内容は、次のとおりです。

第一「令法久住門」では、特に戒律を護持することが、正法を久住させることを説きます。

第二「鎮護国家門」では、般若を学すること（＝修禅）が国家を鎮護することを説きます。

第三「世人決疑門」では、末法《まっぽう》の時代に禅を修すべきことが諸経論の意に違わないことを説きます。また、禅宗が独立した宗派でありうることや、不立文字《ふりゅうもんじ》の問題を論じ、悪取空《あくしゅくう》と同じではないか、修行が困難なのではないかとの問いに答えます。

第四「古徳誠証門」では、古徳がこの宗を行じた証拠を十、挙げます。禅宗の祖師方のほかは、ほぼ天台の祖師方です。

第五「宗派血脈門」では、過去七仏、西天二十八祖、および中国二祖慧可以来栄西までの相承を示します。

第六「典拠増信門」では、禅宗がただ心印を伝え、直に心源を指してもって成仏させるものであることの証拠の文を、諸経論より示します。三十余あります。

第七「大綱勧参門」では、禅道修行や持戒の種々の利益を明かして参禅を勧めます。

第八「建立支目門」では、寺院や行儀等、また行事等、禅道修行の実際について明かします。

第九「大国説話門」では、インドと中国の仏法の実際を紹介し、日本の参考に供します。

第十「廻向発願門」では、『大般若経』を引いて、そのように発願・回向します。

このなか、栄西は第七門で、禅の本質について次のように示しています。

禅宗は文字《もんじ》の相を離れ、心縁の相を離れ、不可思議にして、畢竟《ひっきょう》不可得《ふかとく》なり。いわゆる、仏法は法の説くべき無き、これを仏法と名づく。今、禅と謂うはすなわちその相なり。前《さき》の三義も悉くこれ仮名《けみょう》なるをもって、もし人、仏禅に文字・言語有りと言わば、実にこれ仏を謗《そし》り法を謗るなり。この故に、祖師は不立文字、直指人心《じきしにんしん》、見性成仏《けんしょうじょうぶつ》せしむ、いわゆる禅門なり。名字《みょうじ》を取るものはすなわち法に迷い、相貌《そうみょう》を取るものもまたこれ顚倒《てんどう》なり。本来動ぜずして物の得べき無きを、仏法を見ると謂う。仏法は只だ行住坐臥《ぎょうじゅうざが》のところに在り。一糸毫《いっしごう》を添うることもまた得ず、一糸毫を減ずることもまた得ず。すなわち恁麽《いんも》に会《え》し去って、さらに些児《さじ》の気力を費やさざれ。纔《わずか》に奇特玄妙《きどくげんみょう》の商量《しょうりょう》を作《な》さば、すでに交渉《きょうしょう》無し。所以《このゆえ》に、動《どう》はすなわち生死を起すの本、静《じょう》はすなわち昏沈《こんじん》に酔うの郷にして、動静《どうじょう》双《なら》び忘ずるも、仏性を顢頇《まんかん》す（ぼやかすこと）。揔《そう》に不恁麽《ふいんも》のとき、畢竟如何。もしこれ旨外《しげ》に宗を明らめば、終《つい》に言中《ごんちゅう》に測《はか》るところならず。直下《じきげ》にすなわち見、撩起《りょうき》してすなわち行く。箭《や》すでに絃《げん》を離る、返廻《へんえ》の勢い無し。千聖もまた摸𢱢不著《もさくふじゃく》ならん。或いはいまだこの田地《でんち》に到らずんば、切に忌《い》む、粗心《そしん》大胆にして一向《いっこう》に掠虚《りゃっこ》なることを。臘月《ろうげつ》三十日に到り得るも、揔《そう》に用《ゆう》不著ならん。

（『中世禅家の思想』・六二頁）

ここには、まず、仏法（禅の説く真理）は言語・分別（対象的認識）等をもとより離れたものであることが強調されています。そして仏法は、行住坐臥すなわち平常の行いのただなかにあること、そのなかで、二元対立の分別にわたらず、その行為主体そのものになりきってそのただなかに自己のいのちの真実を見出すべきであることが説かれています。要は行住坐臥の即今・此処・自己の直下に真実の自己を見出すのでなければ、いつまで経ってもらちがあかないぞ、というのです。

また、栄西は、第三「世人決疑門」において、禅が不立文字をいうとしても、それは決して悪取空ではないことを強調しています。禅はむしろ、空無の境地にとどまって何のはたらきもないあり方を否定するのであり、「但だ円位《えんい》に依って円頓《えんどん》を修して、外は律儀もて非を防ぎ、内は慈悲もて他を利す、これを禅宗と謂い、これを仏法と謂うなり」（同・三九頁）とするのです。さらに『宗鏡録《すぎょうろく》』の、

但だ一心無礙《いっしんむげ》自在《じざい》の宗《しゅう》を悟らば、自然に理事《りじ》融通《ゆうずう》し、真俗交徹《しんぞくこうてつ》せん。もし事《じ》に執して理に迷わば、永劫《ようごう》に沈淪《ちんりん》せん。或いは理を悟って事を遣《や》れば、これ円証《えんしょう》にあらず。何《いかん》となれば、理事は自心を出でず、性相《しょうそう》、寧《なん》ぞ一旨《いっし》に乖《そむ》かん。もし宗鏡《すぎょう》に入りて、頓《とん》に真心を悟らば、尚お非理非事《ひりひじ》の文《もん》無し、豈に若理若事《にゃくりにゃくじ》の執《しゅう》有らんや。但《も》し本を得るののち、また円《えん》修《しゅ》を廃《はい》せざれ。（同・四〇頁）

という、覚ってみれば理と事（性と相、本性と現象）の区別はなく、いずれかに偏執することは間違いであることを述べる句を引用し、さらに覚りを得てもその覚りに裏づけられた修行を廃すべきでないとするのでした。

あるいはまた、もとより煩悩もなく菩提もないのだから、種々の修行は一切要らないというある禅宗（達磨宗）の主張に対しては、そうした立場は空見であり、決して同じるべきではないとし、

古徳の云く、邪見《じやけん》の禅師は、目無くして行きて火坑《かきよう》に陥墜《かんつい》するもののごとし。文字の法師は、鸚鵡《おうむ》の人語《にんご》を能くすれども、しかも人情《にんじよう》無きがごとし、と。然ればすなわち、禅宗は仏の法蔵を学し、仏の浄戒を持《じ》す、これ仏禅と謂《い》うなり。（同・四二頁）

と、禅は教も戒も修するのだとして、やはり『宗鏡録』の、一百二十見を破するなかにある、

或いは無礙《むげ》に効《なら》って修行を放捨《ほうしや》し、或いは結使《けつし》に随って本性《ほんしよう》空《くう》を恃《たの》む、ならびにこれ宗に迷い旨《し》を失い、湛《たん》に背《そむ》き真《しん》に乖《そむ》き、氷を敲《たた》いて火を索《もと》め、木に縁《よ》ってもって魚を求むるものなり。（同・四三頁）

の句を引いて、

これはすなわち、無行の人を悪《にく》むなり。況んや禅戒を捐《す》て真智を非とするの人をや。（同）

と、実際の戒行の大切さをしきりに説いています。

栄西は特に戒律の実践を重視したのであり、それも大乗戒のみならず、『四分律』の小乗戒をも含むもので、この両戒を用いることが禅にとっても大事であるとし、戒行の実践によって、当時衰えがちであった本来の仏法の復興をめざしたのでした。なお、そのように戒を持《たも》ち、禅を修すれば、その時は正法の時代となるとも説いて、単純な末法思想を排しています。

こうして、栄西は禅宗の仏道を、ひたすら静的な禅定に入ってはたらきを失うことは否定して、戒行の道として把握するとともに、その行為のただなかに真実の自己を自覚することを求めたのです。

前に述べたように、栄西の黄龍派の法は、その後、衰滅し、むしろ応・燈・関の楊岐派の法が中心になってくるのでした。その禅はいわゆる看話《かんな》禅の系統であり、公案を用いて修行していくものです。公案とは、師家《しけ》（専門僧堂＝修行道場において、最高の指導者として修行者を導く老師）が修行者に与える問題であり、多くは古来の禅問答の意旨のありかを問うものです。そのもっとも有名なものは、無門慧開《むもんえかい》（一一八三～一二六〇）の『無門関』第一則「趙州無字《じょうしゅうむじ》」でしょう。すなわち、

趙州和尚、因《ちな》みに僧問う、「狗子《くし》に還《かえ》って仏性有りや也《ま》た無しや」、州云く、「無」。

（『無門全集』・五巻・三九六頁）

というものです。

趙州和尚が、修行者から、一切衆生はことごとく仏性を持っていると言われますが、犬にも仏性はあるのでしょうかと問われて、無と言ったという、この無とは何かが問題として修行者に与えられるのです。それについて、無門和尚は、「虚無の会《え》を作すこと莫《なか》れ、有無の会を作すこと莫れ」と言っています。修行者はこの無について、呼吸を整えつつ、吐く息・吸う息のたびにムームーと心のなかで集中していくのです。その様子について、同じく無門和尚は、

> 箇の熱鉄丸《ねってつがん》を呑了《どんりよう》するが如くに相似《あいに》て、吐けども又た吐き出ださず、従前の悪知悪覚を蕩《とう》尽《じん》し、久々《きゆうきゆう》に純熟して、自然《じねん》に内外打成一片《ないげだじよういっぺん》なり。啞子《あす》の夢を得るが如く、只だ自知することを許す。驀然《まくねん》として打発《たはつ》せば、驚天動地、関《かん》将軍の大刀を奪い得て手に入るが如く、仏に逢うては仏を殺し、祖に逢うては祖を殺し、生死岸頭《しようじがんとう》に於いて大自在を得、六道《りくどう》四生《ししよう》の中に向《む》かって、遊戯三昧《ゆげざんまい》ならん。　（同）

と示しています。ここに、禅宗における覚りの消息も知られるでしょう。

公案には、他にも種々さまざまな多くのものがあります。ほんの一例に、

六祖、明上座《みようじようざ》に示して曰く、不思善不思悪《ふしぜんふしまく》、正与麼《しようよも》の時、那箇《なこ》か是れ明上座が本来の面目。
（『無門関』第二十三則＝『無門全集』・五巻・五五三頁）

僧、大龍《だいりゆう》に問う、色身《しきしん》は敗壊《はいえ》す。如何《いか》なるか是れ堅固《けんご》法身《ほつしん》。龍云く、山花《さんか》開いて錦に似たり、澗水湛《かんすいたた》えて藍《あい》の如し。
（『碧巌録《へきがんろく》』第八十二則＝同・四巻・一六〇頁）

空手《くうしゆ》にして鋤頭《じよとう》を把《と》り、歩行して水牛に騎《の》る。人、橋上より過ぐれば、橋は流れて水は流れず。
（『傅大士《ふだいし》語録』＝同・五巻・五一頁）

などがあります。なかには、日本で作られたものもあり、白隠による、「隻手音声《せきしゆおんじよう》」（両掌相い拍《う》てば声あり、隻手〈片手〉に何の音声かある）はその一例です。その他、次のようなものもあります。

鐘の音を止めてみよ。
向こうから来るは姉か妹か。

茶碗の中でトンボ返りを打ってみよ。
茶釜の中から五重の塔を出してみよ。
茶碗を行道させてみよ。（茶道三則）

これらの公案の修行は、老師の待つ部屋に一人入って、与えられた公案に対する回答（見《けん》解《げ》という）を老師に提示し、点検を受け、適切であれば次の公案に進む仕方で行われます。その際、時に見解の心を表す語句を選んで置くこと（著語《じやくご》という）や、その趣旨を言葉で説明すること（書分《かきわけ》という）が要請されることもあります。公案の数は、全部集めれば、五百はおろか、千は優にあるでしょう。

聖一国師（円爾弁円）は、それら多種多様な公案を、「理致・機関・向上」の三種に分類する考え方を示唆しました。さらに、大応国師（南浦紹明）は、次のように示しています（『大応国師法語』）。

この宗に於《お》いて三重の義あり、いわゆる理致・機関・向上これなり。初めの理致というは、諸仏の所説、並びに祖師の示す処の心性等の理語なり。次に機関というは、諸仏祖師の真《まこと》の慈悲をたれて、いわゆる鼻をひねり、目を瞬《まじ》ろがして、乃ち云く、「泥牛《でいぎゆう》空《くう》に飛び、石《せき》馬《ば》水に入る」等これなり。のちの向上は、仏祖の直説《じきせつ》、諸法の相すべて異なることなし、いわゆる「天はこれ天、地はこれ地、山はこれ山、水はこれ水、眼は横《よこ》、鼻は直」等これなり。

（『大徳寺禅語録集成』・一巻・七〇頁）

以上を整理すると、次のようになります。

理致＝経論ないし祖録に説かれる心性等を主題とする問題。

機関＝はたらきの意。揚眉瞬目《ようびしゅんもく》・払拳棒喝《ほっけんぼうかつ》等、機用《きゆう》を主題とする問題。

向上＝そのさきの意。法見《ほっけん》・仏見を捨て、禅臭・悟臭を抜くための問題。

（『大応国師法語』）

さらに臨済宗中興の祖と言われる白隠慧鶴によれば、公案は、法身・機関・言詮《ごんせん》・難透・向上と分類され、さらに末後の牢関を加える形で体系づけられています。

法身＝真如・法性・仏性・自己の心性・本来の面目等のこと。無字・隻手音声など。

機関＝日常の世界に覚りの境界を生かしていく。事上の練磨。

言詮＝覚りの世界を自在に言語に表現する。

難透＝なかなか至りにくい境地を課題としたもの。白隠の八難透あり。

向上＝難透を超えてさらに先に行くための問題。得たものもすべて超えていく。
末後の牢関＝最後の関門としておかれる。

（以上、秋月龍珉『公案――実践的禅入門』、ちくま学芸文庫参照）

ともあれ、臨済宗の禅は、公案によって修行していくのが一般的であり、それは実は現実世界でのはたらきを非常に重んじるものであり、すなわち他者への奉仕をどこまでも尊重していくものなのです。

道元の生涯

続いて日本の曹洞宗の開祖である道元（一二〇〇～一二五三）について見ることにしましょう。実は曹洞宗では、道元を宗祖とは呼ばず、高祖と呼び、さらに瑩山紹瑾を太祖と呼んで、この二人をともに平等に重視しています。道元は永平寺を、瑩山紹瑾は総持寺を開創したのでしたが、曹洞宗ではこの二つの寺を同格の大本山としています。ともあれ、その淵源が道元であることは、間違いないところです。

初めに、道元の生涯について、一覧しておきます。道元は正治《しょうじ》二年（一二〇〇）、京都に生まれました。従来、父は久我《こが》通親《みちちか》、母は藤原基房の娘と言われています。久我通親は大変、位の高い貴族でした。ただし、最近の研究では、通親の子・通具《みちとも》が親であるとも言われています。

ともあれ、父は二年後に没し、さらに承元元年《じょうげん》（一二〇七）、母をも失ったとされ、このとき、少年道元は世の無常を感じて、仏門を志したといいます。翌年春、わずか満八歳で『倶舎論』を読んだとも伝えます。聡明な子どもであったのでしょう。ついに建保元年《けんぽう》（一二一三）、天台座主・公円の下《もと》で出家しました。

その後、叡山において勉学に励んだことと思われますが、早くも翌年には「顕密二教、共に談ず、本来本法性、天然自性身と。若しかくの如きなれば、則ち三世の諸仏、甚《なん》に依りてか更に発心して菩提を求むるや」（『建撕記《けんぜいき》』＝『大日仏』・七三巻・二八四頁下段）との根本的な疑問を持つに至ったといいます。簡単に言えば、本来、仏であるなら、どうしてあらためて発心・修行したりするのか、という問いです。道元にとっては、この疑問がどうしても解き得ず、根本的な大問題になってしまったのでした。そこで、ひたすらこの問題の解決に向けて、精力的に行動します。たとえば園城寺《おんじょうじ》の公胤《こういん》を訪ねて解答を求めたりしています。このとき公胤に、最近、日本に禅を伝えた栄西によれば答えが解るかもしれないと示唆され、禅への真摯な関心を抱いたと思われます。実際に栄西を訪れたかどうかは、多少議論がありますが、『宝慶記《ほうきようき》』のなかには、「後に千光禅師（栄西）の室に入り、初めて臨済の宗風を聞く」（『道元禅師全集』・一六巻・三頁）と記しています。伝えるところによると、道元は栄西に会ってかの疑問を呈したところ、栄西は「三世の諸仏、有ることを知らず、狸奴《りぬ》白牯《びやつこ》かえって有ることを知る」と答えたといいます。

ついに建保五年（一二一七）、建仁寺に入り、栄西の弟子の明全《みようぜん》（一一八四〜一二二五）に就いて禅の修行を始めるのでした。その後、貞応《じようおう》二年（一二二三）、明全とともに宋に渡ります。しばらく港にとどめおかれますが、やがて上陸を許され、天童山に入り、住持の無《む》際了派《さいりようは》（臨済宗楊岐派）に就いて中国における修行生活を始めます。しかし道元にとってみれば、本物と思われる老師には出会えないままとなり、正師を求めて諸方行脚の旅に出ます。それでもこの人と思える師に出会えずにいましたが、ある人から今度、天童山に入った新しい師家はたいへんすばらしい方だと聞いて天童山に帰り、如浄《によじよう》（一一六三〜一二二八）に相見します。道元はその如浄と機縁かない、そのもとで参禅することにします。こうして、宋の宝慶《ほうきよう》元年（一二二五）の夏安居《げあんご》のあるとき、覚りを得ることになるのでした。そのことについては、のちに見ることにしましょう。

安貞《あんてい》元年（一二二七）、帰国の途につき、翌年日本に着きます。初め、建仁寺に滞在しますが、建仁寺は臨済宗の禅を伝えるとはいえ、天台等をも兼修する寺院だったため、道元は中国で体験してきた純粋な禅修行のあり方を日本に実現しようと摸索します。寛喜《かんぎ》二年（一二三〇）、建仁寺を出て京都郊外の山城深草の安養院に拠り、翌年、立宗宣言とも言うべき『弁道話《べんどうわ》』を著しました。さらに天福《てんぷく》元年（一二三三）には、禅の本格的道場の建立をめざして山城観音導利院に移り、嘉禎《かてい》二年（一二三六）、法堂・僧堂などの整備を完成して興聖宝林寺と名づけ、正統的な禅道修行の場を確立します。この、いわば道場開きの時の説法として、次の句が伝えられています。

山僧《さんぞう》、叢林を歴《ふ》ること多からず、ただこれ等閑《なおざり》に天童先師に見《まみ》えて、当下《ただち》に眼横鼻直《がんのうびちょく》なることを認得して、人に瞞《あざむ》かれず、便乃《すなわ》ち空手にして郷《きょう》に還る。所以《ゆえ》に一毫も仏法なし。任《にん》運《ぬん》にしばらく時を延ぶるのみなり。朝朝《ちょうちょう》、日は東《ひんがし》より出で、夜夜《やや》、月は西に沈む。雲収《おさま》って山骨露《あらわ》れ、雨過ぎて四山低《ひく》し。畢竟《ひっきょう》、如何《いかん》。良久《りょうきゅう》して云く、三年に一閏《じゅん》に逢い、鶏は五更向啼《にな》く。

（『元禅師が初めて本京宇治県興聖禅寺に住する語録』＝『道元禅師全集』・一三巻・八五頁）

山僧というのは、自分を卑下していった言葉です。何か特別なありがたい仏法などというものはなく、ただただありのままの世界に真実はあることが、美しい詩的な文章で語られています。誰かの、奇特なことがあるよというような言葉にもうだまされることはないと、自身の明瞭な認識・自覚が披瀝されています。

これを機に、大日能忍の系統の孤雲懐奘《こうんえじょう》（一一九八〜一二八〇）、懐鑑《えかん》（生没年不詳）、徹《てっ》通義介《つうぎかい》（一二一九〜一三〇九）、義演《ぎえん》（?〜一三一四）らが弟子になりました。またこの年より、『正法眼蔵《しょうぼうげんぞう》』を著し始めることになります。

道元は、自分が伝えた禅宗こそ真の仏法であると盛んに主張しましたので、旧仏教、特に叡山からは厳しい圧迫を受けたようです。本来ならもっと激しい攻撃を受けてもおかしくなかったのかもしれません。しかし道元の出自がきわめて身分の高い貴族であったこともあって、都から追い出される程度で済んだとの見方もあります。結局、寛元《かんげん》元年（一二四三）、道元は外護者となった波多野義重を頼って、越前山中に移ることになります。はじめ大仏寺などに拠り、その後、寛元四年（一二四六）、禅の本場の中国の叢林（禅道場）にも変わらない永平寺を完成します。かつて道元は帰国当初『普勧坐禅儀《ふかんざぜんぎ》』を著すなど、多くの人に禅を普及しようという思いもあったのですが、もはや道元はその心を転換し、ここで出家の本格的な修行者のみを対象に、一人でも半人でも真に禅を伝えうる者を育成しようとするのでした。なお宝治《ほうじ》元年（一二四七）、八ヵ月ほど鎌倉に出て、北条時頼らとも何らかの交渉を持ったようですが、結局は帰山して永平寺に専念することになります。

しかし北陸の山中の自然は厳し過ぎたのか、建長《けんちょう》四年（一二五二）秋、健康を損ね、翌年夏、療養のため京都に向かいます。結局、八月末、療養していた京都のある館で遷化《せんげ》したのでした。

著作に、まずは独特な和文の『正法眼蔵』があります。これに道元が編集した決定版は存在していませんが、今日では一般に「七十五巻本」と晩年のもので未完の「十二巻本」とが重視されています。一方、禅僧としての、いわば公式の代表作としては『永平広録』を挙げなければなりません。これは漢文のもので、特に晩年の永平寺での説法が多く収録されており、その頃の道元の思想は、むしろこれに拠って解明されなければなりません。しかし禅問答特有の表現が駆使されていたりして、非常に難解なものです。その他、『弁道話』、『普勧坐禅儀』、『学道用心集』などがあり、歌集『傘松道詠《さんしょうどうえい》』もあります。さらに道元が自らの道場の運営規則を定めたものを集めた『永平清規《えいへいしんぎ》』もあります。清規とは「清衆の規矩《きく》」の意味で、中国で禅宗の叢林の運営規則を言うものです。

なお、道元の弟子には、孤雲懐奘、詮慧《せんね》（?～一二三〇前後）、寒巌義尹《かんがんぎいん》（一二一七～一三〇〇）、徹通義介、義演ら、さらに宋よりわざわざ来朝した如浄の弟子・寂円《じゃくえん》（一二〇七～一二九九）がいます。懐奘は道元より年上でしたがよく道元を助け、永平寺二世となりました。著作に『正法眼蔵随聞記』があり、また『永平広録』を編纂しました。懐奘の後を継いだのは徹通義介でしたが、同門の義演と永平寺住持職をめぐる争いが起きてきます。義演や寂円は道元の厳しい宗風を守ろうとしたのに対し、義介は宗門の積極的な展開をはかろうとしたようです。義介は結局、のちに瑩山紹瑾とともに加賀の大乗寺に入り、その後、その席を紹瑾に託します。こうして、永平寺を中心とする一派と、大乗寺を中心とする一派が成ることになり、しばらくは（室町末期にいたるまで）両者はまったく分裂状態であったようです。紹瑾の弟子には、明峯素哲《めいほうそてつ》（一二七七～一三五〇。大乗寺に拠る）と峨山韶碩《がざんじょうせき》（一二七五～一三六六。総持寺に拠る）がいますが、特に峨山韶碩の門流が全国的に教線を伸ばしていったのでした。

ところで、晩年の道元は、福井山中に入ったわけですが、とりわけ冬の、あたり一面、白雪の世界は、道元の心と深く感応するものがあったようです。たとえば道元の漢詩に「西来の祖道、我《わ》れ東《ひんがし》に伝う、月を瑩《みが》き雲を耕して古風を慕う、世俗の紅塵、飛んであに到らんや、深山雪夜、草庵の中《うち》」（『道元禅師全集』・一三巻・四九頁）とあり、あるいは和歌に「礼拝」と題して「ふゆ草も見えぬ雪のの白さぎはおのがすがたに身をかくしけり」（同・一七巻・五五頁）とあります。さらに『正法眼蔵』「梅華」の巻の奥付には、「……在越州吉田県吉嶺寺、深雪参尺、大地漫々」（『道元禅師全集』・五巻・二三五頁）とあったりします。

このように、道元の著作にはしばしば雪景色が印象的に語られています。

臨済宗の白隠は、坐禅時の心中について「只四面空蕩蕩地《しめんくうとうとうち》、虚豁豁地《きよかつかつち》にして、生にあらず、死にあらず、万里の層氷裏《そうひようり》にあるが如く、瑠璃瓶裏《るりびようり》に坐するに似て、分外《ぶんげ》に清涼《しようりよう》に、分外に皎潔《こうけつ》なり」（『遠羅天釜続集《おらてがまぞくしゆう》』＝『日本の禅語録19　白隠』・二九一頁）等と言っています。道元もそのような坐禅の境地をふまえて、実際にすべてがただ雪のみに埋もれた世界に接したとき、親しく通い合うものを見出していたのでしょう。

そうした道元の文章や詩歌は、当時の文芸、たとえば連歌の心敬僧都の氷や雪を愛でる美学等に影響を与えたとも目されています。

道元の思想

道元は、宋に渡り、天童山で如浄のもとに修行して、一つの覚り体験を得たと言われています。このことについて、『三祖行業記』『建撕記《けんぜいき》』といった伝記には、次のようにあります。

宝慶元年（一二二五）の夏安居《げあんご》も終わりに近い頃、ある日の早暁坐禅の時、如浄は巡堂指導の折、一雲水が坐睡しているのを責めて、「参禅はすべからく身心脱落なるべし。只管に打睡《たすい》して什麼《なに》を為すに堪えんや」と大喝して警策を加えた。傍らにいて工夫に余念のなかった道元は、この言葉を聞いてはっとして一つの体験を得た。

道元は早朝、如浄の方丈に上って、焼香礼拝した。如浄が、「焼香の事、作麼生《そもさん》」と問うと、道元は、「身心脱落し来る」と答えた。如浄はこれを聞いて、「身心脱落、脱落身心」と言った。道元はこれに対し、「這箇《しやこ》（自分のこの体験）は是れ暫時の伎倆《ぎりよう》、和尚、妄《みだ》りに某甲《それがし》を印することなかれ」と述べると、如浄は、「吾、妄りに汝を印せず」という。道元は、「如何なるか是れ妄りに印せざる底《てい》」と問うと、如浄は「脱落脱落」と答えるのであった。

このように、伝記によれば、道元はあるとき、身心を脱落する体験を得、如浄はその境涯に対して「身心脱落、脱落身心」と言って認めたのでした。道元は、このことは一時的なかりそめのものかもしれないので、安易に認めないでくださいと願い出ますが、如浄はいわば間違いないといい、畢竟、「脱落脱落」といって肯定したとのことです。ただし、これらの伝記は道元の寂後に編まれたものであり、道元自身の言葉によるものではありません。そこでこの記事の信憑性が問題になり、一部には道元にはこのような覚り体験はなかったと主張する学者もいます。果たしてこのことは、どのように考えるべきなのでしょうか。

たしかに道元は、覚ることを求めてやまない待悟禅を厳しく戒めました。坐禅の修行においては、覚りをめざしてはならず、むしろ坐禅の当体が覚りそのものであり、仏そのものであるといった見方を示します。このことについてはまた後に見たいと思いますが、こうした道元の思想的立場から言って、道元自身にも覚りというようなものはなかったはずだというのです。

なるほど道元はそのような見方に立っていたでしょうが、だからと言って禅修行の道に覚り体験があり得ないとは言えず、また道元自身がそうした体験を持ったことを否定しなければならないわけでもないと思います。このことに関して、道元自身が語るところを検証してみましょう。まず、『正法眼蔵』「面授」の巻には、次のようにあります。

大宋宝慶元年乙酉《いつゆう》五月一日、道元、はじめて先師天童古仏を妙高台に焼香礼拝す。先師古仏、はじめて道元をみる。そのとき、道元に指授面授するにいわく、仏仏祖祖、面授の法門現成《げんじょう》せり。……

（『道元禅師全集』・五巻・一九〇頁）

この、「はじめて道元をみる」というのは、わざわざ如浄に対して入室して焼香礼拝したことを受けてのことであり、特別の機会において道元の境涯を点検すべくはじめて見たということと解されます。道元は何か特別な事態を報告したかったからこそ、焼香礼拝したのであり、これに対して如浄は深く道元の境涯を洞察して、仏祖の境涯に達したことを認めたのでしょう、「仏仏祖祖、面授の法門現成せり」と肯定したのでした。このことは、道元にとって画期的な出来事だったようで、この巻の結びにも次のように記しています。

道元、大宋宝慶元年乙酉五月一日、はじめて先師天童古仏を礼拝面授す。やや堂奥《どうおう》を聴許《ちょうこ》せらる。わずかに身心を脱落するに、面授を保任《ほうにん》することありて、日本国に本来せり。

（同・五巻・二〇〇頁）

ここにも、如浄にあることを肯定されたことが示されています。それも、身心脱落の体験があって、その認証を面授のなかにいただき、そのことを経て日本に帰ってきたというのです。ちなみに、このときのことについて、道元は『正法眼蔵』「仏祖」の巻に、「道元、大宋国宝慶元年乙酉夏安居《げあんご》時《じ》、先師《せんじ》天童古仏大和尚に参侍して、この仏祖を礼拝頂戴することを究尽せり。唯仏与仏なり」（同・五巻・二二五頁）とも記しています。とすれば、道元にはやはり、ある覚り体験があったのであり、それは「身心脱落」という言葉で語られるべきものであったと言えると思うのです。

禅修行のなかに覚り体験があり得ることを、道元は他にもさまざまな仕方でもらしています。たとえば、『正法眼蔵随聞記』（巻三）には、次のような言葉が見えます。

一日、示云《じにいわく》、……予《よ》、後に此《この》理を案ずるに、語録公案等を見て、古人の行履《あんり》をも知り、或《あるい》は迷者《めいじゃ》の為に説き聞かしめん、皆《みな》、是《これ》、自行化他《じぎょうけた》の為に無用也。只管打坐《しかんたざ》して大事を明《あきら》め、心《しん》（の）理《り》を明《あきら》めなば、後には一字を不知《しらず》とも、他に開示《かいじ》せんに用い不可尽《つくすべからず》。故に彼の僧、畢竟《ひっきょう》じて何《なんの》用ぞとは云いけると。是《これ》、真実の道理也と思《おもう》て、其後《そののち》語録等を見る事をとどめて、一向《いっこう》（に）打坐《たざ》して、大事を明《あきら》め得《え》たり。（同・一六巻・一七八頁）

ここには、道元自身が一向に打坐して、やがて「大事を明め」たことがあったことが語れています。また、同じ『随聞記』（巻五）に次のようにもあります。

一日、示云《じにいわく》、古人云《いわく》、霧の中を行けば、不覚《おぼえざ》（るに）衣《ころも》しめる。よき人に近《ちか》づけば、不覚

（るに）よき人となる也。昔、倶胝《ぐてい》和尚に仕えし、一人の童子の如きは、いつ学し、いつ修したりとも見えず、不覚（れ）ども、久参《きゅうさん》に近づいしに、悟道す。坐禅も、自然《じねん》に、久《ひさ》しくせば、忽然《こつねん》として大事を発明《ほつみよう》して、坐禅の正門《しようもん》なる事を、知る時も有《ある》べし。

（同・一六巻・二二九頁）

ここには、「忽然として大事を発明して」ともあります。しかもその事があるからこそ、坐禅が仏道の「正門」であることの証拠になると言っています。

また、特に日本に帰ってきて当初は、坐禅のなかで身心脱落すべきことを強調しています。『普勧坐禅儀』には、

所以《ゆえ》に言を尋ね語を逐《お》うの解行《げぎよう》を翻《ひるがえ》し、須《すべから》く廻光返照《えこうへんしよう》の退歩すべし。自然《じねん》に身心脱落《しんじんだつらく》し、本来の面目現前せん。恁麼《いんも》なることを得んと欲《おも》わば、急ぎ坐禅を務むべし。

（同・一四巻・二二頁）

とあります。『弁道話』にも、

宗門の正伝にいわく、この単伝正直《しようじき》の仏法は、最上のなかに最上なり。参見知識のはじめ

より、さらに焼香《しょうこう》・礼拝《らいはい》・念仏・修懺《しゅさん》・看経《かんきん》をもちいず、ただし打坐《た(ちょう)ざ》して身心脱落することをえよ。　(同・一巻・七頁)

とあります。これらは、禅の覚りが身心脱落のことであることを物語っています（ただ、その後、道元は、待悟禅の弊害を考え、坐禅そのものが身心脱落そのものであるというように、説き方を変えていくことも認められます）。

さらに、禅道における覚りの様子について、『正法眼蔵』のなかに、道元は次のように語っています。まず、「渓声山色」の巻の一節です。

阿耨菩提《あのくぼだい》に伝道授業《でんどうじゆごう》の仏祖おおし、粉骨の先蹤《せんしょう》即不《そくふ》無《む》なり。断臂《だんぴ》の祖宗《そそう》まなぶべし、掩《えん》泥《でい》の毫髪《ごうはつ》もたがうることなかれ。各各の脱殻《だつかく》をうるに、従来の知見解会《ちけんげえ》に拘牽《くけん》せられず、曠劫未明《こうごうみみょう》の事《じ》、たちまちに現前す。恁麼時《いんもじ》の而今《しきん》は、吾《われ》も不知《ふち》なり。誰も不識《ふしき》なり、汝《なんじ》も不期《ふご》なり、仏眼《ぶつげん》も覰不見《しょふけん》なり。人慮《にんりょ》あに測度《しきたく》せんや。　(同・三巻・一二九頁)

固い殻を脱して、従来の知見等を超えた、まったく新たな事態に出会うというのです。それは、誰であれ対象的に捉えることのできない世界だといいます。

あるいは、「自証三昧」の巻に次のようにあります。

或従《わくじゅう》経巻《きょうがん》のとき、自己の皮肉骨髄を参究し、自己の皮肉骨髄を脱落《とつらく》するとき、桃花《とうか》眼睛《がんぜい》づから突出《とつしゅつ》来相見《らいそうけん》せらる。竹声《ちくせい》耳根《にこん》づから霹靂《びゃくりゃく》相聞《そうもん》せらる。（同・七巻・六頁）

自己の皮肉骨髄を脱落すると、主客未分のあり方で、感覚等が現前するというのでしょう。このように、道元にとってはどこまでも脱落するという言葉が、覚り体験のただなかを示すのにもっとも親しい表現だったのでした。

ここに出る「桃花」「竹声」とは、禅門に伝わる霊雲桃花《れいうんとうか》・香厳撃竹《きょうげんげきちく》の話《わ》に由来するものです。霊雲は、あるとき山道を歩いていて、ふと里に桃の花が満開に咲いているのを見て覚ったといいます。香厳は、あるとき墓の周りを掃除していて、掃いた小石が飛んで竹に当たって音がしたのを聞いて覚ったといいます。道元はこの見色明心・聞声悟道の二つの話を好んで語り、『正法眼蔵随聞記』巻五、『正法眼蔵』「渓声山色」「仏経」「自証三昧」などにおいて言及しています。「仏経」の巻には、「桃花《とうか》をみて悟道し、竹響《ちくこう》をきて悟道する、および見明星悟道《けんみょうじょうごどう》、みなこれ経巻の知識を生長せしむるなり」（同・五巻・一〇八頁）とあります。また「渓声山色」の巻では、その因縁がていねいに詳しく説明され、香厳については「豁然《かつねん》として大悟《だいご》す」（同・三巻・一三四頁）と言い、霊雲については「忽然《こつねん》として悟道す」（同・三巻・一三六頁）と言っています。さらに永平寺での上堂においてもこの話を取り

上げ、

大事を明らむる時節、四季同時なり。就中《なかんずく》、春は則ち霊雲《れいうん》、桃花を見て大事を明らめ、秋は則ち香厳《きょうげん》、翠竹を聞いて、大事を明らむ。霊雲和尚、一時《あるとき》桃花洞において、豁然《かつねん》として大事を明らむ。……また香厳和尚は、……一日閑暇の日、道路を併掃する次《おり》、沙礫《されき》を迸《とば》して竹に当たって響きを発する時、忽然《こつねん》として大事を明らむ。（同・一一巻・一九二頁）

と述べ、しかも「今日の人、須《すべから》く両員の芳躅《ほうちょく》を慕うべし」とまで言っています（同・一一巻・一九四頁）。

これらからすれば、道元は決して覚りということがあり得ることを否定していたわけでなく、その体験は脱落という言葉が親しいものであり、道元自身はまさに身心脱落の体験を得ていたと見ることができるでしょう。

道元の世界観

前に、道元は必ずしも覚り体験を否定したのではなく、その表現は道元にとって身心脱落、または脱落という表現が親しかったことを見ました。脱落あるいは透脱《とうとつ》の語を、道元はしばしば用いています。前節に見た例のほかにも、以下を見ることができます。

この功夫の把定《はちん》の月ふかく、年おおくかさなりて、さらに従来の年月の功夫を脱落《とつらく》するなり。脱落せんとするとき、皮肉骨髄おなじく脱落を辦肯《はんけん》す、国土山河ともに脱落を辦肯するなり。このとき、脱落を究竟《くきょう》の宝所として、いたらんと擬しゆくところに、この擬到はすなわち現出にてあるゆえに、正当脱落の時、またざるに現成《げんじょう》する道得《どうて》あり。心のちからにあらず、身のちからにあらずといえども、おのずから道得あり。すでに道得せらるるに、めずらしく、あやしくおぼえざるなり。（『正法眼蔵』「道得」＝同・四巻・六七頁）

ここには、坐禅の修行をずっと続けていると、いつしか自己と世界とを脱落し、しかも脱落したままにとどまらず、むしろ脱落すると同時に発語《ほつご》（道得）するなど現実世界によみがえることがあることが説かれています。その発語は、自ずからのものだといいます。なお、「道得」とは、「道《い》い得た」ということ、いわば真理そのものを言語表現し得たことなのですが、道元にとって「道得」とは、言語活動のみにとどまらず、むしろ脱落を背景にしての、今・ここの身・心のかけがえのないはたらきのことなのでした。しがたって、次のような教えも説かれます。

もし、世尊の有言、浅薄《せんぱく》なりとせば、拈花瞬目《ねんげしゅんもく》も浅薄なるべし。世尊の有言、もし名相なりとせば、学仏法の漢にあらず。有言は名相なることをしれりといえども、世尊に名相なきことをいまだしらず、凡情の未脱《みとつ》なるなり。仏祖は、身心の所通みな脱落《とつらく》なり、説法なり、有言説なり、転法輪す。これを見聞して得益《とくやく》するものおおし。

（『正法眼蔵』「密語」＝同・五巻・七四頁）

ここに、仏祖の身心の活動のすべては、脱落であると同時に真理を表現していて、その意味で説法であり言葉であり転法輪にもほかならないとの見方が示されています。こうして、仏祖においては、その生死のすべてが脱落にして現成なのです。

諸仏の大道、その究尽《ぐうじん》するところ、透脱《とうとつ》なり、現成《げんじょう》なり。その透脱というは、あるいは生《しょう》も生を透脱し、死も死を透脱するなり。このゆえに、出生死《しゅっしょうじ》あり、入生死《にっしょうじ》あり、ともに究尽の大道なり。捨生死あり、度生死あり、ともに究尽の大道なり。現成これ生なり、生これ現成なり。その現成のとき、生の全現成にあらずということなし、死の全現成にあらずということなし。

（『正法眼蔵』「全機」＝同・三巻・九三頁）

ここでも、諸仏の活動において、生死への出・入、生死の済度と超越、そのすべては、透脱＝脱落においてなされているのであり、その脱落は直ちに現成であるとされています。さ

らに『正法眼蔵』「山水経」にも、

而今《しきん》の山水は、古仏の道現成《どうげんじょう》なり。ともに法位に住して、究尽の功徳《くどく》を成《じょう》ぜり。空劫已前《くうこういぜん》の消息なるがゆえに、而今の活計《かっけ》なり。朕兆未萌《ちんちょうみぼう》の自己なるがゆえに、現成の透脱《とうとつ》なり。

（同・三巻・二二七頁）

等とあります。今、眼前にする山、むしろ主・客を脱落して自己と一つになっている山は、永遠の真理の説法そのもの（古仏の道現成）であり、そのことに関して「朕兆未萌（双葉の萌えいずる以前）の自己なるがゆえに、現成の透脱なり」と、やはり「現成の透脱」という言葉が見えます。

こうしてみれば、身心脱落は自ずから脱落身心なのであり、覚り体験とはいわば「脱落即現成」とも言うべき事態の自覚のことと言えるでしょう。ここに、道元の世界観の核心があると言えると思います。前に道元は一面、雪が埋める世界を描いていることを紹介しましたが、実は道元の美学は、冬にとどまるものでもありません。やがて一輪二輪、梅の花がほころぶ、そこにこそいのちの真実があることを次のように指摘しています。

雪裏の梅花は一現の曇花《どんげ》なり。ひごろはいくめぐりか我仏如来《がぶつにょらい》の正法眼睛《しょうぼうがんぜい》を拝見しながら、いたずらに瞬目を蹉過《さこ》して破顔せざる。而今《しきん》すでに雪裏の梅花まさしく如来眼睛なりと正伝し、承当《じょうとう》す。これを拈《ねん》じて頂門眼《ちんもんげん》とし、眼中睛《がんちゅうぜい》とす。……これすでに天上天下唯我《てんじょうてんげゆいが》独尊《どくそん》の眼睛なり、法界中尊なり。

（『正法眼蔵』「梅花」＝同・五巻・二二四頁）

「雪裏の梅花」、これまた「脱落即現成」の消息を物語っているでしょう。

「脱落即現成」とは、脱落するとただちに現成するということにとどまらず、本来の我々の自己は、実は脱落において現成している存在であることをも意味するものです。このことは、ふつうの仏教教理に即して言えば、自己は執着された実体的存在として存在しているのではなく、空性を本性として今・ここのかけがえのない自己として成立しているということにもほかなりません。その自己の存在の構造について、道元は『正法眼蔵』「現成公案」の巻に、実に巧みな比喩を用いて語っています。

うお（魚）水をゆくに、ゆけども水のきわなく、鳥《とり》そらをとぶに、とぶといえどもそらのきわなし。しかあれども、うおとり、いまだむかしよりみずそらをはなれず。只用大《ようだい》のときは使大《しだい》なり、要小《ようしょう》のときは使小《ししょう》なり。かくのごとくして、頭々《とうとう》に辺際《へんざい》をつくさずという事なく、処々に踏翻《とうほん》せずということなしといえども、鳥もしそらをいずればたちまちに死す、魚《うお》もし水をいずればたちまちに死す。以水為命《いすいいめい》しりぬべし、以空為命《いくういめい》しりぬべし。以鳥為命あり、以魚為命あり。以命為鳥なるべし、以命為魚なるべし。このほかさらに進歩あるべし。修証《しゅしょう》あり、その寿者命者《じゅしゃみょうしゃ》あること、かくのごとし。（同・一巻・五五頁）

いうまでもなく、空・水は脱落、鳥・魚は現成に相当するでしょう。我々のいのちは、その意味で、もとより「脱落即現成」のあり方のなかに成立しているのであり、このことをふまえて、「只管打坐《しかんたざ》」のなかにその自覚の時節の到来もあり得るのでした。

なお、この身心脱落の語に関して、道元が如浄の言葉を収録した『宝慶記』二十九には、「祇管打坐《しかんたざ》の功夫を作し、身心脱落し来るは、乃ち五蓋《ごがい》・五欲等を離るるの術なり」（同・一六巻・三九頁）とあります。ここでは坐禅の方法のうちに身心脱落するのであり、このとき煩悩を離れるのだという言い方になっています。ところが、同じ『宝慶記』十五には、

堂頭和尚《どうちょう》、示して曰く、参禅は身心脱落なり。焼香・礼拝・念仏・修懺《しゅさん》・看経《かんきん》を用いず、祇管《しかん》に打坐《たざ》するのみなり。（同・一六巻・二〇頁）

堂頭和尚、示して曰く、身心脱落とは坐禅なり。祇管に坐禅する時、五欲を離れ、五蓋を除くなり。（同・一六巻・二〇頁）

とあります。『普勧坐禅儀』や『弁道話』では、いわば「身心脱落せよ」といった言い方をしていました。それが、『宝慶記』のこの箇所では、はっきりと坐禅それ自体が脱落であるという言い方になっています。とすれば、私はこの『宝慶記』の箇所は、後に制作されたのではないかと思ったりもするのですが、ともかく道元は、只管打坐して身心脱落せよという言い方からさらに先に進み、坐禅はそのまま脱落そのものであることを強調していくのです。たとえば、晩年の永平寺での上堂に、次の言葉があります。

上堂。仏仏祖祖の家風は、坐禅辨道《べんどう》のみなり。先師天道云く、「跏趺坐《かふざ》は乃ち古仏の法なり。参禅は身心脱落なり。焼香・礼拝・念仏・修懺・看経を要《もち》いず、祗管打坐せば始めて得《よろ》し」と。（同・一一巻・一六〇頁）

多少、微妙ですが、坐禅して覚れというより、坐禅すればそれでもうよいのだというニュアンスでしょう。この立場の背景には、修行はそのまま覚りそのものであるという自覚があるのだと思われます。実はこのことについては、すでに『弁道話』に、次のように説かれているのです。

それ、修《しゅ》・証《しょう》はひとつにあらずとおもえる、すなわち外道《げどう》の見なり。仏法には、修証これ一等なり。いまも証上の修なるゆえに、初心の辨道すなわち本証の全体なり。かるがゆえに、修行の用心をさずくるにも、修のほかに証をまつおもいなかれとおしう。直指《じきし》の本証なるがゆえなるべし。すでに修の証なれば、証にきわなく、証の修なれば、修にはじめなし。ここをもて、釈迦如来・迦葉《かしよう》尊者、ともに証上の修に受用《じゆよう》せられ、達磨大師・大鑑《だいかん》高祖、おなじく証上の修に引転《いんでん》せらる。仏法住持のあと、みなかくのごとし。すでに証をはなれぬ修あり、われらさいわいに一分《いちぶん》の妙修《みようしゆ》を単伝せる、初心の辨道すなわち一分の本証を無為《むい》の地にうるなり。（同・一巻・二一頁）

ここに、いわゆる「修証一等」の教え、修行と覚りは一つであるという思想が示されています。いついかなるときも、「証上の修」であって、したがって、「初心の辨道すなわち本証の全体なり」とも言われるのです。『正法眼蔵』「坐禅箴《ざぜんしん》」にも、

いわゆる学坐禅の端的いかなりとしらざるに、学坐仏としりぬ。正嫡《しようちやく》の児孫《じそん》にあらずよりは、いかでか学坐禅の学坐仏なると道取せん。まことにしるべし、初心の坐禅は最初の坐禅なり、最初の坐禅は最初の坐仏なり。（同・二巻・二二頁）

ともあります。この「修証一等」の立場こそが道元の仏法の特色であり、このことに基づい

て、「只管打坐」の法門も成立しているのだと思うのです。

仏道をならうというは、自己をならうなり

一般に、修証一等すなわち修行と覚りとが一つであるという思想は、本覚思想に類したもののように思われるでしょう。しかし道元は、通俗的なあるいは誤った本覚思想は厳にいましめています。たとえば、『正法眼蔵』「即心是仏」の巻において、先尼外道の説く以下のような説は、まったくの誤りだとしています。やや長くなりますが、大切な箇所なので煩を厭わず引用します。

かれが見処のいわくは、大道《だいどう》はわれらがいまの身にあり、そのていたらくは、たやすくしりぬべし。いわゆる苦楽をわきまえ、冷煖《りょうなん》を自知し、痛癢《つうよう》を了知す。万物にさえられず、諸境にかかわれず。物は去来し、境《きょう》は生滅すれども、霊知《れいち》はつねにありて不変なり。此《この》霊知、ひろく周遍せり。凡聖含霊《ぼんしょうがんれい》の隔異《きゃくい》なし。そのなかに、しばらく妄法《もうぼう》の空花《くうげ》ありといえども、一念相応の智慧あらわれぬれば、物も亡《もう》じ、境も滅しぬれば、霊知本性《ほんじょう》ひとり了々として鎮常なり。たとい身相はやぶれぬれども、霊知はやぶれずしていずるなり。たとえば人舎《にんしゃ》の失火にやくるに、舎主いでてさるがごとし。昭々霊々としてある、これを覚者智者の性《しょう》という。これをほとけともいい、さとりとも称ず。自他おなじく具足し、迷悟とも

に通達せり。万法諸境ともかくもあれ、霊知は境とともならず、物とおなじからず、歴劫《りゃっこう》に常住なり。……また真我と称じ、覚元《かくげん》といい、本性と称じ、本体と称ず。かくのごとくの本性をさとるを常住にかえりぬるといい、帰真の大士という。これよりのちは、さらに生死に流転《るてん》せず、不生不滅の性海《しょうかい》に証入するなり。このほかは真実にあらず。この性あらわさざるほど、三界六道は競起《きんき》するというなり。これすなわち先尼外道が見なり。（同・一巻・一六一頁）

この邪見に対し、道元は正しい見解を、『弁道話』において次のように示しています。

しるべし、仏法にはもとより身心一如《しんじんいちにょ》にして、性相不二《しょうそうふに》なりと談ずる、西天東地《さいてんとうち》おなじくしれるところ、あえてたがうべからず。いわんや常住を談ずる門には、万法《まんぼう》みな常住なり、身《み》と心《こころ》とをわくことなし。寂滅《じゃくめつ》を談《だん》ずる門には、諸法みな寂滅なり。性《しょう》と相《そう》とをわくことなし。しかあるを、なんぞ身滅心常《しんめつしんじょう》といわむ、正理《しょうり》にそむかざらむや。しかのみならず、生死《しょうじ》はすなわち涅槃《ねはん》なりと覚了すべし。いまだ生死のほかに涅槃を談ずることなし。……嘗観《しょうかん》すべし、身心一如のむねは、仏法のつねの談ずるところなり。しかあるに、なんぞ、この身《み》の生滅せんとき、心ひとり身をはなれて、生滅せざらむ。もし、一如なるときあり、一如ならぬときあらば、仏説おのずから虚妄《こもう》になりぬべし。又、生死はのぞくべき法ぞとおもえるは、仏法をいとうつみとなる。つつしまざらむや。
しるべし、仏法に心性大総相の法門というは、一大法界《ほうかい》をこめて、性相をわかず、生滅をいうことなし。菩提涅槃《ぼだいねはん》におよぶまで、心性にあらざるなし。一切諸法、万象森羅《まんぞうしんら》ともにただこれ一心にして、こめずかねざることなし。このもろもろの法門、みな平等一心なり。あえて異違なしと談ずる、これすなわち仏家《ぶつけ》の心性をしれる様子なり。……

（同・一巻・二七頁）

こうして、道元にとっては、何か本体的な覚体や心性があって、それは現象と別にあるというのではなく、現象のただなかに心性があるということになり、逆に現象（空・無自性）なくして心性（空性）もないということになります。ですから、身が消滅すれば、心性も消滅するほかないのです。現象とその本性とは、あくまでも離れてあるのではなく、そのあり方の限りにおいて、生死即涅槃であり、修証一等なのです。このことを巧みに示すものが、『正法眼蔵』「現成公案」の末尾に引かれる次の禅問答でしょう。

麻《ま》浴山《よくざん》宝徹《ほうてつ》禅師、おうぎをつかうちなみに、僧きたりてとう、「風性《ふうしょう》常住《じょうじゅう》、無《む》処不周《しょふしゅう》（風性は常住にして、処として周《あまね》からざる無し）なり、なにをもてかさらに和尚おうぎをつかう」。師いわく、「なんじただ風性常住をしれりとも、いまだところとしていたらずということなき道理をしらず」と。僧いわく、「いかならんかこれ無処不周底《むしょふしゅうち》の道理」。ときに、師、おうぎをつかうのみなり。僧、礼拝《らいはい》す。（同・一巻・五七頁）

この禅問答に対して道元は、「常住なればおうぎをつかうべからず、つかわぬおりもかぜをきくべきというは、常住をもしらず、風性をもしらぬなり」（同・一巻・五八頁）と、その意旨を明かしています。

したがって、涅槃も覚証も、現在、生きている身心を離れてはあり得ません。しかも現在、生きているといっても、連続的な時間の枠組みがまずあって、そこを流れていく何ものかがあるというのでもありません。過去や未来は存在しないのであり、ただ各人が今生きているその現場しかないのです。道元の時間ないしいのちに対する見方は、透徹しています。以下は、『正法眼蔵』「現成公案」の説です。

たき木、はいとなる、さらにかえりてたき木となるべきにあらず。しかあるを、灰はのち、薪《たきぎ》はさきと見取すべからず。しるべし、薪は薪の法位《ほうい》に住して、さきありのちあり。前後ありといえども、前後際断せり。灰は灰の法位にありて、のちありさきあり。かのたき木、はいとなりぬるのち、さらに薪とならざるがごとく、人のしぬるのち、さらに生《しょう》とならず。しかあるを、生の死になるといわざるは、仏法のさだまれるならいなり。このゆえに不生《ふしよう》という。死の生にならざる、法輪《ほうりん》のさだまれる仏転《ぶつてん》なり。このゆえに不滅という。生も一時のくらいなり。死も一時のくらいなり。たとえば、冬と春とのごとし。冬の春となるとおもわず、春の夏となるといわぬなり。（同・一巻・五二頁）

以上を、『正法眼蔵』「生死」の巻では、より分かりやすく、

生より死にうつると心うるは、これあやまりなり。生はひとときのくらいにて、すでにさきあり、のちあり。かるがゆえに、仏法の中には、生すなわち不生という。滅もひとときのくらいにて、又さきあり、のちあり。これによりて、滅すなわち不滅という。生というときには、生よりほかにものなく、滅というとき、滅のほかにものなし。かるがゆえに、生《しよう》きたらばただこれ生、滅きたらばこれ滅にむかいてつかうべし。いとうことなかれ、ねがうことなかれ。この生死は、すなわち仏の御いのちなり。これをいとうすてんとすれば、すなわち仏の御いのちをうしなわんとするなり。これにとどまりて生死に著《じやく》すれば、これも仏のいのちをうしなうなり、仏のありさまをとどむるなり。（同・七巻・二〇〇頁）

等と説いています。

結局、仏のいのちは、生死を離れてあり得ず、むしろ即今・此処のこの身（自己）を離れてはあり得ないのです。覚りの世界は、まさに今に立ちつくすなかで、自覚するほかありません。涅槃や覚り（証）は、伝統的な言葉で言えば空性にもほかなりませんが、道元によせて言えば脱落の世界です。道元は仏性について『正法眼蔵』「仏性」に、「悉有の言《ごん》は衆生なり、群有《ぐんう》也。すなわち悉有は仏性なり」（同・一巻・七六頁）と言い、その悉有について、あらゆる有を否定したのち、「悉有を会取することかくのごとくなれば、悉有それ透体脱落《とうたいとつらく》なり」（同・一巻・七八頁）と示しています。その「透体脱落」においてこそ、道元の言う仏性もあるのでしょう。しかもそれは、この即今・此処の身心（自己）と決して別ではないのでした。

とすれば、修証一等とは、対象的に修行と覚証とを並べて、その二つを結びつけることではなく、もっぱら修行のただなかのいのちそのものにおいてのみ言えることとなります。こうして、「即心是仏」も、静止的に言われるものではなく、

即心是仏とは、発心《ほっしん》・修行《しゅぎょう》・菩提《ぼだい》・涅槃《ねはん》の諸仏なり。いまだ発心・修行・菩提・涅槃せざるは、即心是仏にあらず。たとい一刹那《せつな》に発心修証するも即心是仏なり、たとい一極微《ごくみ》中に発心修証するも即心是仏なり、たとい無量劫《むりょうこう》に発心修証するも即心是仏なり。たとい一念中に発心修証するも即心是仏なり、たとい半拳裏《はんけんり》に発心修証するも即心是仏なり。

（『正法眼蔵』「即心是仏」＝同・一巻・一七〇頁）

ということになります。以上のような意味での修証一等の立場こそが道元の仏法の特色であり、この事理において、只管打坐の法門も成立するのでしょう。

ちなみに、坐禅は修証一等であるがゆえに、覚ったら終わりというものでなく、証のあるかぎり修行もどこまでも続いていくべきものになります。『弁道話』には、「きかずや祖師のいわく、『修証はすなわちなきにあらず、染汚《ぜんな》することはえじ』。又いわく、『道《どう》を見るもの、道《どう》を修す』と。しるべし、得道のなかに修行すべしということを」（同・一巻・二三頁）とあります。修は証に基づき、証は修として展開する、まさに「道は無窮なり」が道元の仏道なのでした。

道元の思想を紹介する章の最後にあたり、道元の美しい印象的な言葉を掲げて結びたいと思います。

仏道をならうというは、自己をならう也。自己をならうというは、自己をわするるなり。自己をわするるというは、万法に証せらるるなり。万法に証せらるるというは、自己の身心および他己《たこ》の身心をして脱落《とつらく》せしむるなり。悟迹《ごしやく》の休歇《きゆうけつ》なるあり、休歇なる悟迹を長々出《ちようちようしゆつ》ならしむ。

（『正法眼蔵』「現成公案」＝同・一巻・五二頁）

5　日蓮の思想

日蓮の生涯と著作

これより、日蓮（一二二二〜一二八二）の生涯と思想について見ていきます。日蓮は、承久《じょうきゅう》四年（一二二二）、安房国長狭《あわのくにながさ》郡東条郷小湊（長狭郡は明治三十年に安房郡に編入）の漁師の家に生まれました。十二歳のとき、地元の清澄寺に入り、虚空蔵《こくうぞう》菩薩に「日本第一の智者」となることを祈願したといいます。当時の清澄寺は天台系の密教寺院でした。十六歳のとき（一二三七）、道善房を師として出家、名を是聖房蓮長《ぜしょうぼうれんちょう》と改めました。翌々年、鎌倉に遊学し、浄土教や禅などを学びます。その後、清澄寺に戻り、二十一歳（一二四二）のとき、密教を評価する『戒体即身成仏義《かいたいそくしんじょうぶつぎ》』を著します。

寛元《かんげん》元年（一二四三）、さらに仏教研鑽のため比叡山に上ろうと郷里を出ます。比叡山においては全山三塔の総学頭であった俊範に師事し、天台教学を学びました。その後、三井寺《みいでら》（園城寺《おんじょうじ》）、南都、高野山、四天王寺などの諸寺を歴訪していますが、この間の日蓮の思想の詳しい動向は不明です。建長《けんちょう》三年（一二五一）、三十歳の頃、比叡山・横川《よかわ》の華光房に移ったと言われます。この頃には、かつて学んだ顕劣密勝（顕教は劣り、密教こそが勝れているとする）の立場は誤りであり、『法華経』こそが最勝であるとの考えを固めるに至ったと推察されます。

かくして建長五年（一二五三）、三十二歳のとき、「法華経の持経者」となって清澄寺に帰り、四月、道善房の持仏堂の南面で同寺の僧衆を前に遊学の成果を説き、日蓮独自の仏教を開創したのでした。この頃、日蓮と改名したようです。しかし地元には受け入れられず、まず故郷に趣き、五月には鎌倉に入って布教活動を展開していきます。

世間では、建長八年（一二五六）頃から暴風雨があり、大流星も出現し、秋にもまた暴風雨、洪水があるなど、混乱の相を呈していました。翌年にも飢饉・疫病などが流行するようなありさまです。こうしたなか、日蓮は正嘉《しょうか》二年（一二五八）、駿河国富士郡の岩本実相寺で一切経を閲覧し、日本が混乱に陥っているのは、正法を忘れ去って邪宗に帰しているからだとの確信を得ます。鎌倉に帰った日蓮は正元《しょうげん》元年（一二五九）、『守護国家論《しゅごこっかろん》』を著し、さらに翌年七月、三十九歳のとき、念仏宗を排除し、『法華経』に帰依しない限りこの世の救済はあり得ないとする『立正安国論《りっしょうあんこくろん》』を著して、前執権北条時頼に提出します。もしそうでなければ、他国侵逼《しんぴつ》の難（外国による攻撃）や自界叛逆《ほんぎゃく》の難（国内の混乱）が起こるというのです。しかし日蓮の過激な言動は時の為政者には受け入れられず、この年八月には鎌倉・松葉ケ谷にて法難を受けます。なおも念仏批判をくりかえす日蓮に対して、ついに弘長《こうちょう》元年（一二六一）、執権北条長時は日蓮を伊豆への配流に処しました（伊豆法難）。

伊豆の地において、日蓮は『教機時国抄《きょうきじこくしょう》』を著し、いかに実大乗の『法華経』が末法の世の日本にもっとも合致したものであるかを説きます。これは、「本朝沙門日蓮」の署名を用いた最初の著作です。弘長三年（一二六三）四十二歳のとき、伊豆流罪を赦免され、鎌倉に戻りました。翌年、父の墓参と母の見舞いのため安房小湊に戻っています。この年十一月には、また近くの小松原で襲撃されます（小松原法難）。こうした迫害を受けるなかで、日蓮は「日本第一の法華経の行者」との意識を持つほどになるのでした。翌年暮れには、再び鎌倉に戻ります。

文永《ぶんえい》五年（一二六八）、蒙古から国書が到来します。要は、属国になるようにとの要求です。『立正安国論』に他国侵逼の難があることを予言していたことが、的中したかたちになります。時の執権、北条時宗は、事態の収拾に苦辛したことでしょう。翌年、再び蒙古の国書が到来します。なお文永五年十一月頃、幕府や著名な仏僧らに公開討論を申し入れていますが、そのなか、建長寺の蘭渓道隆《らんけいどうりゅう》に送った書状に、いわゆる四箇格言《しかかくげん》（念仏無間《むけん》〔念仏を信じ、行ずる者は無間地獄に堕ちる〕・禅天魔〔不立文字《ふりゅうもんじ》を説く禅の教えは、経文を軽んじているから仏法を破壊する〕・真言亡国〔釈尊よりも大日如来を尊ぶ真言の教えに依っては、国を滅ぼしてしまう〕・律国賊〔戒律遵守はもはや末法の時代には無理であり、国賊となる教えである〕）が初めて現れています。

文永八年（一二七一）六月、旱魃《かんばつ》が続き、極楽寺忍性が雨乞いの祈禱を行じます。日蓮はこれを批判し、『法華経』への帰依以外に解決の道はあり得ないことを強く主張します。これらの言動から九月には拘束され、佐渡流罪の判決を受けます。この間、龍ノ口《たつのくち》において襲撃されますが、かろうじて難を逃れることができました（龍口法難）。結局、十月に佐渡に着き、十一月には塚原三昧堂に住むことになります。鎌倉の日蓮教団は、このとき、徹底的に弾圧されました。

佐渡の地において、文永九年（一二七二）二月に『開目抄《かいもくしょう》』を著し、『法華経』を弘通《ぐずう》する使命を再度、深く自覚・確認します。翌年四月、五十二歳のとき、唱題《しょうだい》（「南無妙法蓮華経」と題目を唱えること）を仏道の核心とすることを詳しく説いた『観心本尊抄《かんじんほんぞんしょう》』を著しました。さらに七月、南無妙法蓮華経の題目の字を中心に諸仏諸尊の名を配した大曼荼羅の図を初めて提示します。

文永十一年（一二七四）二月、佐渡への流罪も赦免となり三月には鎌倉に戻ります。四月、幕府に蒙古襲来の近いことを説き、真言宗を用いて蒙古調伏《ちょうぶく》の祈禱をしても国は滅びるのみだとし、『法華経』に帰依すべきことを説きます。国主を三たび諫《いさ》めたもののいずれも受け入れられず、結局、日蓮は五月には都を離れて甲斐の身延《みのぶ》に入りました。この年の十月、蒙古の来襲があったのですが、日本本土への上陸はなく危機を逃れることができました。身延で隠棲することになった日蓮のもとには、四、五十人ほどの門弟が集まり、比較的穏やかな日々を暮らしたようです。翌年『撰時抄《せんじしょう》』を著し、翌々年には清澄寺で、師であった道善房の示寂を聞き、七月『報恩抄《ほうおんしょう》』を著します。

弘安《こうあん》元年（一二七八）夏頃になると、「やせ病」に苦しむようになったといいます。翌年の頃には大曼荼羅本尊を多数認《したた》め、弟子・信徒に与えます。弘安四年（一二八一）五月、蒙古は再び来襲しますが、もはや日蓮はさほど関心を見せていません。十一月、身延山久遠寺《くおんじ》大堂が造立されます。しかし日蓮の病気は悪化していくのでした。翌年九月、療養のため身延を出て、やがて池上宗仲《むねなか》の館に入ります。今日の池上本門寺がある場所（東京都大田区）です。病は進み、ついに十月、本弟子六人を定め、十三日に入寂しました。

さて、日蓮の著作には、一篇の著書として書かれたもののほかに、手紙に後に題がつけられたようなものが、何百とあります。それらのなか、特に『立正安国論』『開目抄』『観心本尊抄』を三大部と言い、これに『撰時抄』『報恩抄』を加えて五大部と言います。

初期の著作である『守護国家論』では、主に法然の浄土教批判が中心で、

この故に世間の道俗は仏法建立の意《こころ》なく、法華・真言の正法《しょうぼう》の法水《ほうすい》は忽《たちま》ちに竭《つ》き、天人《てんにん》減少して三悪日《さんなくび》に増長す。偏《ひとえ》に選択《せんちゃくしゅう》集の悪法に催《もよお》されて、起す所の邪見なり。

（『日蓮聖人全集』・一巻・九五頁）

と述べています。法然の自力聖道門等に対する見解を、正統的な仏教を否定するものとして、強く批判するのです。有名な『立正安国論』も、『法華経』による立正安国思想を説

き、やはり主に法然の浄土教批判を展開するものです。

『開目抄』は、次々と襲いかかってくる法難に多くの弟子・信徒が離れていく状況をふまえて、「我れ日本の柱とならん、我れ日本の眼目《がんもく》とならん、我れ日本の大船《たいせん》とならん」（同・二巻・一九一頁）という「三大誓願」を言明し、日蓮が末法時代の真の救済者であるとの立場を明確にしようとしたものです。そのため、この著作は「人開顕」の書と言われます。

一方、『観心本尊抄』は、日蓮の教義の根本となる書であり、「法開顕」の書と言われます。末法の世という認識に立って、天台における理《り》の一念三千を超えて、真の救済につながる事《じ》の一念三千思想を、『法華経』の題目に即して明かしたものと言えます（これら三大部等の思想については、後に詳しく見ていきます）。

『撰時抄』は、仏法を学ぶにはまず、「時」を知らなければならないと述べ、古来、『法華経』がいかに隠蔵されてきたかを明かすと同時に、末法の今の時代こそ『法華経』が弘通される時であり、釈尊の真意が実現する時だとしています。このこともあって、本書には「釈子日蓮」と署名されています。なお、本書は主に真言密教の批判を展開しています。

『報恩抄』は、出家の師・道善房の訃報に接して墓前に手向《たむ》けるために書かれたものですが、ふつうの報恩・追悼文ではなく、密教・浄土教への批判を展開し、『法華経』を広めることこそ真実の報恩であるとするものです。この『報恩抄』には、本門の本尊・本門の戒壇・本門の題目の三大秘法が説かれています。『報恩抄』は、『開目抄』に次ぐ長篇です。

これらのほか、『千日尼御前御返事《せんにちあまごぜごへんじ》』は、阿仏房の妻・千日尼の女人成仏への疑問に答える書簡で、日本のすべての女性が救われることを願っていると述べています。なお、『開目抄』にも、「龍女《りゅうにょ》が成仏これ一人《いちにん》にはあらず、一切の女人《にょにん》の成仏をあらわす」（同・二巻・一六二頁）とあり、日蓮は『法華経』「提婆達多品《だいばだつたぼん》」の八歳の龍女が即座に成仏したという話に基づいて、あらゆる女人の成仏を認めていました。

『立正安国論』

日蓮の代表作の一つである『立正安国論』は、文応《ぶんのう》元年（一二六〇）七月、北条時頼に提出されたものでした。その二、三年前から天変地異や疫病の流行が相次ぎ、日蓮はその原因を経典に説くところに求めて、自ら会得したところを旅客と主人とが問答するかたちにしてまとめたのです。主人は日蓮のことなのでしょう、旅客は北条時頼が想定されていると言われますが、少なくとも念仏を信じている者でなければなりません。というのも、この本では、念仏を信じている者が、主人の教誡を受けて、念仏は禁止すべきだという考え方に変わることが内容となっているからです。以下、『立正安国論』の説くところを追ってみます。

初めに、旅客は、「近年、天変・地夭《ちよう》・飢饉・疫癘《えきれい》がやまないでいる。さまざまな仏教に頼っても、問題は解決しないままだ。これは、いったいどうしたことなのか」と問います。これに対し、主人は、『金光明経』・『大集経《だいじつきょう》』・『仁王経《にんのう》』・『薬師経』を引き、「仏法を忘れた国王の国土は混乱することが経典に説かれている」と示します。たとえば『薬師経』に、もし刹帝利《せつていり》（インドのカースト中、王侯、武士階層）・灌頂王《かんじょうおう》等の災難起らん時には、いわゆる人衆疾疫《にんしゅしつえき》の難・他国侵逼《しんぴつ》の難・自界叛逆《じかいほんぎやく》の難・星宿変怪《せいしゅくへんげ》の難・日月薄蝕《じつげつはくしょく》の難・非時《ひじ》風雨《ふうう》の難・過時《かじ》不雨《ふう》の難あらん。（同・一巻・一六一頁）

とある句が示されます。

『仁王経』では、天変にかかわる二つの難、火災の難、冬・夏逆転する異常気象の難、暴風の難、日照りの難の六難と、「四方の賊来《きた》りて国を侵《おか》し、内外の賊起り、火賊・水賊・風賊・鬼賊ありて、百姓荒乱《こうらん》し、刀兵《とうひょう》劫起《こう》らん」（同・一巻・一六三頁）という難との七難が説かれていることが示されます。

また『大集経』の、

もし国王ありて、無量世において施《せ》・戒《かい》・慧《え》を修《しゅ》すとも、我《わ》が法の滅せんを見て、捨てて擁護せずんば、かくのごとく種《う》うるところの無量の善根《ぜんごん》、悉《ことごと》く皆滅失して、その国にまさに三の不祥《ふしょう》の事あるべし。一には穀貴《こくき》、二には兵革《へいかく》、三には疫病《えきびょう》なり。一切の善神悉くこれを捨離せん。その王、教令《きょうりょう》すとも人随従せず、常に隣国のために侵嬈《しんにょう》せられん。暴

火横《ほしいまま》に起り、悪風雨多く、暴水増長《ぼうすいぞうちょう》して人民を吹漂《すいひょう》し、内外《ないげ》の親戚それ共に謀叛《むほん》せん……。（同）

の句も挙げられます。こうして、経典に明らかなのに、「しかるに盲瞽《もうこ》の輩《ともがら》、迷惑《めいわく》の人、妄《みだ》りに邪説を信じて、正教《しょうきょう》を弁《わきま》えず。故《ゆえ》に天下世上《てんかせじょう》、諸仏《しょぶつ》・衆経《しゅきょう》において捨離《しゃり》の心を生じて、擁護の志《こころざし》なし。よって善神《ぜんじん》・聖人《せいじん》、国を捨て所を去る。ここをもって悪鬼《あっき》・外道《げどう》、災《さい》をなし難を致すなり」（同・一巻・一六四頁）と説きます。

旅客は、「日本でも仏教を尊重してきているではないか、なぜ尊重していないと言えようか」と質問しますが、主人は、僧侶のなかに悪質なものがいて、それが問題なのだと説きます。しかもその悪比丘の代表として法然を挙げ、「法然は『選択本願念仏集』において、聖道・浄土の二門のなか、聖道を捨てて浄土に帰すべしと言い、雑行を捨てて念仏の一門のみを説いた」と言い、法華・真言、その他すべての大乗を否定し、修行者を否定しているのは、「浄土三部経の〈唯除五逆誹謗正法《ゆいじょごぎゃくひほうしょうぼう》〉の誓文《せいもん》に背《そむ》き」、「法華経の第二の〈若人不信毀謗《にゃくにんふしんきほう》此経《しきょう》、乃至《ないし》、其人命終《ごにんみょうじゅう》 入阿鼻《にゅうあび》獄《ごく》〉の誡文《かいもん》に迷う者なり」（同・一巻・一七七頁）と主張するのです。そして「法然のこの選択によって、釈尊を忘れ、仏典をなげうち、僧衆や寺院を外護する者も少なくなり、仏法は衰え、守護の善神が去ってしまった。すべては法然の選択によるのであって、念仏を禁じるに如《し》くはない」（同・一巻・一七九頁）と説きます。

これに対し旅客は、法然は優れた仏教者であることを詳しく示し、このような悪言は見たことがないと言って怒り、帰ろうとします。これに対して主人は旅客をとどめ、中国の歴史書の例を持ち出して、念仏が災難の原因となった実例があることを説き、「ただすべからく凶を捨てて善に帰し、源を塞《ふさ》ぎて根を截《き》るべし」（同・一巻・一八五頁）と言います。

結局、旅客は、「所詮、天下《てんか》泰平国土《たいへいこくど》安穏《あんのん》は、君臣《くんしん》の楽《ねが》うところ、土民《どみん》の思うところなり。それ国は法に依《よ》って昌《さか》え、法は人に因《よ》って貴《たっと》し。国亡び人滅せば、仏を誰か崇《あが》むべき、法をば誰か信ずべきや。先ず国家を祈りて、すべからく仏法を立つべし。もし災《さい》を消し、難《なん》を止《とど》むるの術あらば、聞かんと欲す」（同・一巻・一八九頁）ということになります。

これに対し、主人は、「ただし仏道に入《い》って、数《しばしば》愚《ぐ》案《あん》を回《めぐ》らすに、謗法《ほうぼう》の人を禁《いまし》めて、正《しょう》道《どう》の侶《りょ》を重んぜば、国中《こくちゅう》安穏《あんのん》にして天下泰平ならん」（同・一巻・一九〇頁）と言い、『涅槃経』の句を多く引きます。たとえば、「大衆所問品」の「仏の言《のたまわ》く、純陀《じゅんだ》、もし比丘《びく》及び比丘尼《びくに》・優婆塞《うばそく》・優婆夷《うばい》あって、粗悪《そあく》の言《ことば》を発し、正法《しょうぼう》を誹謗《ひほう》し、この重業を造りて永く改悔《かいげ》せず、心に懺悔《さんげ》なからん。かくのごとき等《ら》の人を名づけて一闡提《いっせんだい》の道に趣向《しゅこう》すとなす。……ただかくのごとき一闡提の輩《ともがら》を除きて、その余に施さば一切讃歎すべし」（同・一巻・一九一頁）や、同「梵行品《ぼんぎょうほん》」の、一闡提を殺しても、堕地獄の罪にはならないという趣旨の句や、同「金剛身品《こんごうしんほん》」の「正法を護る者は、まさに刀剣・器仗《きじょう》（武器のこと）を執持すべし。刀杖《とうじょう》を持《たも》つといえども、我れこれらを説きて、名づけて持戒と曰《い》わん」（同・一巻・

一九四頁）との句、同品の、有徳という名の王が、もろもろの破戒の悪比丘と戦闘して、のち無量の果報を得た話をもとに、ゆえに為政者らは武力をもってでも仏法を護るべきだ等とある箇所、さらに『法華経』「譬喩品《ひゆほん》」の「もし人信ぜずしてこの経を毀謗《きほう》せば、すなわち一切世間の仏種《ぶっしゅ》を断ぜん。乃至、その人命終《みょうじゅう》して阿鼻獄に入らん」（同・一巻・一九七頁）を引きます。

こうして、「法華・涅槃の経教は、一代五時の肝心なり。その禁《いましめ》実に重し。誰か帰仰《きごう》せざらんや。しかるに謗法の族《やから》、正道《しょうどう》の人を忘れ、剰《あまつさ》え法然の選択《せんちゃく》に依《よ》って、いよいよ愚痴《ぐち》の盲瞽《もうこ》を増す。……」（同）と言い、今日の破仏・破法・破僧、邪義はすなわち法然の選択の思想によるのであるから、「早く天下の静謐《せいひつ》を思わば、すべからく国中《こくちゅう》の謗法を断つべし」（『日蓮聖人全集』・一巻・一九八頁）と説くのです。

旅客は、謗法の輩を断じる等は、その者らを殺すことになるが、それでは罪業を積むのみではないかという趣旨の質問をします。これに対しては、これまでの経典の引用は謗法を否定することが趣旨であり、決して殺すことが目的でなく、また今の世では、謗法者に布施をしてはならないということとして受けとめるべきであり、「しかればすなわち、四海万邦《しかいばんぽう》、一切の四衆、その悪に施《ほどこ》さず、皆この善に帰せば、何《いか》なる難か並び起り、何なる災《わざわい》か競《きそ》い来《きた》らん」（同・一巻・二〇三頁）と述べます。

ここで、ついに旅客は全面的に主人の説明を受け入れ、「早く一闡提の施《せ》を止めて、永く衆《しゅ》の僧尼の供《く》を致して正法を広め、国を平和にしましょう」と答えます。主人は喜び、しかし気は変わったり忘れたりするので、早く対策を講じなさいと促します。その理由として、「薬師経の七難《しちなん》の内、五難忽《たちまち》に起り、二難なお残せり。いわゆる他国侵逼《たこくしんぴつ》の難・自界叛逆《じかいほんぎゃく》の難なり。大集経の三災の内、二災早く顕れ、一災いまだ起らず、いわゆる兵革の災なり。金光明経《こんこうみょうきょう》の内、種々の災禍《さいか》一一に起るといえども、他方の怨賊《おんぞく》国内を侵掠《しんりゃく》する、この災いまだ露《あら》われず、この難いまだ来《きた》らず。仁王《にんのう》経の七難の内、六難今盛《さかん》にして、一難いまだ現ぜず。いわゆる四方の賊来りて国を侵《おか》すの難なり」（同・一巻・二〇六頁）等と示して、まだ現実化していないけれどもこれから来るであろう災難に、早く対処すべきだとします。最後には、次のように述べています。

広く衆経《しゅきょう》を披《ひら》きたるに、専《もっぱ》ら謗法を重しとす。悲しいかな、皆正法《しょうほう》の門を出《い》でて深く邪法《じゃほう》の獄《ひとや》に入れり。……この蒙霧《もうむ》の迷い、彼《か》の盛焔《じょうえん》の底に沈む。あに愁《うれ》えざらんや。あに苦しからざらんや。汝早く信仰の寸心を改めて、速かに実乗《じつじょう》の一善《いちぜん》に帰《き》せよ。しかればすなわち三界《さんがい》は皆仏国なり。仏国それ衰えんや。十方《じっぽう》は悉く宝土《ほうど》なり。宝土何ぞ壊《やぶ》れんや。国に衰微なく、土に破壊《はえ》なくんば、身はこれ安全にして、心はこれ禅定《ぜんじょう》ならん。この詞《ことば》、この言《ことば》、信ずべく崇《あが》むべし。　（同・一巻・二一二頁）

旅客は、すっかり得心したとして、「速かに対治《たいじ》を回《めぐ》らして、早く泰平を致し、先《ま》ず生前《せいぜん》を安んじ、さらに没後《もつご》を扶《たす》けん。ただ我《われ》信ずるのみにあらず、また他の誤りを誡《いまし》めんのみ」（同・一巻・二二四頁）と応じて、本書は結ばれます。

仏教の経典には、しばしば正法の誹謗を重罪としていますが、その正法の内容は経典によって異なるはずでしょう。大乗仏教の立場としては、浄土の教えもまた正法の一つであることを、否定できないはずです。しかし日蓮の言う正法とは、もちろん『法華経』の教えに限られます。なぜ『法華経』なのかは、まずは天台の五時教判に拠っているようです。しかもこのことを、日蓮独自の論理で補強します。こうして、聖道門等を排除したことに対する批判を展開していくわけで、本書はもっぱらそのことに終始したものとなっています。当時、法然の思想の影響力が、どれだけ大きかったかが、かえってうかがわれます。なお、本書で重要なのは最後の箇所で、この世が久遠実成の釈迦牟尼仏の仏国土、霊山浄土《りようぜんじようど》であることを指摘していることでしょう。その意味こそを、今日では深く考える必要がありそうです。

本因本果の法門

日蓮は当時の為政者に対し、『法華経』に帰するのでなければ国は乱れ、多くの災難に遭うであろうことを激しく説いたことにより、数々の迫害を受けたのでしたが、その過程のなかで、『法華経』を広めようとすればさまざまな弾圧が加えられることを『法華経』自身が明かしていると了解し、『法華経』を広める如来の使いであればあるほど、多くの苦難に出遭うことを確信して、ますます『法華経』の弘通に挺身《ていしん》しようとするのでした。『開目抄』においては、前にも触れた「三大誓願」を明らかにしているのですが、それは次のとおりです。

善に付け悪につけ法華経をすつる、地獄の業《ごう》なるべし。本《も》と願を立つ。日本国の位《くらい》をゆずらん、法華経をすてて、観経等について後《ご》生を期せよ、父母の頸《くび》を刎《はね》ん、念仏申さずば、なんどの種々の大難、出来《しゅつらい》すとも、智者に我義《わがぎ》やぶられずば用《もち》いじとなり。その外の大難、風の前の塵《ちり》なるべし。「我れ日本の柱とならん、我れ日本の眼目《がんもく》とならん、我れ日本の大《たい》船《せん》とならん」等とちかいし願、やぶるべからず。（同・二巻・一九一頁）

誰が何と言おうとも、『法華経』への信仰に生きるのだというわけですが、ではなぜ『法華経』なのでしょうか。『開目抄』には、

ただし仏教に入って五十余年の経々《きょうぎょう》八万法蔵を勘《かんが》えたるに、小乗あり大乗あり、権経《ごんきょう》あり実経《じっきょう》あり、顕教密教《けんぎょうみっきょう》、輭語粗語《なんごそご》、実語妄語《じつごもうご》、正見邪見《しょうけんじゃけん》等の種々の差別《しゃべつ》あり。ただ法華経ばかり教主釈尊の正言《しょうごん》なり。三世十方《さんぜじっぽう》の諸仏の真言なり。大覚世尊は四十余年の年限を

指《さし》て、その内《うち》の恒河《ごうが》の諸経を「未顕真実《みけんしんじつ》」、八年の法華《ほっけ》は「要当説真実《ようとうせつしんじつ》」と定《さだ》め給《たま》いしかば、多宝仏大地《たほうぶつだいち》より出現して「皆是真実《かいぜしんじつ》」と証明《しょうみょう》す。分身《ふんじん》の諸仏来集《らいしゅう》して長舌《ちょうぜつ》を梵天《ぼんてん》に付く。この言《ことば》赫々《かくかく》たり、明々《めいめい》たり。晴天の日よりもあきらかに、夜中《やちゅう》の満月のごとし。仰《あお》いで信ぜよ。伏《ふ》して懐《おも》うべし。（同・二巻・五〇頁）

と説いています。天台の五時の教判に基づき、釈尊は最後にそれまでは明らかにしていなかった真実を、『法華経』において説いたからだというのです。

では、『法華経』は、どのような点において未だ明かされていなかった真実を明かしているのでしょうか。日蓮は、この『開目抄』において、『法華経』は二乗作仏等を説くこと、さらに「如来寿量品」に久遠実成の釈迦牟尼仏が明かされることを、もっとも重視しています。

今、久遠実成あらわれぬれば、東方の薬師如来の日光・月光《がっこう》、西方阿弥陀如来の観音・勢至、乃至十方世界の諸仏の御弟子、大日・金剛頂等の両部の大日如来の御弟子の諸大菩薩、なお教主釈尊の御弟子なり。諸仏、釈迦如来の分身《ふんじん》たる上は諸仏の所化《しょけ》申すにおよばず。いかにいわんやこの土の劫初《こうしょ》よりこのかたの日月《にちがつ》・衆星《しゅしょう》等、教主釈尊の御弟子にあらずや。しかるを天台宗より外《ほか》の諸宗は本尊にまどえり。……（同・二巻・一三六頁）

こうして、諸仏のなかでも久遠実成の釈迦牟尼仏が根本の仏ということになります。一方、天台の教理の究極は一念三千にありますが、その根幹は十界互具《じっかいごぐ》にほかなりません。互いに具する十界（＝百界）の一つひとつに、三世間（衆生世間・国土世間・五陰世間）と十如是があって（本書一一二頁参照）、三千の数も出ることになりますが、根本はあくまでも十界互具にあるわけです。とすれば、私たち自身もこの久遠仏に具せられ、かつそれを具していることになるでしょう。つまりはこの私も本来、仏であることになり、だからこそ成仏し得ることにもなります。そのことを『開目抄』は、次のように説いています。

迹門方便品《しゃくもんほうべんぽん》は一念三千・二乗作仏を説《と》いて爾前《じぜん》二種の失《とが》一《ひと》つを脱《のが》れたり。しかりといえどもいまだ発迹顕本《ほっしゃくけんぽん》せざれば、まことの一念三千もあらわれず、二乗作仏も定まらず。水中の月を見るがごとし。根なし草の波上《はじょう》に浮《うか》べるにたり。本門にいたりて、始成《しじょう》正覚《しょうがく》をやぶれば、四教《しきょう》の果をやぶる。四教の果をやぶれば、四教の因やぶれぬ。爾前迹門の十界《じっかい》の因果を打ちやぶりて、本門十界の因果をとき顕《あら》わす。これ即ち本因本果の法門なり。九界《くかい》も無始《むし》の仏界《ぶっかい》に具《ぐ》し、仏界も無始の九界に備《そなわり》て、真《まこと》の十界互具・百界千如・一念三千なるべし。（同・二巻・七九頁）

ここに、『法華経』は本門十界の因果、すなわち本因本果の法門を説くものであることが示されています。それであればこそ、どんな人でも成仏できることにもなります。『法華経』は、この久遠実成の釈迦牟尼仏に基づく十界互具ないし一念三千を説くからこそ、諸経にくらべて決定的に勝れているとするのです。そのことを『開目抄』は、

また仏《ほとけ》になる道は華厳の唯心法界《ゆいしんほうかい》、三論の八不《はっぷ》、法相の唯識、真言の五輪観等も実《じつ》には叶《かな》うべしともみえず。ただ天台の一念三千こそ仏《ほとけ》になるべき道とみゆれ。この一念三千も我等一分《いちぶん》の慧解《えげ》もなし。しかれども一代経々の中には此経ばかり一念三千の玉をいだけり。余経の理は玉ににたる黄石《こうせき》なり。沙《すな》をしぼるに油なし、石女《せきにょ》に子のなきがごとし。諸経は智者なお仏にならず、この経は愚人も仏因を種《う》ゆべし。「不求解脱、解脱自至（解《げ》脱《だつ》を求めざるに、解脱自《おのずか》ら至る）」、等云々。我《われ》並びに我《わが》弟子諸難ありとも疑う心なくば自然《じねん》に仏界にいたるべし。……　（同・二巻・一九八頁）

と説いています。ただし、この久遠仏に基づく十界互具ないし一念三千のことは、『法華経』の経文に明らかに説かれているとは言いがたい面もあります。そこで『開目抄』の初めのほうには、「一念三千の法門はただ法華経の本門寿量品の文《もん》の底《そこ》にしずめたり。龍樹《りゅうじゅ》・天《てん》親《じん》知って、しかもいまだひろいださず。ただ我が天台智者のみこれをいだけり」（同・二

巻・五一頁）とも示すのでした。

こうして、『法華経』によってこそ一切衆生が成仏し得ることを、『開目抄』は次のように説いています。

> 宝塔品《ほうとうほん》の三箇《さんが》の勅宣《ちょくせん》の上に提婆品《だいばぼん》に二箇《にか》の諫暁《かんぎょう》あり。提婆達多は一闡提なり、天王《てんのう》如来と記《き》せらる。涅槃経四十巻の現証はこの品《ほん》にあり。善星《ぜんしょう》・阿《あ》闍世《じゃせ》等の無量の五逆・謗法の者、一をあげ頭《かしら》をあげ、万をおさめ枝をしたがう。一切の五逆・七逆・謗法・闡提、天王如来にあらわれおわんぬ。毒薬変じて甘呂《かんろ》となる、衆味《しゅうみ》にすぐれたり。龍女《りゅうにょ》が成仏これ一人《いちにん》にはあらず、一切の女人《にょにん》の成仏をあらわす。法華経已前の諸の小乗経には女人の成仏をゆるさず。諸の大乗経には成仏往生をゆるすようなれども、或は改転《がいてん》の成仏にして、一念三千の成仏にはあらざれば、有名無実《うみょうむじつ》の成仏往生なり。挙《こ》一例諸《いちれいしょ》と申して、龍女が成仏は末代の女人の成仏往生の道をふみあけたるなるべし。
>
> （同・二巻・一六二頁）

ここにある「一念三千の成仏」とは結局は、もとより仏であること（本因本果）を意味することでしょう。

とはいえ、私たちは実際には本来、仏であることを自覚できていません。そこでこの自覚を実現する行のあり方が問われることになります。それは日蓮においては唱題行としての「観心《かんじん》」ということになるのですが、このことについては次項で見ることとし、なぜ『法華経』に帰依すべきかについての日蓮の主張を、もう少し見ておくことにしましょう。

日蓮の教相判釈とも言うべきものに、「五綱《ごこう》」というものがあります。それは、「教・機・時・国・序」というものです。

今、『望月仏教大辞典』の解説によれば、「教」としては、外道より仏教、小乗より大乗、権教より実教、迹門より本門、と選ぶべきであり、さらに最終的には本門であれ「教相」は捨てて「観心」を取るべきであるとしています。

「機」とは、仏法を聞く衆生の機根のことですが、末法の世では「本未有善」の衆生が対象になり、これに順縁・逆縁があって、順縁には、即聞即証《そくもんそくしょう》・習修証入《しゅうじゅしょうにゅう》・随順結縁《ずいじゅんけちえん》、逆縁には、毒鼓結縁《どっこけちえん》・本因下種《ほんいんげしゅ》・当来熟脱《とうらいじゅくだつ》の別があるといいます。

「時」は、釈尊滅後、五百年を四つ重ねた後の第五の五百年（五五百年）の白法隠没《びゃくほうおんもつ》・闘諍《とうじょう》堅固《けんご》の時代であり、この時にこそ広めるべきは、『法華経』本門の肝心である妙法の五字であるとします。実際、『法華経』「薬王菩薩本事品」に、「我滅度後、後五百歳中、広宣流布、於閻浮提、無令断絶（我が滅度の後、のち五百歳のうちに、閻浮提に広宣流布して、断絶せしむることなけん）」とあるなど、『法華経』自身が末法の悪世にこそ広められるべきことを盛んに主張しているのです。

「国」には、一向小乗国・一向大乗国・大小兼雑国・迹円大乗国・本円（純円）大乗国があるが、日本は本円大乗国なのであり、したがってただ『法華経』本門の妙法のみが説かれるべきだとします。

最後の「序」とは、仏法を広める順序（次第）のことを意味しますが、小乗・権大乗・実大乗と教化されるべきであり、その実大乗（『法華経』）も迹門を経て本門に移行すべきであり、今の日本にはまさにその「本門の観心」こそが流布されるべきだとします。

こうして、この「五綱」は、日本では今や『法華経』本門の、しかも「如来寿量品」の文底に秘められている、「妙法蓮華経」の五文字（題目）を広めるべきだということを主張するものとなっています。ここには、末世の衆生にはこの題目を与えて、大白法を下種すべきであるとの考えがあります。同時に、その題目は「本門の一念三千」を表すのみでなく、この題目を唱えることが末法の時代に即した「観心」にほかならないという主張があるのです。この「観心」のことについては、日蓮の主著『観心本尊抄』に探るべきでしょう。

『観心本尊抄』に見る日蓮の思想

『観心本尊抄』は、正式には『如来滅後五五百歳始観心本尊抄』と言います。観心こそが日蓮にとって仏道の究極でしたが、この書物は、釈尊が亡くなって五つ目の五百年間、つまり仏滅後二千〜二千五百年という、まさに末法の時代における観心とはどのようなものかを明かしたものです。以下、この書物の主張をかいつまんで紹介しましょう。

日蓮はこの書において、観心とは何かについて、次のように述べています。

> 答えて曰く、観心とは、我が己心《こしん》を観じて十法界を見る。これを観心と云うなり。譬《たと》えば、他人の六根《ろっこん》を見るといえども、いまだ自面《じめん》の六根を見ざれば、自具《じぐ》の六根を知らず、明鏡《みょうきょう》に向かうの時、始めて自具の六根を見るがごとし。たとい諸経の中に、所々《しょしょ》に六道《りくどう》並びに四聖《ししょう》を載《の》すといえども、法華経並びに天台大師所述《しょじゅつ》の摩訶止観等の明鏡を見ざれば、自具の十界・百界・千如・一念三千を知らざるなり。（同・二巻・二三一頁）

すなわち観心とは、自己の心に地獄界から仏界までの十界が具わっていること、ひいては自己の一念に三千が具わっていることを見ることだといいます。このことは、『法華経』や『摩訶止観』を鏡とするとき、初めて見ることができるといいます。

この「一念三千」は、天台宗の最高の教理と言われているものです。根本に十界互具ということがあり、それは、地獄・餓鬼・畜生・修羅・人間・天上・声聞・縁覚・菩薩・仏が相互に具しあっていることを意味します。また一界には、衆生世間・国土世間・五陰世間の三世間があり、その各々に十如是があると考えられています。十如是とは、『法華経』「方便《ほうべん》品《ぼん》」に出る、「唯《た》だ仏と仏とのみ、乃《すなわ》ち能《よ》く諸法の実相を究《きわ》め尽《つく》せばなり。所謂《いわゆる》、諸法の是《か》くの如《ごと》きの相《そう》と、是くの如きの性《しょう》と、是くの如きの体と、是くの如きの力《りき》と、是くの如きの作《さ》と、是くの如きの因と、是くの如きの縁と、是くの如きの果と、是くの如きの報と、是くの如きの本末究竟等《ほんまつくきょうとう》となり」(『法華経』・上巻・六八頁)の十の如是のことです。こうして、百界に三十如是があるので、三千という数字が出てくるのです。その三千が一念に具わっているというのが、一念三千です。

この一念三千は『摩訶止観』だけに明かされています。日蓮によれば、「百界千如は有情《うじょう》界《かい》に限り、一念三千は情《じょう》・非情《ひじょう》に亙《わた》る」(『日蓮聖人全集』・二巻・二二八頁)とされます。三世間の一つ、国土世間が指摘されたことにより、非情(心のはたらきを持たないもの)にも及ぶことが明らかになったというのでしょう。「草木の上に色心《しきしん》・因果を置かずんば、木画の像を本尊に恃《たの》み奉ること無益《むやく》なり」(同・二巻・二二九頁)ともありますが、一念三千の理によって、いわゆる物の上に仏界さえもが具せられていることを見ることになり、仏像や仏画等が真の意味で本尊になり得るのだというわけです。

一念三千のもっとも重要な意味は、自心に仏・菩薩等が具わっているということです。人間に仏界さえ具されていることは、たとえば『法華経』の「衆生をして仏知《ぶっち》見《けん》を開かしめんと欲す」の句が根拠になると言います(同・二巻・二五〇頁)。この句について天台智顗は、「もし衆生に仏知見なくんば、何ぞ開《かい》を論ずる所あらん。まさに知るべし、仏の知見は衆生に蘊在《うんざい》することを」と説き、章安《しょうあん》大師(智顗の弟子。天台第四祖)も同様のことを、説いていると示しています。

しかも、『法華経』本門によれば、真の仏とは久遠実成の釈迦牟尼仏でした。こうして、自心に具わる十界ないし三千は、本門の久遠仏の立場から解されるべきだということになります。したがって、

……寿量品《じゆりようほん》に云く、しかるに我《われ》実に成仏してより已来《このかた》、無量無辺《むりようむへん》百千万億《ひやくせんまんのく》那由他《なゆた》劫《こう》（那由他は極めて大きな数量の意）なり等云々。我等が己心の釈尊、五百塵点《じんでん》（塵点ははかりしれないほどの意）、乃至、所顕の三身《さんじん》にして無始の古仏なり。経に云く、我《わ》れ、本《もと》、菩薩の道《どう》を行じて成ぜし所の寿命、今なおいまだ尽きず。復上《またかみ》の数に倍せり等云々。我等が己心の菩薩等なり。地涌千界《じゆせんがい》の菩薩は、己心の釈尊の眷属なり。……上行《じようぎよう》・無辺行《むへんぎよう》・浄《じよう》行《ぎよう》・安立行《あんりゆうぎよう》等は、我等が己心の菩薩なり。

（同・二巻・二五九頁）

となり、仏国土等についても、

今、本時の娑婆世界は、三災を離れ四劫を出《い》でたる常住の浄土なり。仏すでに過去にも滅せず、未来にも生ぜず、所化《しよけ》以《もつ》て同体なり。これ即ち己心の三千具足、三種の世間なり。

（同・二巻・二六二頁）

ということになります。結局、

その本尊の為体《ていたらく》、本師の娑婆の上に、宝塔空《くう》に居《こ》し、塔中《たっちゅう》の妙法蓮華経の左右に、釈迦牟尼仏・多宝仏。釈尊の脇士《きょうじ》は上行等の四菩薩なり。文殊・弥勒等の四菩薩は、眷属として末座に居し、迹化《しゃっけ》・他方の大小の諸菩薩は、万民の大地に処して雲閣《うんかく》・月卿《げっけい》を見るがごとし。十方の諸仏は、大地の上に処したもう。迹仏《しゃくぶつ》・迹土《しゃくど》を表する故なり。

（同・二巻・二六三頁）

と示されます。これを図顕したものが、南無妙法蓮華経を中心に置き、左右に釈迦牟尼仏と多宝仏の名を配し、周りに諸尊等の名を記した、日蓮の曼荼羅です。したがって、それは単なる対象的存在なのではなく、自心の本来のあり方（己心本有《こしんほんぬ》の諸尊）を表現したものなのです。なお、この本門の説法は、

法師品に云《いわ》く、「いわんや滅度の後《のち》をや」。寿量品に云く、「今留めてここに在《お》く」。分別功徳品に云く、「悪世末法の時」。薬王品に云く、「後の五百歳に、閻浮提において広宣流布せん」。涅槃経に云く、「譬えば、七子《しちし》あり、父母《ぶも》平等ならざるにあらざれども、しかも病

者において心則ち偏《ひとえ》に重きがごとし」等と云々。　（同・二巻・二八五頁）

に依拠して、まさに末法の世に向けたものであることが強調されます。ここで日蓮は、

已前《いぜん》の明鏡を以て仏意《ぶつい》を推知するに、仏の出世は、霊山《りょうぜん》八年の諸人のためにあらず。正・像・末の人のためなり。また正・像二千年の人のためにあらず、末法の始《はじめ》、予がごとき者のためなり。「然於病者《ねんおびょうしゃ》」（『涅槃経』の句）と云うは、滅後の法華経誹謗の者を指すなり。「今留在此《こんるざいし》」とは、この好《よ》き色・香ある味においてしかも美《よ》からずとおもう者を指すなり。　（同）

とも言っています。

このとき、この本門の肝心である妙法蓮華経の五字こそが、末法の世の人々のために用意されたのだと言います。「一念三千を識《し》らざる者には、仏《ほとけ》大慈悲を起して、五字の内にこの珠を裹《つつ》み、末代幼稚の頸《くび》に懸けさしめたもう」（同・二巻・二九一頁）とあります。また、まさに末法の混乱した世にこそ、「この時、地涌《じゆ》の菩薩、始めて世に出現し、ただ妙法蓮華経の五字を以て幼稚に服せしむ」（同・二巻・二八七頁）ともあります。その意味は、次の句から知られるでしょう。

……天台大師の云く、「薩とは梵語なり、ここには妙と翻ず」等云々。私《わたくし》に会通《えつう》を加えば本文を黷《けが》すがごとし。しかりといえども、文《もん》の心は、釈尊の因行《いんぎょう》・果徳の二法は妙法蓮華経の五字に具足す。我等この五字を受持すれば、自然《じねん》に彼《か》の因果の功徳を譲り与えたもう。

(同・二巻・二五八頁)

すなわち、妙法蓮華経の題目に、久遠の本仏の因果の功徳が具足されており、これを受持する、すなわち唱題すれば、その久遠仏の仏果の功徳等が自然にこの自己に実現するのだというのです。本来、観心は、『法華経』や『摩訶止観』の説を鏡に、自己のなかに久遠仏に基づく三千が具足していることを見ることでした。しかしこのことは、末代幼稚の者にとっては、容易ではないとされます。そこで唱題が末代幼稚の者にとっての観心なのであって、それを行ずれば自然に自心の本仏等を見ることができるのだというわけです。この唱題行は、実に釈尊の大慈悲によって、特に末代幼稚の者のために用意してくださったものだというのです。

この「事行《じぎょう》の南無妙法蓮華経の五字、並に本門の本尊」(同・二巻・二八六頁)は、天台智顗ではまだ明らかでありませんでした。日蓮には、自分がこのことを初めて明らかにしたという自負もあったことでしょう。

以上は、『観心本尊抄』のごく簡単な要点です。

このほか、日蓮は『法華題目抄』に、題目ばかりとなえる証文として、『法華経』に「法華の名を受持《じゅじ》せん者《もの》、福量《ふくはか》る可《べ》からず」(「陀羅尼品」。原文は、「但、能《よ》く法華経の名《みな》を受持する者を擁護《まも》るすら、福は量るべからず」)(同・四巻・七二頁)とあるもの等を挙げています。

一方、『四信五品鈔』には、意味がわからないまま唱題してその意味がわかるようになるのかとの問いに、「小児は乳《ちち》を含《ふく》むに、その味《あじ》を知らざれども、自然《じねん》に身《み》を益《やく》す」と言い、さらに「妙法蓮華経の五字は経文にあらず、その義《ぎ》にあらず、ただ一部《いちぶ》の意《こころ》のみ。初心の行者その心《こころ》を知らざれども、しかもこれを行ずるに、自然《じねん》に意《こころ》に当《あた》るなり」(同・四巻・一九五頁)ともあります。なおこの書物には、末法の初心の行者は「恵《え》(＝慧)また堪《た》えざれば、信を以《もっ》て恵(慧)に代《か》う」(同・四巻・一八七頁)と言っています。ここに日蓮の、「以《い》信代慧《しんだいえ》」の立場があります。「信は慧の因、名字即《みょうじそく》の位《くらい》なり」(同)ともあります。

いずれにせよ、唱題の本質が観心であって、それは題目を鏡として、自己の心中に本門に根ざす十界互具ないし三千を自覚することであるなら、そのことの自覚のほうが本来の目的なのであり、唱題そのものが目的ではないはずです。本来、三千があらゆる色心に具足されているのなら、題目だけが特別なのではなく、事事物物が仏の功徳、久遠仏の果徳を具していることになるでしょう。簡単に言えば、「一色一香、無非中道」なのであり、「一色一香、無非三千」であるはずです。その実相を見ること、あるいは理解することを通じて、己心に諸尊を有する人間としてのいのちの実相に生きることこそをめざすべきだと思われます。

むすび

以上、聖徳太子より鎌倉新仏教と呼ばれる仏教各宗派の祖師方の思想の紹介・説明をしてまいりました。最後の鎌倉時代は、南都・北嶺のいわゆる旧仏教の伝統教団も存在し、活動していたことは言うまでもありません。黒田俊雄は、当時は新仏教よりも密教が圧倒的に権門体制を支えていたとする「顕密体制論」（「中世における顕密体制の展開」＝『黒田俊雄著作集』２所収）を主張していますが、おそらく社会的にはそうした事情もあったことでしょう。また、旧仏教側は新仏教の動きに思想的にも対抗し、また戒律復興運動を展開するなどして自らの活性化をめざしました。

その頃もっとも有力だった法相宗には、『唯識論尋思抄《ゆいしきろんじんししよう》』『愚迷発心集《ぐめいほつしんしゆう》』等を著した貞慶《じようけい》（一一五五～一二一三）、『観心覚夢鈔《かんじんかくむしよう》』『真心要訣《しんじんようけつ》』等を著した良遍《りようへん》（一一九四～一二五二）らが出て日本唯識の展開を模索し、華厳宗には、『華厳文義抄《けごんもんぎしよう》』『華厳経伝記《けごんぎようでんき》』等を著した宗《そう》性《しよう》（一二〇二～一二九二）、『華厳経探玄記洞幽抄《けごんぎようたんげんきとうゆうしよう》』『華厳五教章通路記《けごんごきようしようつうろき》』『華厳法界義鏡《けごんほつかいぎきよう》』『八宗綱要《はつしゆうこうよう》』『三国仏法伝通縁起《さんごくぶつぽうでんずうえんぎ》』等を著した凝然《ぎようねん》（一二四〇～一三二一）らが出て活発に活動しました。特に凝然は、日本仏教史上、最大の学者と言っても過言ではなく、百二十五部千二百余巻という膨大な著作を残しています。聖徳太子の「三経義疏」に註釈を書いたのは、日本仏教史上、凝然だけです。戒律を重視して戒壇院に住し、『律宗綱要《りつしゅうこうよう》』をも著す一方、浄土教に関しても『浄土法門源流章《じようどほうもんげんるしよう》』という貴重な資料を残しています。なお宗性の先輩に『仏光三昧観冥感伝《ぶつこうさんまいかんめいかんでん》』『華厳修禅観照入解脱門義《けごんしゆぜんかんしようにゆうげだつもんぎ》』等を著した明恵《みようえ》（一一七三～一二三二）がおり、華厳と密教とを総合する実践的な仏教思想を展開しました。特にその著『摧邪《ざいじや》輪《りん》』は、法然を敬慕する立場のなかで、菩提心の問題を中心に専修念仏の教えを批判したものでした。

その後、室町時代以降、江戸時代まで、思想的に画期的な新たな仏教が形成された様子は、あまり見られないと思います。その頃の主な仏教各宗派の祖師方を、簡単に掲げてみると次のとおりです。

頼瑜《らいゆ》（一二二六～一三〇四　一二八八年、根来寺を創始。新義真言宗）
専誉《せんよ》（一五三〇～一六〇四　真言宗豊山派）
玄宥《げんゆう》（一五二九～一六〇五　真言宗智山派）
瑩山紹瑾《けいざんじようきん》（一二六八～一三二五　曹洞宗　総持寺）
蓮如《れんによ》（一四一五～一四九九　浄土真宗本願寺教団を発展させる）
大応国師《だいおうこくし》（南浦紹明《なんぽしようみよう》　一二三五～一三〇八）

大燈国師《だいとうこくし》（宗峰妙超《しゅうほうみょうちょう》　一二八二〜一三三七　臨済宗大本山、京都・大徳寺の開山）
関山慧玄《かんざんえげん》（一二七七〜一三六〇）
白隠慧鶴《はくいんえかく》（一六八五〜一七六八　臨済宗中興の祖）
隠元隆琦《いんげんりゅうき》（一五九二〜一六七三　黄檗宗　一六六三年、万福寺を開く）

このなか、禅宗、とりわけ幕府と密接な関係にあった臨済宗は、当時の絵画や庭園、茶道や能楽等の文化にも大きな影響を与えました。曹洞宗は瑩山紹瑾の弟子らが、密教をも採り入れつつ急速に教線を伸ばしました。また一向宗（浄土真宗）は蓮如が現れて大きく信者を獲得し、一大勢力となっていきます。一向宗はしばしば団結して権力に対抗し、一向一揆のようなことを起こすことも少なくありませんでした。

江戸時代に入ると、幕府は仏教勢力を宗門内に封じ込めるために本末制度を敷き、法度を発令して僧団の管理に腐心します。その施策の一環として、学問を奨励したことにより、幾人かの著名な学僧が現れています。華厳の鳳譚《ほうたん》（一六五九〜一七三八）、浄土宗の普寂《ふじゃく》（一七〇七〜一七八一）らです。最近、そうした江戸仏教の独自の成果についても研究が進み、見るべき点について指摘されるようになってきました。それらが基盤になって、明治以降の近代仏教学が生まれてくることは言うまでもありません。しかし、明《みん》より来日した隠元の黄檗宗以外に、新たな宗が生まれたことはありませんでした。その黄檗宗の禅には、独特な禅浄双修の風が見られました。

以上、本書は、現存する有力な宗派の祖師方を中心とした、表通りのみの日本仏教史の素描でしたが、他にも重要な仏教者が数多くいたことは言うまでもありません。行基（六六八〜七四九）や空也（九〇三〜九七二）、あるいは叡尊（一二〇一〜一二九〇）や忍性《にんしょう》（一二一七〜一三〇三）等もいましたし、江戸時代には盤珪《ばんけい》（一六二二〜一六九三）や慈雲《じうん》（一七一八〜一八〇四）、良寛（一七五八〜一八三一）など、今日においても広く親しまれている高僧が現れています。しかしそれらのことは、もはや別の機会に譲りたいと思います。また、明治以降の仏教についても省略します。

ここで、日本仏教を貫く特質に関して、若干、考えてみたいと思います。

ともかく日本仏教の思想は、インド以来の仏教の展開の頂点にあるのですから、きわめて高度なものとなっていることは当然のことです。実際、これまで見てきたように、実に深い思想的営為が積み重ねられてきているわけです。また、日本仏教は大まかに言って、行の簡易化、信の重視に向かっていると見ることができると思います。念仏すれば救われるとか、唱題すれば救われるとか説くところに、その点が現れているでしょう。密教の即身成仏の思想にも、何ほどかその点が現れているでしょうし、道元の坐禅にもその傾向を見ることができます。それは、やはり仏教思想の歴史的展開の必然性によるものという側面もあるでしょうし、一方、すべてを簡易化・省略化していこうとしたり、あるいは時空を一瞬・一事のうえに把握することを得意としたりする国民性などによるものでもあるでしょう。

こうした救いの簡便性は修行の方法論に関することですが、日本仏教の宗派はその方法論をめぐって分かれていると言えます。特に末法思想の影響を多分に受けて成立した鎌倉新仏教は、人間の一律の凡愚性を見つめて理論を組み立てていることが多く、そこに念仏なり唱題なり、この道でしか救われないという尖鋭化した主張が伴われることがしばしばとなったわけです。韓国などの仏教は総合的であり、細かく宗派に分かれて互いに自宗の正当性を主張し合っているのは、日本独特と言ってよいでしょう。

日本仏教は、そのように宗派性に富んでいて、おのおの自らの真理性・正当性を主張していますが、しかし必ずしも互いに排他的でもありません。それは、仏教という宗教の性格も大いに関わると同時に、むしろ日本人の国民性によるものではないかと私は思います。日本には昔から、「わけのぼるふもとの道は多けれど同じ高嶺の月を見るかな」という歌もあるほどです。

なお、外来の仏教は決して日本古来の神道を排除することなく、巧みに自己の体系のなかに組み込むかたちで共存を達成してきました。本地垂迹思想等に基づき、神仏一体の形態がごく普通となったわけです。しかし明治政府の神仏分離の方針によって、そうした古来の神仏習合のあり方は、今はまったくと言ってよいほど見えなくなってしまっています。そのことはともかく、仏教界の大多数としては特に排他性を募らせることはなく、やはり仏教内外の他の宗教との共存の道を求めているように見えます。

このような伝統と経験は、今日、地球が一つになってきて、異なる宗教・異なる文化に生きる人々が共生すべき時代に対して、重要な貢献をなしうると思われます。しかし一方、本来の各宗派には他にゆずれない正当性の主張も含まれて当然のはずであり、今後、そうした自宗派の真理性と他宗派との共存体制がどのように成立するのかを教理的に自覚し、公開していくことが欠かせないでしょう。

そういう思想的な側面とは別に、日本仏教の独自性として、制度的・社会的に形成された事情もあります。江戸時代に寺請《てらうけ》制度がしかれ、寺院は檀家によって支えられることになり、葬祭や法事の執行が寺院や僧侶の仕事となって、布教活動が弱まったことは否めません。そうしたなかで、仏教者が独自に主体的に社会における自らのあり方を考えることが少なくなり、その結果、仏教が社会において生きたものとしてはたらいていないことも事実でしょう。たとえば、一般的に宗祖の生誕何百年とか何百年遠忌とかの年に記念事業を行うとき、宗門内の諸建造物の新築・整備などに巨額の金はかけるものの、対社会的にアピールし、かつ有意義な事業を行う例はきわめて少ないと言わざるを得ないのが実情です。そこに、信仰が内向きで閉鎖的である状況も否定できません。かつては教育・福祉・医療等を、仏教寺院や仏教僧が積極的に行ってきました。明治期も活発でした。しかし現代社会では、こうした事業は国・地方公共団体や民間団体で行われるようになってきて、宗教団体はひとえに宗教の場で活動することが求められています。その宗教活動に関しては、あらためて外向きにどのように展開するかも考察・実践し、一般社会からたしかに公益性があると認められていくことが、切実に要請されていると思われます。

最後に、今後の日本仏教の行方について、多少、考えてみたいと思います。

まず、近年、仏像ガールが話題になることにも示されるように、仏教芸術や仏教文化に対する関心はますます高まっていくことと思われます。それらは、効率・業績至上主義、競争原理が支配するグローバル化社会のなかで、真の人間性や霊性を取り戻してくれ、大きな癒しをもたらしてくれます。一方で、多元化する現代社会のなかで、自国の歴史・伝統への関心はますます強まるものとも予想されます。このような仏教文化への関心は、その背景の仏教思想、また信仰や修行のあり方への関心につながるはずですが、ただ、そこまで進む人々を多く産み出していくためには、仏教教団等の努力が必要です。

次に、寺院仏教を支える既成の仏教教団すなわち各宗派は、今後、現在の檀家制度による運営が大きく見直されていくことになるのではないかと思われます。末端寺院の経営基盤をなす法事や葬祭が、時代の変化とともに需要を失いつつあり、宗門の経済的基盤は揺らぎつつあるからです。各宗派はすでにかなり前から、家を基盤とした教団から自覚的な信仰を持った個人を基盤とした教団への脱皮をめざしてきましたが、その変貌はなかなかに困難であり、全体として成功しているとは言えないでしょう。しかし、こうした寺院・宗門の運営の根本的な改革は将来に向けて不可欠であり、このことに大いに意を用いていかなければならないはずです。そのための課題の中心は、やはり一般の人々への伝道活動をどのように活発にしていくかにあります。特に都市部に信徒を得、かつ組織していくことは重要な課題になるはずです。宗門内に内向きに活動するだけでなく、積極的に宗門の外の民衆に語りかけていくこと、自分を見つめることができるような場を適切な方法で提供すること、などが大事です。

それには、組織的に対応するとともに、現代人にアピールし得る特別のリーダーの出現が望まれるのかもしれません。今まさに、将来において中興の祖と呼ばれるような、強力なリーダーが必要なことでしょう。日本社会も地球社会も危機ともいうべき変革期を迎えていますから、このような時にこそ、人々に歴史の将来を指し示すような新たな価値観の提示が必要です。

以上のような教団の努力や偉大な教団人の出現が得られるかどうかが、今後の日本の伝統仏教の盛衰の鍵になることと思わずにはいられません。

ところで、人間は何らかの世界観や価値観なしに生きていくことはできません。したがって宗教や哲学などを求める心は誰にでもあります。しかし既成の閉鎖的な教団に参加することには、ためらいを覚える人も多いに違いありません。そうしたとき、人々は一般的な仏教書等を読み学ぶことによって、自己の思想形成を果たしていくことは大いにあり得ることです。そうしたかたちで、仏教がひそかに個々の人々の心のなかに生きていく可能性は十分あります。それは、既成の宗門を離れたところで展開されていく仏教ということになります。自然科学に打ち込んでいる研究者が、仏教的な世界観に共通のものを見出すことも、珍しくありません。西洋哲学を学ぶ研究者が、仏教思想にも深い関心を寄せていることもしばしば見受けられます。さまざまな分野の人が、仏教の魅力にひかれ、仏教の救いについて語り、それらが人々に浸透していく。そうしたかたちで、今後、仏教が生き延びていくことは十分、考えられます。この動きのなかから、仏教の再生もあるのかもしれません。

特に欧米では、従来のキリスト教に代わる新たな人生観・世界観として、仏教が相当に注目されています。しかも欧米の人々は、アメリカのエンゲージド・ブディズムに代表されるような、現実世界での実践を重んじる傾向にあります。そのような仏教運動が、東日本大震災を受け、社会のあり方を根源的に考え直そうとしている日本に大きな影響を与えるであろうことも、容易に想像できます。

まして日本仏教は歴史的にもっとも発達した仏教となっており、きわめて高く深い思想を蔵しています。と同時に、行あるいは信仰の方面からみても非常に洗練されたものを有しています。この財産を、さまざまな危機を迎えている現代の地球社会に生かすべく、適切に発信していくべきでしょう。

こうして、日本仏教は、新たな展開が展望される局面にきていると言えると思います。それが本当に人類のために役立っていくのかどうかは、日本仏教を支える人々の情熱と実践とにかかっていることでしょう。私たち日本の仏教徒の使命には、たいへん大きなものがあると思わずにはいられません。

その意味で、日本仏教の思想の歩みを描いた本書が、さまざまな意味で読者の皆様の何らかの参考になったとすれば、とてもうれしく思います。

竹村　牧男

平成二十四年七月

講談社学術文庫版あとがき

日本の仏教は、聖徳太子から始まったといっても過言ではないでしょう。聖徳太子の制作と伝える『憲法十七条』には、「人みな心あり。心おのおの執るところあり。彼れ是とするときは、我れは非とす。我れ是とするときは、彼れは非とす。我れ必ずしも聖にあらず。彼れ必ずしも愚にあらず。共にこれ凡夫のみ。是非の理、詎《た》れかよく定むべき。あいともに賢愚なること、鐶《みみがね》の端なきがごとし」とあります。自己も含めて、ともにみな賢者とも愚者とも言い切れない凡夫であるという認識から出発しよう、というのです。このとき、では凡夫でしかない私たちのすべては、どのように救われうるのかという問題が、日本仏教の根底に流れることになったといえます。

さらに最澄は満二十歳の時に書いた『願文《がんもん》』において、「ここにおいて、愚が中の極愚《ごくぐ》、狂《おう》が中の極狂《ごくおう》、塵禿《じんとく》の有情《うじょう》、底下《ていげ》の最澄、上は諸仏に違し、中は皇法に背き、下は孝礼を闕《か》けり。謹んで迷狂の心に随いて三二の願を発す」と記し、凡夫のなかでもまったく底下の者であるという厳しい自覚から仏道を歩む覚悟を示しました。その後の源信もまた、『往生要集』の冒頭に、「予が如き頑魯《がんろ》の者、あに敢えてせんや。この故に、念仏の一門に依りて、いささか経論の要文《ようもん》を集む」と書いています。こうした立場はやがて、親鸞の「まことに知んぬ、悲しきかな愚禿鸞《ぐとくらん》、愛欲の広海に沈没《ちんもつ》し、名利《みようり》の太山《たいせん》に迷惑して、定聚《じようじゆ》の数に入ることを喜ばず、真証の証に近づくことを快《たの》しまざることを、恥づべし傷むべしと」という言葉に結晶するのでした。

このように日本人の心の歴史においては、平安末頃に末法の世が始まるということもあいまって、どうしようもない自己がいかに救われるかが一つの大きな主題となったといえるでしょう。まことに私たちは、空海が『秘蔵宝鑰《ひぞうほうやく》』の初めに示したように、「生まれ生まれ生まれ生まれて生《しよう》の始めに暗く、死に死に死に死んで死の終りに冥《くら》し」の状況であることを思わずにはいられません。

私は学生時代以来、鈴木大拙《すずきだいせつ》の愛弟子・秋月龍珉《あきづきりようみん》老師について禅を学びました。仏教思想の見方の根本、「看経《かんきん》の眼《まなこ》」を、龍珉老師に授かったと思っています。その龍珉老師の師、鈴木大拙は、一九四四年の暮れ、主に法然―親鸞の浄土教を中心に、日本人の宗教意識の特質を論じた『日本的霊性』を刊行しました。そのなかで大拙は、

……親鸞は罪業からの解脱を説かぬ、即ち因果の繋縛からの自由を説かぬ。それはこの存在――現世的・相関的・業苦的存在をそのままにして、弥陀の絶対的本願力のはたらきに

一切をまかせると云うのである。そうしてここに弥陀なる絶対者と親鸞一人との関係を体認するのである。絶対者の大悲は、善悪是非を超越するのであるから、此方からの小さき思量、小さき善悪の行為などでは、それに到達すべくもないのである。只この身の所有と考えられるあらゆるものを、捨てようとも、留保しようとも思わず、自然法爾《じねんほうに》にして大悲の光被を受けるのである。これが日本的霊性の上における神ながらの自覚に外ならぬのである。

等と説いています。

日本人は、自己を超えて自己を支える大悲に満ちた存在をどこかで意識しているのであり、そのことをさまざまに表現しているのが日本の仏教だといえるのかもしれません。またこのことがあってこそ、極愚の凡夫も救われることになります。たとえば道元もまた、「ただわが身をも心をもはなちわすれて、仏のいえになげいれて、仏のかたよりおこなわれて、これにしたがいもてゆくとき、ちからをもいれず、こころをもついやさずして、生死《しょうじ》をはなれ、仏となる。たれの人か、こころにとどこおるべき」（『正法眼蔵』「生死」）と示すのです。

日本仏教はまことに多彩です。それはそうした極愚の凡夫である私たちの救いへの道が、人びとの性格や好みなどに応じて、多彩に用意されているからです。たしかにその救いはきわめて簡潔な、易しい道に洗練されています。しかしながらその背景には、じつに深い学問がありました。釈尊以来、印度・中国等の歴史を経てさまざまに議論されてきた諸問題が日本に持ち越され、それらの思想的課題に日本人自身の問題として果敢に取り組むなかで、やがて「これ」だけで万人が救われる道というものが磨き上げられたのでした。日本仏教の背後に、どれほど深い哲学的探究が横たわっているかを、現代の日本人ももう一度、認識し直すべきです。私は、日本仏教の歴史を辿ってみて、日本人がいかに真摯に深い思索を展開してきたかにふれて、大きな感動を覚えました。本書がその一端でも伝えることができているとすれば幸いです。

なお、本書には主に各宗の祖師方の思想を取り上げていて、日本仏教の豊かな歴史・文化等のすべてを扱ったものとはなっていません。不足の点は他の日本仏教に関する書物で補っていただければ幸甚です。

最後に、本書を最初に執筆する場を提供してくださった浄土宗『宗報』の関係者に、あらためて厚く御礼申し上げます。そしてこの書物を文庫版として刊行してくださった講談社学術図書第一出版部の所澤淳様、および校閲部の方々に、心より感謝申し上げます。

平成二十七年一月十一日

つくば市・故道庵にて

竹村　牧男

KODANSHA

本書の原本は、二〇一二年に浄土宗出版より刊行されました。

なお、本書の引用史料中、今日的見地から差別的表現と思われる箇所がありますが、歴史的史料であることを鑑み、そのままといたしました。

竹村牧男（たけむら　まきお）

1948年東京都生まれ。東京大学文学部印度哲学科卒業。同大学大学院人文科学研究科博士課程中退。現在，東洋大学教授・学長。専攻は仏教学（大乗仏教思想）。主な著書に『唯識三性説の研究』『「正法眼蔵」講義』『西田幾多郎と鈴木大拙』『大乗仏教のこころ』『禅の思想を知る事典』『入門　哲学としての仏教』『インド仏教の歴史』など。

講談社学術文庫

定価はカバーに表示してあります。

日本仏教《にほんぶつきよう》 思想《しそう》のあゆみ

竹村牧男《たけむらまきお》

2015年３月10日　第１刷発行
2023年８月21日　第６刷発行

発行者　鈴木章一
発行所　株式会社講談社
東京都文京区音羽 2-12-21 〒112-8001
電話　編集（03）5395-3512
販売（03）5395-4415
業務（03）5395-3615

装　幀　蟹江征治
印　刷　株式会社ＫＰＳプロダクツ
製　本　株式会社国宝社
本文データ制作　講談社デジタル製作

ISBN978-4-06-292285-2

「講談社学術文庫」の刊行に当たって

これは、学術をポケットに入れることをモットーとして生まれた文庫である。学術は少年の心を養い、成年の心を満たす。その学術がポケットにはいる形で、万人のものになることは、生涯教育をうたう現代の理想である。

こうした考え方は、学術を巨大な城のように見る世間の常識に反するかもしれない。また、一部の人たちからは、学術の権威をおとすものと非難されるかもしれない。しかし、それはいずれも学術の新しい在り方を解しないものといわざるをえない。

学術は、まず魔術への挑戦から始まった。やがて、いわゆる常識をつぎつぎに改めていった。学術の権威は、幾百年、幾千年にわたる、苦しい戦いの成果である。こうしてきずきあげられた城が、一見して近づきがたいものにうつるのは、そのためである。しかし、学術の権威を、その形の上だけで判断してはならない。その生成のあとをかえりみれば、その根は常に人々の生活の中にあった。学術が大きな力たりうるのはそのためであって、生活をはなれた学術は、どこにもない。

開かれた社会といわれる現代にとって、これはまったく自明である。生活と学術との間に、もし距離があるとすれば、何をおいてもこれを埋めねばならない。もしこの距離が形の上の迷信からきているとすれば、その迷信をうち破らねばならぬ。

学術文庫は、内外の迷信を打破し、学術のために新しい天地をひらく意図をもって生まれた。文庫という小さい形と、学術という壮大な城とが、完全に両立するためには、なおいくらかの時を必要とするであろう。しかし、学術をポケットにした社会が、人間の生活にとってより豊かな社会であることは、たしかである。そうした社会の実現のために、文庫の世界に新しいジャンルを加えることができれば幸いである。

一九七六年六月

野間省一